当代世界学术名著

Imperfect Institutions

并非完美的制度

改革的可能性与局限性

Possibilities and Limits of Reform

思拉恩·埃格特森 (Thráinn Eggertsson) 著

陈宇峰 译

中国人民大学出版社
·北京·

图书在版编目（CIP）数据

并非完美的制度：改革的可能性与局限性/（　）思拉恩·埃格特森著；陈宇峰译.
—北京：中国人民大学出版社，2017.11
（当代世界学术名著）
书名原文：Imperfect Institutions：Possibilities and Limits of Reform
ISBN 978-7-300-25282-7

Ⅰ.①并…　Ⅱ.①思…　②陈…　Ⅲ.①新制度经济学-改革-研究　Ⅳ.①F019-8

中国版本图书馆CIP数据核字（2017）第314535号

当代世界学术名著
并非完美的制度——改革的可能性与局限性
思拉恩·埃格特森（Thráinn Eggertsson）　　著
陈宇峰　译
Bingfei Wanmei de Zhidu——Gaige de Kenengxing yu Juxianxing

出版发行	中国人民大学出版社		
社　　址	北京中关村大街31号	邮政编码	100080
电　　话	010-62511242（总编室）	010-62511770（质管部）	
	010-82501766（邮购部）	010-62514148（门市部）	
	010-62515195（发行公司）	010-62515275（盗版举报）	
网　　址	http://www.crup.com.cn		
	http://www.ttrnet.com（人大教研网）		
经　　销	新华书店		
印　　刷	北京东君印刷有限公司		
规　　格	155 mm×235 mm 16开本	版　次	2017年11月第1版
印　　张	15.75 插页2	印　次	2017年11月第1次印刷
字　　数	255 000	定　价	68.00元

"当代世界学术名著"
出版说明

　　中华民族历来有海纳百川的宽阔胸怀，她在创造灿烂文明的同时，不断吸纳整个人类文明的精华，滋养、壮大和发展自己。当前，全球化使得人类文明之间的相互交流和影响进一步加强，互动效应更为明显。以世界眼光和开放的视野，引介世界各国的优秀哲学社会科学的前沿成果，服务于我国的社会主义现代化建设，服务于我国的科教兴国战略，是新中国出版工作的优良传统，也是中国当代出版工作者的重要使命。

　　中国人民大学出版社历来注重对国外哲学社会科学成果的译介工作，所出版的"经济科学译丛"、"工商管理经典译丛"等系列译丛受到社会广泛欢迎。这些译丛侧重于西方经典性教材；同时，我们又推出了这套"当代世界学术名著"系列，旨在迻译国外当代学术名著。所谓"当代"，一般指近几十年发表的著作；所谓"名著"，是指这些著作在该领域产生巨大影响并被各类文献反复引用，成为研究者的必读著作。我们希望经过不断的筛选和积累，使这套丛书成为当代的"汉译世界学术名著丛书"，成为读书人的精神殿堂。

　　由于本套丛书所选著作距今时日较短，未经历史的充分淘洗，加之判断标准见仁见智，以及选择视野的局限，这项工作肯定难以尽如人意。我们期待着海内外学界积极参与推荐，并对我们的工作提出宝贵的意见和建议。我们深信，经过学界同仁和出版者的共同努力，这套丛书必将日臻完善。

中国人民大学出版社

中文版序

　　在我早期的著作《经济行为与制度》中，我通过引入交易成本和产权来修正传统的一般经济理论，从而更好地分析经济组织和政治生活的各种问题。在那本书中，我主要关注不同制度——比如企业、产权和宪法等——及其所产生的经济和政治结果。而在本书中，我将主要研究制度性政策。制度性政策指公众和私人领导者使用的规则和执行机制（为改进或创造新社会体系付出的努力），包括微观与宏观两个不同层面。在强调政策议题的程度上，不同的社会科学之间是存在一定差异的。例如，起源于约翰·梅纳德·凯恩斯的现代宏观经济学，一直以来都在强调自己的政策议题，但更具有现实解释意义而非规范性的新制度经济学却很少关注改革的可能性和局限性。本书试图让我们直接去关注制度性政策研究。沿着政治经济学的传统，我研究了权力和资源禀赋对制度选择的影响。另外，我还引进了不完美知识作为试图构建新社会体系的政策制定者面临的根本性约束，而这也恰恰是本书最重要的一个原创性贡献。在本书中，我使用"社会模式"的概念来指代人类知识的社会组成要素，同时也用"社会技术"这一术语来指代运用规则和执行机制（制度）以建立社会体系的知识。这两个概念分别与自然科学中的"科学"和"技术"相对应。"技术"是指我们应用知识达成有用目的的能力，即改进我们日常生活的能力。技术根植于科学知识之中，它们根植得越深，我们改进、适应和提升技术的能力也就越强。当然，这对物质技术和社会技术来说同样都是适用的。

但是，社会技术和物质技术之间仍存在显著的差异：我们在再生产、改进和移植物质技术方面，具有比在社会技术方面更为强大的能力。在物质技术方面，我们能够分离出一个子系统，对它进行试验检测以及质量控制，最后成功地把它移入真实世界——一个更为宏大的物质系统——中。相比物质技术，我们试验社会体系的能力是非常有限的。人们可能会公开拒绝参与社会试验，或者会间断性地破坏它们。有时，社会总体会反对涉及伦理领域的社会试验。在技术领域中，问题源自社会子系统及其嵌入的总体社会框架之间的复杂关系。因为不同国家的基本社会框架之间存在较大的差异，所以在一个国家运作良好的子系统并不一定会适用于另一个国家。比如，公司法的移植就是如此。如果我们把在美国运作良好的公司治理方面的法律法规转移到俄罗斯之类的国家，那么我们并不能由此就期望这两个国家会出现相同的结果。原因就在于，这两个国家之间在更为宽广的社会框架上存在巨大的差异。而当我们把一个国家的物质技术转移到另一个国家的时候，一般不会遇到类似的障碍。

物质系统和社会体系之间的最大差异可能在于，社会体系的性质依赖于人们之间的交互作用。而且，人类的行为不仅取决于他们的偏好，而且取决于他们构建环境的内在模式。在一个知识不完全的现实世界中，人们对他们所生活于其中的社会体系，总会存在不同的看法。而且，随着时间的不断流逝，他们也总是会改变自己的原有想法。社会体系与生物体是非常类似的：它们都会经历出生、成熟、繁盛和衰败的自然过程。这种变化内在的重要动力在于个体的社会化模式。一般来说，在社会体系如何随时间的变化而不断发展这一问题上，政府也只具备一些含混不清的知识和理解。

在初始阶段，现代经济分析研究了获得有效经济结果的必要条件。而往后的分析中，经济学开始慢慢引入了政治和权力等更为复杂的现实因素。而今，我们在这里力图增加不完美知识或者不完美社会模式的约束。那么，我们对知识问题（the problem of knowledge）的认知是如何改变传统的经济学理论的呢？本书最明确的结论就是，那些在不经意间采用了不合适的社会技术的政策制定者，将最终不能达成他们的目标。政策失效的程度和时间则取决于对政策结果学习的反应速度，而这种学习又依赖于他们所能收到反馈的清晰程度。来自复杂社会系统的反馈通常是不够明确的，部分原因就在于不同的外部因素（而不是仅仅只有政策工具）对体系产生作用。

成功的制度政策往往要求不同群体参与者所持有的信念基本相同，即他们的信念集中于那些可比较或者相互一致的社会模式。或者说，制度政策的形成过程涉及不同社会模式之间的竞争、选择以及调整。但是，现代经济学文献一般都假定社会体系的结构已经被人们所充分理解，相关知识对于那些有动机和资源去努力获取的人来说，是可以获得的。

当我在 2008 年 11 月写下这些文字的时候，我们正处在一场世界性的金融危机的中期，它同时也可能是一次大规模经济衰退的早期阶段。许多专家声称，我们需要回到始于 1929 年的那场世界性经济大萧条。只有如此，我们才能找到规模上与此次危机类似的境况。2008 年的金融危机也为我在本书中提出的两个主张提供了有力的证据支持。第一个主张是，政策当局仍然只具备关于社会体系的有限知识。实际经验又一次表明，政府和国际组织没有能够成功地管理投机性经济的长期扩张，最终以一场灾难性的崩溃来宣告其终结。现在，我们已经清楚，对于创新性金融产品，比如金融衍生产品（在 20 年或者 30 年之前已经出现）的运作，没有人能真正地理解。另外，同样清楚的一点是，政府也并未能够完全清楚该怎样来应付当前的这场危机。事实上，没有人知道当前的危机是否仅仅是一次短暂的金融风暴冲击，在金融风暴之后将紧随着一次长期而持续的经济大衰退。

我的另一个主张是，那些动摇了主要社会系统的震荡很容易刺激普遍的、误导性的或者由恐慌驱动的改革。当人们尚不能完全理解体系的时候，他们便会本能地对这些冲击做出强烈的反应。自由放任市场体制的一次重大危机，将促使中间型社会模式向更为集中的中央集权式的体制转变。同样，中央集权式体制的一次危机，也将会促使社会模式向分权式的社会体制转变。由于存在系统的波动，因此人们对理想的完美经济体系的寻找也就变得更为复杂。社会系统中的暂时性平静，正是推动社会变革的潜在力量，它有时会导致良性循环，但有时也会导致恶性循环。换言之，对于任何一个给定的国家，相同的规则和执行机制在不同的时期内总是会产生不同的社会结果。

总之，社会技术的成功运用要远远复杂于对物质技术的引进。但是，两者之间通过一种复杂的方式相互关联，且相辅相成。那些只掌握初级物质技术的社会，不太可能建立起复杂的社会体系，因为它们缺乏用于测算、监督、执行与管理的更为复杂且不可或缺的物质基础。类似地，我们同样需要恰当的社会体系和激励机制来促进自然科学的发明和创造。

我在千里之外就见证了中国经济奇迹的神奇魅力。而我对中国的唯一直接经历却来自1992年的秋天，那时我被香港大学经济学院聘为名誉教授。中国在最近几十年内令人惊讶的经济增长，已促使西方主流学者开始逐渐改变他们对社会技术和社会体系的既定思考。我不禁想起，在中国向现代经济起飞的早期阶段，由于中国的改革是基于独特的社会技术的发展战略，它不同于之前任何关于社会蓝图规划的已有知识，因此大多数西方主流经济学家对此表示出各种不同版本的怀疑。然而，到现在，我们已经深刻地认识到在最近几十年中，中国已经找到一条有中国特色的独特道路，这是能获得长期可持续经济增长的一组社会体系组合。而此时正是我应邀写作此中文版序之时，也是世界经济严重衰退之际。西方的许多评论家都对中国寄予了厚望，他们希望中国的持续增长将有助于世界经济尽快地脱离绝境。这些希望也正是对中国人民和他们在之前几十年内所获得的伟大成就的一种欢迎和尊重。

当听说中国人民大学出版社计划出版《不完美的制度——改革的可能性与局限性》的中文版时，我深感荣幸。同时，我也要特别感谢浙江工商大学经济学院陈宇峰教授。他在日常的科研教学之余，还承担了这项既费时又艰巨的翻译工作。我也从他那里得知，我之前的那本著作《经济行为与制度》（商务印书馆，2004）在中国颇受欢迎，具有一定的影响力。这正是我最乐意看到的情景。当然，希望本书同样也能如此！！

思拉恩·埃格特森

于德国柏林

2008.11.12

致　谢

　　在过去的 20 年里，道格拉斯·诺斯（Douglass North）的研究工作给了我无限的灵感和动力，他总是在思想上超越我很多。道格拉斯·诺斯不仅是一个深邃的思想者，而且也是一个真诚的朋友。正是因为他，我才决定写这本书。

　　我把此书看做对前一本书《经济行为与制度》（*Economic Behavior and Institutions*）[①] 的扩展。《经济行为与制度》的目的在于分析新制度主义在经济学中的新贡献，而这本新书则致力于探索新制度经济学的政策应用，正如我所想的那样，它正在影响这一领域的最新发展。

[①]　该书是对 20 世纪 90 年代新制度经济学领域最优秀的成果的汇总，在中国也有很大的影响力。之前已由商务印书馆出版了两个版本，第一版书名为"新制度经济学"（1996），第二版书名变更为"经济行为与制度"（2004）。——译者注

在写这本书的过程中，许多来自五湖四海的同僚给予了我各种无私的帮助。在此，我要对他们表示最真诚的感谢，但他们的人数是如此众多，以至于在这里我也只能提及其中几位而已。近期，我的大部分时间都是在冰岛大学度过的。最初，我在华盛顿大学圣路易斯分校的一些朋友把我引领到了新制度经济学的研究道路上。我与林（Lin）、文森特·奥斯特罗姆（Vincent Ostrom）以及印第安纳大学政治理论与政策分析研究小组一起度过的两年，无论是在智识上，还是在情感上都是弥足珍贵的。我在斯坦福的胡佛研究所同样也度过了愉悦的两年。在斯坦福大学的杰出学者中，我要特别感谢巴利·温加斯特（Barry Weingast）和阿夫纳·格雷夫（Avner Greif）。随后，我又到香港大学经济金融学院，与张五常教授（Steven N. S. Cheung）共同度过了一个学期，他为我打开了一扇理解远东的窗户。在德国马克斯·普朗克研究所耶拿经济系统研究中心的两个学期，也让我推开了一扇了解德国制度主义与现代德国的大门。遗憾的是，由于耶拿经济系统研究中心主任史漫飞（Manfred E. Streit）意外得病，我在那里的访学时间不得不缩短。

最近几年，我都是秋天在冰岛度过，春天则来到纽约。起初，我在哥伦比亚大学担任俄林研究员（Olin Fellow）一职。在那里，我有更多的机会去学习关于制度经济学的法律知识，并且能与法学院的教授和学生们进行学术上的交流，这实在是一次难忘的经历。与政治系学生的相处亦是如此。感谢维克多·戈登伯（Victor Goldberg）、理查德·纳尔森（Richard Nelson）以及其他在哥伦比亚大学的好友们。目前，我还在纽约大学政治系担任兼职教授，我很享受那里良好的学术研究氛围，更感谢那些慷慨支持我的同僚。我还要特别感谢校长布鲁斯·布埃诺·德·梅斯奎塔（Bruce Bueno de Mesquita）的关照。

冰岛大学以其独有的耐性和慷慨培养了一批又一批学生。在这里，我尤其想提及学校的前一任校长 Sveinbjörn Björnsson 以及前一届主任 Ágúst Einarsson。冰岛大学的几位同僚 Ásgeir Jónsson、Thorvaldur Gylfason 以及 Tryggvi Thór Herbertsson 也曾阅读过本书中的部分章节，Gylfi Zoega 更是阅读了整部手稿。非常感谢他们给我提出的那些宝贵意见。同样，我还要感谢其他不计其数的教授、研究生以及来自五湖四海曾对此书的写作给予过帮助的人。

本套丛书的编辑梯默尔·库兰（Timur Kuran）不仅认真地校对了本书

的每一个段落，而且还检查了通篇的结构和逻辑。我从他的建议中获益良多。我也要感谢两位匿名评审人给予的那些富有创见的评论意见。密歇根大学出版社的全体工作人员是如此地高效、乐于助人，使我从中深受鼓舞。也得特别感谢我的私人编辑艾伦·麦卡锡（Ellen M. McCarthy）以及她的继任者拉斐尔·艾伦（Raphael Allen）。本书的技术编辑玛西娅·拉布朗茨（Marcia LaBrenz）非常出色地完成了书稿。要感谢助理编辑凯莉·奥康纳（Kally O'Connor）的无私帮助。

　　最后，真诚地感谢以不同方式帮助过我的朋友以及他们的家人！

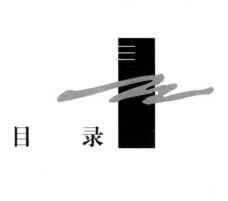

目　录

引　言　丧失的机会 ···································· 1

第一部分　并非完美的制度：理论分析

第 1 章　现代经济学中的不完美制度和增长理论 ·········· 9

第 2 章　增长的障碍：制度与社会技术 ·················· 24

第 3 章　竞争社会模式 ······························ 36

第 4 章　持续的贫困与非稳态增长 ···················· 48

第 5 章　不良经济状况的政治逻辑 ···················· 60

第 6 章　低效的社会规范 ···························· 75

第二部分　经验插曲：贫困陷阱——一项案例研究

第 7 章　为何饥饿困扰着冰岛 ························ 99

第三部分　制度性政策

第 8 章　社会技术的运用：来自旧经济政策理论的经验
　　　　教训 ······························· 127
第 9 章　制度性改革的自由度 ················· 139
第 10 章　逃离贫困陷阱，逃离历史 ············· 154
第 11 章　最小产权和法律移植 ················· 174
第 12 章　结论：社会制度变革的微妙艺术 ········· 191

参考文献 ································· 204
主题词索引 ······························ 229

引　言　丧失的机会

在过去的两个半世纪中，科学和技术的进步为人类创造了无穷的机会。但遗憾的是，受益最大的仍只是那些工业国，大多数生活在发展中国家的人却无法享受到这些良好的机会，即使是在发达国家也存在发展滞后的地区和产业。在本书中，我将研究这些丧失的机会，即为什么大多数国家没有完全享受到技术进步所带来的巨大收益。我认为，不完美的社会制度可能是这个问题的根源所在。

本书将进一步扩展我前一本书《经济行为与制度》的主要内容。《经济行为与制度》这本书主要分析了不同国家对社会制度的研究。我在1990年回顾的各种交叉学科研究在20世纪80年代已经渐渐地成熟，而且我也把自己的研究限定为对新古典经济学的修改与完善，但保持其内核不变。新制度经济学是用来解释制度如何组织行为、影响交易成本，以及驱动或阻止经济行为的一门学科。我在 1990 年所著的那本书中描绘了这些蓝图。总的来说，从山谷到山峰，都是以检验不同产权制度下所产生的经济结果为开端的；接下来，探索交换组织包括契约、企业和市场实践的研究开始登场；最后，以寻找涵盖社会性、政策性框架的努力为完美落幕。聚焦于（自发与非自发）交易和交易成本的方法，被证明是分析经济和非经济行为组织的极为有效的方法。

很多人都认为，新制度经济学的基本假设是世界总是有效的。尽管这是错误的，但这种假设是可以理解的，因为有些文献会问以下问题：有效的经济（和社会）组织结构是否因活动方式或环境的变换而有差异？如果差异是存在的，那么它们的出现是衡量、监督或执行所需的方式不同造成的吗？这些研究试图找出交易成本方法的内在逻辑，例如，通过解释竞争市场企业结构和契约安排的不同来解决不同的交易问题。这些研究也暗含着一个假设，即，市场竞争能挑选出有效的安排，并且剔除成本昂贵的安排。另一些研究甚至将种族社会的制度作为解决知识贫乏、技术落后的社会的交易问题的一种行之有效的方法。我们假设，如果没有高效率的组织，那么原始社会将在自然界中无法生存。

如果存在过滤社会安排的机制，那么人们将会从有效的（通常是不完美的）结构中挑选，而选择标准并不仅仅是经济效率。当制度偏离总是影响那些研究文献时，它反映的不是新制度经济学的基本方法，而是学者个人的思想倾向。实际上，交易成本方法是一种分析社会安排经济与否的有效方式，它有助于我们更好地理解开放获取问题，阻止管制性政体采取有害的规制制度与破坏性的经济系统。

如果社会结构是稳定的，并且社会系统能带来良好的预期结果，那么就会产生相对较少的了解这种结构和系统深层逻辑及内部机制的需求。权威们知道怎样来操作他们的系统，并且可能是有效的。因此，在这种背景下，20 世纪 80 年代出现的制度分析热潮也就不难理解了。那时，制度和经济系统被研究得非常细致。在欧洲和中亚，苏联及东欧国家经济发生了剧变；在发展中国家，一些经济体经历着严重的经济滑坡，而其他国家却正创造着奇迹；一些工业国似乎正遭遇经济硬化；一场新的生态运动正在起步，同时也宣告了工业化的灾难性影响；最后，计算机科学和生物技术的进步催生了关于所有权和产权的各种前所未知的问题。

新制度经济学立刻引起了全世界学者和改革者的极大兴趣，因为它在更广泛的社会背景下提供了思考经济组织的一种新方法。然而，它的出现并没有满足改革者的期望——当然也包括我的期望。我在1990年那本书中所研究的新制度经济学是一种静态理论，被用来分析特殊制度的逻辑和因缺乏政策远景规划而产生的失败的社会结果。班纳吉（Banerjee，2002）在一篇关于经济理论应用的文章中，也得出了相似的结论。在讨论"经济学是积极的，还是标准的方法"这一古老话题时，他认为经济学中学科分支做出了它们自己的选择："例如，积极政策经济学的相关分支以及制度分析就是为了解释世界"。并且，在脚注中，他又补充道："这一类型研究的权威包括斯蒂格勒（Stigler，1986）、奥尔森（Olson，1965）以及诺斯（North，1981）。"因此，留给我们的是一个有趣的问题：为什么新制度经济学没有在它应该作出贡献的政策领域发挥更大的作用呢？

本书在两个方面拓展了《经济行为与制度》。第一部分和第二部分分析了制度的失败；第三部分试图寻找制度性政策的系统性方法。现在，我简单地总结一下本书研究方法的特点。

在本书中，我把经济学的现代增长理论作为研究为什么有些国家相对贫穷问题的起点。增长理论在上半个世纪经历了三个阶段，但它坚定地强调了技术进步带动经济持续增长的引擎作用。经济学家们习惯于将技术视为在消费上具有非竞争性，在其发明后却适用于所有人的公共产品，然而发展中国家仍未拥有现代技术。正如我在本书第1章和第2章中所描述的那样，我解开疑惑的方法是把技术分为生产技术和社会技术两种类型。我认为，进行这一分类是必要的，因为生产技术拥有公共产品的特征，而社会技术却不然。例如，对于一个贫穷的国家来说，模仿铝熔铸工人的生产技术比起模仿以美国宪法或西方合同法为代表的社会技术要简单得多。尽管如此，现代生产技术并不是有效的，除非社会技术在细节上来补充它。通过以上这些论述，我认为（也正如其他人所做的那样），金融和工程学问题并不是发展中国家贫穷的最终原因，而是与不完美的制度相关的社会以及政策性因素在作怪。社会技术的定义可能会令一些读者想起社会工程或者大规模社会规划，但这不是我的本意。我用社会技术这一术语来描绘社会制度产生特殊社会结果的机制和分散过程。我认为，不完美的制度是目前为止解释国家间贫富差距的最

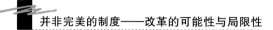

好理论。

本书的重点是研究导致了贫穷和落后的制度。很显然，制度病理学并没有引起普遍的关注。尽管如此，我相信，对于制度病理的进一步检验不但会让我们更了解制度的特点，而且能让我们运筹帷幄，掌握治愈方法。

在第2章和第3章中，通过把社会模型加入决策过程，我修改了标准的理性选择法。我的基本观点是：当普通大众和政策制定者试图在社会环境中理解社会结构和政策制定过程时，他们就表现得像社会科学者——他们会变复杂的计算过程为简单的社会模型。社会模型被用于政策制定（通过一种类型或另一种类型的行为者）时，我将其称为政策模型。尽管假设行为者根据他们的政策模型理性地进行决策，但他们选择的复杂性仍依赖于模型。这个方法并不排除行为者有时候遵循常规方案进行决策的可能性。我特别感兴趣的是意识漂流（Ideological Drift）——不同组织在不同方向上的社会模型运动，比如，向着更加具有宗教性的（非宗教性的）国家转变或者朝着经济活动集权化发展。

在第4章至第7章中，我们将探寻贫穷陷阱的不同方面，并且试图寻找一种合适的解释理论。贫穷陷阱通常包括政策、经济与文化因素，是一种收入水平低下、技术落后的社会均衡。这几章主要讨论不完美的制度的政策逻辑，无效社会规范的作用，以及传统制度为何可以在一般静态意义上有效，但在动态层面都是失效的，以致阻碍了社会的结构性改革。为了补充这本书的理论部分，并且更好地解释贫穷陷阱问题，特别增加了"为何饥饿困扰着冰岛"这一案例分析。国家致命的贫穷陷阱包含了国外的和国内的原因，而我的分析以消失行业的秘密为中心，即产生于19世纪末冰岛蓬勃的渔业。

在第三部分，主要分析了制度政策以及如何去掌握等问题。在第8章，通过介绍经济政策入门理论开始引入我的分析，这一理论是第二次世界大战后为了支持宏观政策和规划而产生的。事实上，经济政策理论是数学决策理论的应用，它指导政策制定者使用政策模型以达到更好的宏观经济结果。尽管这种方法独立于任何一种专门的经济理论，但是当时的创建者也结合了盛行一时的凯恩斯宏观经济理论进一步发展了他们的方法。通过分配政策模型给代表性的经济行为者，并假设个体行为者懂得衡量政策，我简单追溯了理性预期宏观经济学是如何改变我们对政策的看法的。同时，我也讨论了有限理性的宏观经济学，它主要是研究不同行为者是如何形

5

成、适应以及运用他们的政策模型的。最后，我也从长达半个世纪的宏观经济政策思考中总结出了几点有益的政策教训。

第9章讨论了内生政策的局限性如何使制度改革变得可行，它甚至在标准理性选择理论的逻辑被照本宣科地遵循时，能预先排除改革。当社会结构是完全未知的时，巴格瓦蒂悖论告诉我们，在社会均衡中，没有行为者愿意并能够改革社会制度（在已做的或已计划的之外）。有限的知识和不完全的政策模型，通过创造修正政策的建议和劝告（尤其在高度不确定的条件下）的机会，缓解了部分巴格瓦蒂悖论。然而，我的一个主要结论则是经济学家容易低估内生政策和改革局限的重要性。

不同类型的动荡可能导致贫穷陷阱有所缓解，之后第10章讨论了一个国家的历史不仅会影响改革成功的可能性，而且还会影响改革的方向。当经济学家不考虑社会其他方面而孤立地看待经济的时候，他们有时候只是想声明一个国家（比如中国）没有选择其他那些显然能获得更大收益的经济改革策略，反而遵循它自己特殊路径的做法是错误的。这样的争论通常是有缺陷的，因为改革路径不是从一大堆备选方案中自由选择出来的，而是从拥有不同利益的社会组织间的谈判以及碰撞中产生的。改革路径是灵活的，发生倒退是普遍的，同时历史会留下长长的痕迹，深刻地影响国家的制度改革。在这里，我使用了三个国家案例来阐明这一观点：中国、苏联和博茨瓦纳。

第11章解释了为什么移植或者引进新的社会技术（例如，一部现代法典）充满了不确定性。我们有必要知道更多的导致移植产生负面影响的原因，持续的经济增长所需要的合法性的最低水平，以及能使贫穷国家达到要求的最低成本策略。我认为，新制度经济学的失败有很多直接的原因，但并不包括传统社会模型和现代制度之间不可协调的矛盾。政府可能在基础设施和现代社会体系（比如法律体系）操作上投资太少。此外，即使中央政府有此打算，但传统（通常是地方的）力量通常会破坏与传统权威相冲突的新体系。

当然，最后还有一些其他的问题需要说明。有证据表明，进步的可行性路径会由于不同国家间历史及政治因素的不同而有所不同，并不存在一条直接过渡到现代经济的捷径。在不完全的政策模型中，政策过程涉及不确定条件下的谈判问题，随之会对公共和私人政策模型进行连续的更新。关于这种动态发展的方向，我们知之甚少。经济体系在一段时期内通常运

行良好，但随后便会停滞、下滑。然而，比起预测经济形势，社会科学家在依据过去经济发展的历史进行分析上更为擅长。最后，我也总结了一个经验性案例——20 世纪末冰岛政府试图在国内 200 英里的渔场中引进独占性产权要素经营模式，它展现了重要制度改革的精妙艺术。

第一部分

并非完美的制度：
理论分析

第*1*章　现代经济学中的不完美制度和增长理论

1.1　引言：因变量

在本章中，我将经济增长视为大多数问题的因变量，因为我主要关注的是导致经济失败的社会因素——尤其是导致经济停滞和下滑等的制度。在医学上，病理学是一种研究疾病本质的方法，包括疾病的起因、过程、发展与后果。然而，病理学研究的主要目的并不是研究疾病的症状，而是找出治愈方法，并能在医学上及时进行预防。我研究经济下滑的动机也是相似的：我相信，充分了解经济倒退，有助于我们更好地理解经济发展。

为了衡量一个国家经济的健康程度，我们

会用一种常见的但并不完美的指标——该国的人均国民收入（或产出）。所谓的官方国民产出和收入统计，是将整个国家所有生产者生产的最终产品总括在一张表上。这固然是一项艰巨的工作，但同时也并不是一种完美的方法。[①] 各国经过汇率调整后的收入数据允许我们以一种不太精确的标准来排列这些国家的经济绩效。改进衡量经济绩效的方法，不可能从根本上改变以各自繁荣程度为依据的国家排名，也不可能改变我们对导致经济相对落后的社会因素的看法。[②]

在 20 世纪，以人均产量测量的国家经济绩效分配，与历史上任何时期相比，变得更加不公平（DeLong，2000，第 17～20 页）。我集中研究这种不公平分配的低端部分，但我只是将国内不公平程度作为增长方程中的一个自变量——有些观点则认为，经济的不公平程度可能与阻碍经济增长的行为密切相关。[③]

将收入在贫穷的家庭与富裕的家庭之间进行重新分配这种做法无疑会显著地提高贫穷家庭的生活水平，但可持续经济增长却成为另一难题。历史上，美国人均产量和人均收入的增加证明了重新分配对于经济增长的重要性。估计结果也显示，在美国独立战争之前（1775—1783 年），其人均国内生产总值只有 765 美元（1992 年价），而在 1997 年，人均国民生产总值（以 1992 年作为基准）却达到 26 847 美元，大约增加了 34 倍（Hulten，2000，第 1 页）。这些估计中的误差只是被部分消除了，而余下的偏差不可

————————————

① 不管在这个困难的领域取得了多大的进步，都应该将大部分功劳归于西蒙·库兹涅茨的研究。对库兹涅茨的贡献的简短评论，可参见 Fogel（2000）。

② 由于偶然的好运气，国家暂时会变得富裕，比如有价值的资源的发现，这是我们所阐述的内容的例外。当我们用每工作小时的收入来代替人均收入时，国家排名同样会发生变化，但这种方法无法将原本属于贫穷国家之列的国家划入高收入国家之列。

③ 关于世界收入分配的各种研究表明：国家间的收入分配比国家内部的收入分配更加不公平——占据了变量的 70%（Sala-i-Martin，2002）。1970—1998 年间，Sala-i-Martin（2002）总结到，整个世界在这个阶段变得更加富裕，处在每天 1 美元（或者 2 美元）的贫困线以下的人数急剧下降。在这一阶段，世界的不公平性并未显著加剧（如果我们将每一人作为一个数据点，而不是将每一个国家作为一个数据点）。20 世纪末，不平等的反转依赖于最近拥有 12 亿人口的中国和拥有 10 亿人口的印度的经济发展。拥有 7 亿人口的非洲，由于运气逐渐下降，经济出现了整体性的衰退。这些发现应该加以慎重研究。关于世界收入分配的数据是不完整的，并且不同的测量程序会导致不同结果的出现。最近，世界范围内在不平等问题上的研究就像一场竞赛。不同的观点，可参见联合国（1999）。

能从根本上改变真实结果的扭曲。[①]

在经济学的词汇里，人均产量（或人均收入）的增长是集约型增长，经济总产出的增长是粗放型增长。在粗放型增长初期，允许人口不断增加，并不断地从非洲迁徙到其他各大洲（Roberts，1997，第 1 章）。在进入现代社会之前，几乎任何地方的工人主要从事的都是农耕和狩猎。但是，持续的、集约型的增长早在 250 年前就在西欧出现了，这一现象彻底改变了工业化时期和后工业化时期的经济绩效和日常生活习惯。经济变革是由技术进步所推动的。在 21 世纪初期，世界上许多发展中国家还无法显著更新它们的生产方法，这些国家的经济因而相对落后（Jovannovic，2000，第 6~7 页）。在 2000 年，世界上最贫穷的国家和最富裕的国家的平均收入水平相差超过 100 倍之多。[②]

现代增长的经验带给我们两个困惑：第一，存在经济增长领导者的现象。在一段时间内，为什么一些国家领导了其他国家的经济发展，并成功地应用了其先进的生产方式呢？例如，在工业革命时期（1750—1830 年），英格兰担任了技术进步领导者这一角色。之后，它就丧失了担任这一角色的资格（Mokyr，1990，第 5 章）。到底是什么因素决定了技术和经济变革的时间和路径呢（Mowery & Nelson，1999，第 9 章)？第二，国家之间借鉴、适应及应用已发展的创新性生产方式的能力也存在着令人费解的差异。到底是什么因素和力量阻止某些国家使用现代生产技术呢？这项研究与经济增长领导者的本质、新技术的起源或者二线国家的策略无关（R. R. Nelson，1996）。相反，我认为，第二个困惑的答案就是无法创造或模仿新技术。

在这一章中，我将简单地分析在现代经济学中经济增长理论的演变过程，并试图解释低收入国家经济停滞的现象。根据现代经济学对劳动力的

11

---

① 环保主义者（以及其他很多人）认为，国家产品统计高估了经济增长，因为其忽视了或低估了重要的环境成本。比如，自然资源的大量消耗或者负的溢出效应，环境污染就是典型的例子。这种批评是有根据的，但是对环境成本的忽视以及对净产出和经济增长的高估，至少部分被一种倾向抵消了，即官方统计中低估了增长，因为未将产品及服务质量的改进完全记录在内（Advisory Commission，1996）。最后，通过提高收入水平，增长创造了对良好环境的公共需求（当人们相对富裕的时候，环境产品的收入弹性是很高的）。此外，技术进步引进了已枯竭资源的便宜替代品、新的相对清洁的产品生产工艺，以及新的环境破坏测量及环境净化方法。

② 引自罗德里克等（Rodrik et al.，2002，第 10 页）。基于世界银行的相关数据，通过购买力平价（PPP）差异（由汇率扭曲引起）做出相应的调整，最富裕的国家是卢森堡，最贫穷的国家是塞拉利昂。

分类方法，增长理论需要研究长期经济增长，因此在逻辑上把增长滞后问题作为研究起点也是合情合理的。除此之外，我们还会发现，增长理论与成功的经济增长的均衡财产相关，它无法准确检验社会制度在经济增长中的作用。[①] 然而，在它最近的版本，即所谓的新增长理论或内生增长理论中，通过提出不确定的社会壁垒，隐晦地解释了经济增长缓慢的原因，这种社会壁垒阻碍了国家获得与更新生产方法相关的知识。在本书中，我对两种与经济增长相关的应用性知识——生产技术和社会技术——进行了细致的区分。除此之外，我还认为，导致一些国家经济相对落后的主要原因，要么是这些国家无法应用适合的社会技术，要么是它们不愿这样做。整理本书的思想精髓，对于解决如何成功地引进新的社会技术问题，将会有很大的帮助。

第 2 章主要分析了以下基本论题：为什么是社会技术而不是生产技术形成了至关重要的增长壁垒？分析这些问题的关键工具和概念，该章将一一加以介绍。我所使用的方法，是从新制度经济学研究中演变而来的，经济学的传统工具并不适用于分析社会技术的重要方面。我认为，对于标准经济学的愚忠使得我们选择相关变量时有所偏离，并有可能使我们忽略一些重要的社会现象（Stiglitz，1999）。理想地说，研究制度和社会技术，要求存在一种解释社会系统的稳健理论，而这种理论正是一般经济学和社会学所欠缺的。[②] 这一结果催生了我的折中方法。

---

① （主流）经济学有两大分支：宏观经济学，侧重于分析围绕长期生产能力短期波动的经济；微观经济学，研究在明晰的排他性产权和给定的生产技术水平下，市场系统中资源分配的情况。没有一个经济学家对增长理论是不是宏观经济学的分支这一问题感兴趣，两个领域都令国家经济成为他们主要的分析领域。发展经济学与应用微观经济学存在紧密联系，但它同时也研究宏观问题、发展中国家特殊的经济问题。发展经济学主要分析从农业向工业的结构性转变、人口统计转型、家庭行为以及其他在前工业化社会中的经济主体，同时它还研究社会制度以及制度变迁（Lin & Nugent，1995）。发展经济学有时候会运用折中法，并且有时会与主流经济学相悖，后者的分析是根据（特殊形式的）数学模型得出的，该领域常常遭到经济学家的冷淡对待："从前，有一个被称为发展经济学的领域——经济学的一个分支，侧重于解释某些国家为什么会比其他国家贫穷得多，并为如何变富提供了各种的方法……这种领域不再存在了"（Krugman，1995，第 6～7 页；同时也可参见 Hirschman，1981）。

② 在他们的研究生教育中，经济学家相信，只有一种合法的方法能够研究社会：基础的新古典方法。该方法主要侧重于运用严格的数学模型、均衡分析，通过拥有固定偏好和中立信仰的代理人进行精确优化。在这一观点背后潜藏着的是一种社会现象一般化的思想。在这一研究领域中，物理学获得了很大的进步，逐渐成为普及的理论要件，并且物理学家成功地使用实证检验来验证他们的观点。在经济学体系上的研究，没有获得与物理学相类似的进步，尽管高级经济学理论已经达到了与物理学相同的复杂程度。或许布赖恩·赖斯比（Brian Loasby，1989，第 41 页）是对的，他认为，相对于经验观察而言，物理学家擅长研究更容易运用数学研究的实证问题，而经济学家和社会学家却面临着各种更为棘手的问题。

1.2　增长理论的启示

1.2.1　三种思潮

尽管现代增长理论在 20 世纪中期才出现，但迄今为止，它已经历了三个阶段。更为重要的是，这三个阶段均集中于研究实物投入与产出之间的关系，而不是基于生产者的社会环境。作为一般原则，经济增长理论区别了增加国家人均产出的两种方法：第一，如果一个国家的产出水平处于生产可能性边界之内，那么该产出是由该国可获得的最好技术决定的。在这种背景下，该理论显示该国的投入有一部分是无效率的。该国有可能会提高其人均产出，将产出水平提高至生产可能性边界。可以采用的方法就是调整要素（投入）比率，这通常意味着将实物资本和人力资本的比率提高至基础的或不熟练工人的生产水平。第二，当一个国家的产出水平处于生产可能性边界上时，只有新技术才可以使该国达到更高的产出水平。在经济增长理论中，新技术是促进经济增长的无穷动力。①

在现代增长理论发展的前两个阶段，该理论只是简单地假设新技术是随着时间的推移而不断向前发展的，并没有具体地解释技术进步是如何发生的。直至第三阶段，内生增长理论仍不能解释外生技术变迁，也无法对哪种社会环境适合生产和应用知识等问题给出更为详尽的分析思路。② 但是，内生增长理论突破了传统假设——对于顶尖水准的生产技术，所有国家都已经做好充分的准备。该假设暗含着以下观点，即不同的国家之所以经济绩效不同，是因为这些国家的要素比例不尽相同。③

总之，经济增长理论告诉我们那些相对贫穷的国家之所以落后，是因为它们无法累积投入，尤其是因为它们无法积累不同形式的资本。此外，目前的内生增长理论意识到，贫穷国家无法利用世界上现有的知识来提高它们的生产能力。接下来，让我们详细分析这些观点。

1.2.2　哈罗德-多马模型创造了路径依赖

现代增长理论源自现代宏观经济之父梅纳德·凯恩斯（Maynard

① 对于封闭经济，这是真实存在的。国际贸易允许国家在生产边界之外操纵它们的经济。
② 外生增长理论构建了高度正式的（数学的）模型标准，使其在技术上很难以一种复杂的方式将社会制度融入模型中，例如，考虑不完全知识因素（而不是不完全信息）。
③ 正如我们所看到的那样，新的外生增长理论同样也将技术进步与经济规模相联系。

Keynes，1936）的理论建构。[①] 1929 年的大萧条和凯恩斯宏观经济学的优势，不仅使得大多数经济学家的世界观发生了改变，而且还使得自动调节的市场系统理论一时间黯然失色。一种处于低失业水平的均衡，在现在来说显然只是一种经验或者理论上的可能性而已。那些深思熟虑的人最想知道的是，增长中的经济是否比稳定的经济更容易产生失业或经济过热。埃弗塞·多马（Evsey Domar，1946）给出了这一问题的答案，他的研究［更早期的研究可参见罗伊·哈罗德（Roy Harrod，1939）］将主流增长理论锁定于一条路径上，并通过改变上半个世纪的蓝图来遵循这一思想轨迹。[②]

哈罗德-多马模型使得人们开始关注一个国家的经济增长能力，以及维持增长能力所需要的需求与增长之间可能的平衡。然而，这一点是很难达到的。其原因在于，当生产能力增长快于总需求增长的时候，失业会不断增加。由于最初研究的重点并不是经济增长的源泉，因此哈罗德—多马模型只是简单地假设某些技术变化率是给定的——并且将其包含在劳动力节约变量之中。[③] 同时，该理论还严格地假定劳动力和资本必须以固定的比例投入，因为劳动力投入和资本投入无法相互替代。

之后，模型的严格假设就变成了：哈罗德-多马经济并不包含保证平衡增长的内部均衡机制。平衡增长依赖于以下四个变量之间的关系：储蓄率 s、资本产出率 v、节约劳动力的技术变化 α、人口增长率 n。所有这些变量都是由模型之外的因素决定的，是外生的。在形式上，平衡的经济增长要求 $\frac{s}{v}=n+\alpha$，但两边相等的机会仅有一次。[④]

经济增长模型中总供给与总需求的平衡问题是一个非常重要的问题，但是当我们试图去理解第三世界国家的贫困时，这就不再是关键问题了。

---

① 尽管在这里我没有详细地讨论他们的理论，但亚当·斯密所开创的新古典经济学引起了人们对探究经济增长源泉的广泛兴趣。

② 拉坦（Ruttan，1998）提供了一种对现代经济学中增长理论三种波动的完美解释，并为发展经济学提供了启示。可参见 Solow（1994）、R. R. Nelson（1998）。

③ 节约劳动力的技术进步减少了生产产品的劳动力人数，但保持物质资本要求不变。

④ 每一段时期的最大粗放型增长率不会大于 $n+\alpha$，α 代表劳动力节约技术变化的自动过程，而 n 表示人口（或劳动力）增长率。在资本劳动力比率不变的条件下，国家的资本积累必须以 $n+\alpha$ 的速度增长，以适应国家劳动力的增长，但没有一种机制可以保证人们的储蓄和投资会以 $n+\alpha$ 的速度来增加 K。平衡经济增长要求 $n+\alpha$ 与国家的储蓄率 s 和资本产出率 v 之比相等，或者说，$\frac{s}{v}=n+\alpha$。在哈罗德-多马模型中，一个国家以 $n+\alpha$ 的速度粗放增长，即以自然增长率增长，但如果增长率低于 $n+\alpha$（由于低储蓄率和投资率），那么经济将会以其有保证的增长率增长。

经济学家扩展了哈罗德-多马模型，提供了各种理论性的基础观点，并认为资本积累率是经济发展的关键。资本和劳动力以固定的比例投入的假设，与阿瑟·刘易斯（Lewis，1954，1955）著名的二元经济模型相结合之后，使发展中国家执行结构性改革变得更有意义。二元经济模型认为，经济之所以发展，是因为劳动力是无限供给的。结合这两种观点，经济学家认为储蓄短缺是贫困的主要原因，而储蓄供给是关键的政策变量。

故事就是如此。发展中国家显然是二元经济，这种经济包含了两个部门：其一是现代制造业部门，它有相对较高的（尤其是）固定的资本产出率；其二是传统的劳动密集型农业部门，它的劳动力边际产品为零（或接近于零），表示存在显著的隐性失业。在这种情况下，经济发展包含了结构性变化，尤其是劳动力从传统部门向现代部门（通常是制造业）转移。尽管制造业部门的社会回报率很高，但由于劳动力的边际机会成本较低，现代部门很少会有新投资与产出扩张。究其原因，在于发展中国家缺少投资基金（国内储蓄或外国资本），并且在现代部门劳动力无法代替资本。但是，如果它们可以设法增加投资额，那么简单地扩张现代部门并减少传统部门过剩劳动力的发展中国家还是可以暂时性地获得非常高的经济增长率的。稍后，我们将更详细地讨论"低效投资是经济增长的主要障碍"这一观点。

1.2.3 作为内生变量的资本产出率

经济增长理论演变的第二阶段是新古典增长理论，这一阶段的理论主要起源于索洛（Solow，1956）和斯旺（Swan，1956）的研究，从某种意义上说是哈罗德-多马模型的延伸。哈罗德-多马模型认为，处于增长过程中的市场经济具有天生的不稳定性，很容易产生经济过热与大规模失业。很显然，在技术上避免哈罗德-多马增长理论的缺陷的方法是，建立一个模型，使四个相关变量中至少有一个是外生的，并期望方程 $\frac{s}{v} = n + \alpha$ 在大多数情况下都会有一个解（Solow，1994，第 46 页）。[①] 新古典增长理论把资本产出率 v 设定为外生的，但也要求将储蓄率、人口增长率与技术进步作为参

---

① 在 20 世纪 50 年代，卡尔多（Kaldor，1956）以及其他学者试图将储蓄率（s）设定为内生变量，但是他们并没有做到。此外，比索洛-斯旺模型更早的是，卡尔多早已描述了新古典增长理论的性质，只不过没有正式提出类似的模型。

数保持不变。外生变量 v 意味着劳动力和资本在生产中是可以彼此替代的，而且失业不再是个问题。当一个国家的劳动力增长快于资本增长的时候，那么可以用劳动力替代资本，并且有弹性的资本产出率将会下降。在定义 v 为外生变量之后，经济学家用了 30 年时间——或者说，直到 20 世纪 80 年代——才从根本上重新了建立经济增长理论。对于这一问题，本章下一部分将会继续展开讨论。

新古典增长理论所构建的模型，是将国家经济视为简单的生产函数。[①] 这一简单的生产函数使国家产出 Y 取决于生产技术 A 以及两种要素投入——资本 K 和劳动力 L，我们可以将其表示为 $Y=(A；K，L)$。改进生产技术（技术进步），也就表示 A 在增加。当一个国家达到最优资本劳动力比率的时候，技术进步是人均产出增长的唯一源泉，但这一理论并没有进一步解释为什么 A 会变化——A 是一个外生变量。[②] 此外，该理论大胆地假设所有国家都能获得现代技术，并且它们的生产函数是相同的。

新古典增长理论对生产技术的起源及传播并没有多加关注，这一点令我们感到非常惊讶。这一问题可以用新古典增长理论经济学家的最初动机来解释，该理论最初被用来分析成熟产业经济的长期增长路径，而后来的新古典增长理论则发现了另外一些更重要的问题。新古典增长理论预测，一个国家的长期（稳态）增长率与储蓄率无关，并且所有国家都会达到相同的增长率，所有经济最终都会处于相同的产出水平。

经济学家们很快地就将最初的研究目的抛置于脑后，他们如此地渴望将这一理论一般化，以至于有些不合时宜地将新古典增长理论用于研究第三世界的贫困问题，与此同时，他们还强调哈罗德-多马模型关于落后根源的新发现。[③] 如果所有国家的生产函数相同，并且函数 $Y=f(A；K，L)$ 中的 A 值相同，那么在规模报酬不变的假设条件下，人均产出 $\dfrac{Y}{L}$ 的不同必

15

---

① 新古典增长理论将生产函数细化至国家经济中的单个部门，将其加入总生产函数中，由此发展出一个多部门的增长模型。

② 新古典增长理论假设完全竞争的市场结构。尽管经济中有不同形式的低效率，但它们并未被包含在新古典增长模型之中。

③ 根据罗伯特·索洛（Solow，2001）的研究，"增长理论被当做一种产业经济的模型是令人信服的……根据我的记忆，我从未将这样的一种模型应用于发展中国家经济的研究，因为我认为这种方法主要应该运用于研究计划经济或者发达的市场经济。这并非原则问题，而只是一种谨慎的做法"。

定是由资本劳动力比率的差异所造成的。[1] 发展中国家贫困的主要原因是每个工人所拥有的平均资本相对较少。

经济增长理论的前两次变动似乎给经济学家和政策制定者带来了如下启示：第三世界国家之所以贫困，是因为它们缺少资本。哈罗德—多马模型通过假设（平均或增量）资本产出率固定不变，使之即使在包络线的后面也容易计算出究竟需要多少新投资才可以达到增加国家产量的短期目标。对于大多数国家来说，平均资本产出率以及增量资本产出率的经验性估计水平，都是比较容易达到的。如果增量资本产出率等于 4（一个普遍值），那么新的投资将会是计划增加产出的 4 倍。在确定必要的投资水平后，下一步就是估计国内储蓄和自发性外资是否增加到国家发展所需要的水平。当这些估算出现缺口时，筹集额外资金是必要的。许多专家认为，利用外国援助来填补"投资缺口"将会使发展中国家达到经济增长的既定目标（Easterly，1999）。像世界银行这些国际组织都将投资缺口模型作为连接增长目标和国外援助的主要工具。"例如，超过 90% 的世界银行高级经济学家利用某种不同形式的投资缺口模型来估算经济增长，以及投资缺口计划的目标"（Easterly，1999，第 424 页）。

16

总而言之，直到 20 世纪 90 年代，受传统经济学的影响，许多发展经济学方面的专家一致认为，发展过程和贫困国家问题是由资本积累和宏观经济的关联所造成的。与此同时，他们对个人激励或社会制度并没有多加关注。投资缺口模型暗含着以下几个假设：（1）国外援助会自动转移到投资项目中；（2）在短期内，增长和投资之间存在固定的线性关系。关于投资缺口方法，伊斯特利（Easterly，1999）并没有发现合适的理论性或经验性支持。通过将接受援助的国家的实际增长率与根据投资缺口模型预测的增长率进行对比，伊斯特利（Easterly，1999，第 434～36 页）证明了模型完全无法预测这些国家的经济增长水平，实际上，实际产出与预测产出之间存在微弱的负相关关系。[2] 在这一方面，赞比亚就是一个非常典型的例子。这一例子表明，原始的资本积累方法与一国的经济发展是不相关的。尽管赞比亚获得了充足的发展援助，但赞比亚自 1964 年独立以来，其人均收入

---

[1]   规模报酬不变意味着，大规模经济相比小规模经济并不具有有效的竞争优势，或者，从技术层面来说，如果投入 K 和 L 以固定比例增加，那么产出会以相同的速度增加。

[2]   伊斯特利在 1999 年假设：（1）国家将其所收到的援助全部用于投资；（2）数值为 3.5 的资本产出率增量将有效地把投资转变为产出（Easterly，1999）。

就一直停滞不前，始终停留在以 1985 年价格计算的 600 美元。该国所面临的经济增长困境显然并不仅仅是因为投资。根据投资缺口计算，赞比亚获得既有水平的援助之后，到 1994 年其人均收入水平应该达到以 1985 年价格计算的 20 000 美元。[①]

投资缺口模型的持续影响表明：没有人——不是社会学家，不是管理人，也不是公众——可以完全掌握社会系统的复杂性。相反，我们可以依赖于简化的想象，比如，一般性地去理解并描述中点与终点之间的关系。这也是本章的一个主要观点。比起许多自然科学中的检验，社会理论中明确的检验相对较少。人们通常只是习惯性地依赖于他们所熟悉的模型。同样，参与者可能会由于策略原因（可能是为了逃避社会制裁）而坚持选择一些特殊模型。

1.2.4 对增长核算的一个注解

在 20 世纪 30 年代和 40 年代，把国家经济想象成一个巨大的工厂，将投入转化为产出这一国民收入（National Income）统计的思想引发了一场被称为"增长核算"的新运动——试图测算不同类型投入对经济增长的贡献。在 20 世纪 50 年代至 60 年代，包含各种数学公式和国家生产函数统计检验的增长理论，在增长计算领域中声望与日俱增，并且变得越来越流行。[②] 在基本模型 $Y=(A；K，L)$ 中，国家产出仅仅依赖于技术进步水平 A、资本投入 K 以及劳动力投入 L。而当进一步引入一些更精确的概念与有关投入的计算方法之后，该模型得到了一定程度的修正和发展。但是，所有这些调整均缺少对 A 的明确估计。在增长计算中，A（技术进步）对人均收入增长的贡献并不是直接计算出来的，而是等于在所有可测量的投入贡献被明确测度之后，所剩余的无法被解释的残差。增长计算的文献将这种间接计算结果称为全要素生产率（TFP）的增长。[③]

在早期的关于增长核算的研究中——包括索洛（Solow，1957）的研

---

① 读者也不应该从援助计划失败项目的检验中得出这样一个结论：长期增长可能不需要投资。

② "如果没有索洛 1957 年的那篇明确地将实证计算建立在正式的新古典增长理论基础上的文章，那么肯德里克和丹尼逊所做的实证研究引起的关注有可能会比较少，他们的研究中包含了大量的数据挖掘和计算工作"（R. R. Nelson，1998，第 501～503 页）。在 1952 年的一篇分析经济增长理论的文章中，摩西·阿伯拉莫维茨讨论了新古典增长理论学者、现代增长理论学者或外生增长理论学者在他们的模型中所表达的大多数观点（R. R. Nelson，1998，第 501～503 页）。

③ 赫尔滕（Hulten，2000）针对全要素生产率的概念提出了一种历史性、演进性的解释。

究——被狭义定义为仅包括物质资本的资本对所考察时期的经济增长的贡献比较小，无法解释的残差几乎说明了近期所有的增长。然而，索洛（Solow，1956）的新古典增长模型不是一个将人们引导至关于经济增长计算的研究内容的好向导。在一个沿着稳态增长路径发展的国民经济中，人均产出、节约劳动力的技术改进、资本劳动力比率都以相同的速度增长。或者，当经济临近最优资本劳动力比率的时候，它的路径则转为资本积累。并且，在这段调整期内，资本和产出的增长都可以快于技术或总生产力的增长（Easterly，1999）。

总体而言，经济学家将各种巨大的增长计量残差视为测量方法问题，并由此产生了寻求更好方法的需求。经济学家们认为，残差是"对我们所忽略的内容的测量"[①]，继而急着去寻找各种减少残差的方法。在这一背景下，资本的定义变得更加广泛。扩展后，资本不仅包括物质资本，而且还包含人力资本。除此之外，调查研究还显示在教育、技术以及培训上的投资都是经济增长的重要源泉。世界银行、经合组织（OECD）等国际组织迅速对这些发现做出了回应，它们在向发展中国家提供援助的同时，要求这些国家提交符合援助条件的教育以及人力规划。事情从本质上看是相同的：贫穷的国家更加贫穷是由于它们缺少资本。所不同的是，这里的资本还包含了人力资本。

1.2.5　第三次思潮：技术变迁成为一个内生变量

18

到 20 世纪 60 年代末，经济学家们对新古典增长理论的显著贡献就越来越少了。之所以会出现这种情况，可能是因为根据新古典增长理论的特殊形式，可供讨论的内容已经所剩无几了。对于宏观经济增长理论来说，如何解释作为理论外生变量之一的技术变迁，已成为剩下的最大挑战。但其他学者怀疑，如此高度汇总条件下的宏观经济模型是否是激励创新的合适工具（R. R. Nelson，1996）。从 20 世纪 70 年代末到 20 世纪 80 年代早期所发生的历史变化，有助于产生对新经济增长理论的需求。这些变化包括：工业国家的产出增长出现的匪夷所思的下降、亚洲的增长奇迹、非洲国家的经济下滑以及苏联与东欧社会主义国家的崩溃性解体。新经济增长理论

---

　① 增长核算已经成为一种包含复杂理论和实证分析的精密活动，所研究的问题主要包括：利用总生产函数进行理论验证，不同种类的资本和劳动的定义，随着时间变化的雇佣比例，规模报酬递增的结果，增长核算中使用数量经济学方法的利弊等（Barro，1998；Hulten，2000）。

或内生经济增长理论主要活跃于 20 世纪 80 年代中期（Romer，1986；Lucas，1988），并得到了一些最新的数学技术的支持。同时，在经验性的前沿研究方面，近期可获得的大多数国家的数据，不仅仅包括经济变量，同时也包括社会和政治变量（Maddison，1986；Summers & Heston，1988，1991）。新经济增长理论的标准模型严格地建立在传统经济变量的基础上，但关于跨国经济增长回归的研究文献受到的约束往往会少一些。因此，通常会在未经过非正式的系统理论检验的情况下，在回归模型中引入政治、社会以及地理变量等因素。

内生经济增长理论或新增长理论是一种与新古典增长理论截然不同的理论，该理论主要用于解释正式经济模型中的长期均衡增长，这一模型并不依赖于外生的技术进步。[①] 最初，经济学家想利用三种方法将经济增长理论从以下三个束缚中解放出来，即规模报酬不变，外生技术进步，以及长期增长率独立于储蓄率、投资率。[②] 第一，考察新古典增长理论中的著名结论：（发展中）国家无法通过提高资本劳动力比率推动长期经济增长，因为随着劳动力的减少，资本回报率也会递减。为了研究劳动力相对稀缺性上升的影响，新经济增长理论发展了允许国家通过投资人力资本增加劳动力的模型，这一模型甚至对那些劳动力数量固定不变但通过投资增加劳动服务供给能力的国家也同样适用。此外，这一模型也证明长期增长率不再与储蓄率和投资率无关。正如新古典增长理论总结的那样，国家的经济增长率和收入水平并不需要完全一致（Romer，1994）。

第二，其他的新增长模型引入了规模经济，并使经济增长自我推动。与小市场相比，大市场有能力适应更高的专业化水平，并支持能在更大范围内进行最优化生产的生产部门。然而，新古典模型的理论性基础工具总是假设市场是完全竞争的，完全竞争市场则要求规模报酬不变。而且，这些假设还是新古典增长理论的核心假设。通过假设在实物资本和人力资本上的私人和竞争性投资会产生积极的溢出（外部）效应，新增长理论找到了一种在保留完全竞争假设的同时引入规模收益递增的解决方法。换言之，

---

① 索洛模型检验了人力资本和物质资本。尽管显著性的回归分析仅仅解释了其中一部分变量，但稳态收入水平的决定因素通常在统计检验上是显著的，并有所预兆。瓦克茨格认为，由于存在大量外生增长模型，每一种模型都有各自的重点和预测，因此外生或新增长理论的实证证据并不是非常清晰的。"外生增长理论的'检验'……无所不在"（Wacziarg，2002，第 911 页）。

② 关于新的或外生增长理论的起源和方法更为详细的论述，参见 *Journal of Economic Perspectives*（1994）。

当他们投资于人力资本和实物资本的时候，在竞争性市场中操作的经济参与者，不仅提高了他们本身的生产力，而且同时也提高了其他经济参与者的生产力。从这些投资中产生的新知识，包括当工人学会操作新设备时学到的知识，会免费流向同一市场中其他参与者，从而使总生产函数中的 A（全要素生产率）增加。然而，正的溢出效应的引入使得竞争性市场无效。私人投资并没有处于最优水平，因为投资者并没有获得他们投资的项目所产生的全部收益（Romer，1994）。

关于增长落后的问题，这两种新的增长理论告诉了我们什么呢？首先，我们再一次面临旧问题，即，国家贫穷和经济增长缓慢是因为它们的投资率低，而今的模型中还包括了实物资本和人力资本，这源自低的储蓄率、国家无法给予私人投资补助（包括教育投资），或者外国投资和外国援助缺乏。其次，溢出效应观点也揭示了人均产出与市场规模正相关。溢出收益流向每一个经济单位，使得投资活动总规模变得越来越大，并且投资的规模通常随着市场规模的扩大而扩大。换言之，在封闭经济这一假设条件下，大国的生产函数比小国向上移动得更快。但是，小国往往可以避免由于向其他国家开放经济而产生的不理想的小规模效应。

第三，以利益为导向，通过在垄断竞争市场中引入生产新技术的参与者，内生经济增长理论在一定程度上切断了它与竞争市场的关系（Romer，1994）。不同于新古典增长理论，新技术不再是免费的产品，而是创新型生产厂商所生产出来的昂贵产品，它们通过使用稀缺资源与补偿投资者的做法来促进创新性生产。私人企业的生产创新与许多大企业内部的研究部门有着异曲同工之妙。根据经济理论，私人企业缺乏创造新技术的动机，除非它们对所创造的技术拥有绝对的知识产权。竞争性市场中的企业，不会对能被竞争对手轻易获得，并能使竞争对手减少成本的节约型技术创新进行大规模投资。为什么一个私人企业应该为一项能降低所有企业的成本却无法改善创新者相对地位的创新投入埋单呢？

通过假设市场中的创新企业拥有某种程度的垄断权，新增长理论解决了这一困境。原始模型通常假设，创新活动包括那些能提高半成品质量并增加其种类的投资。这些投资的社会收益性扩大了市场规模，因为在一个更大的市场内对产品的需求相对较大，这又一次将规模经济引入了总生产函数，为大国与开放国际贸易的国家提供了增长优势。在这里，我们可得到的主要结论是，当其他条件都相同的时候，贫穷与小规模以及经济的孤立紧密相关。

跨国经济增长回归模型的兴起与内生经济增长理论是同时出现的，尽管此类研究很多仅仅只是将某种表征关系移向新增长理论。跨国回归模型通常会引入大量的经济、政治与社会变量，但也只是建立在直觉、预感和可用数据的基础之上。其他研究大量地吸收了社会学的不同分支（当然也包括新制度经济学）的最新研究进展。[1]

1.3 总结：增长理论和增长落后

在 1994 年关于内生增长的起源（The Origins of Endogenous Growth）的一篇综述中，保罗·罗默呼吁建立一种超越"标准古典处方——更多储蓄、更多教育"的增长理论（Romer，1994，第 20 页）。罗默想要的是这样一种增长理论：可以解释诸如引入企业与大学的联结之后的增长应用研究细节，同时也可寻找诸如"像菲律宾这样的发展中国家，什么才是获取世界其他国家已有知识的最佳制度安排"之类的问题的答案。遗憾的是，这一希望并没有得到满足，一种能解释政府结构和制度环境的新宏观经济增长理论还没出现。这也意味着，现代增长理论的分析水平和建模方法可能并不是非常适合于解释经济增长的源泉。新增长理论的经济学家们似乎比较喜欢与直接的或者即时的增长变量打交道，而不喜欢与生产者的基本组织变量或制度环境打交道。企业以其所在的市场类型为特征，20 世纪 80 年代出现的增长模型引入了非竞争性市场是经济增长理论研究的一个重要突破。当新增长理论的主流经济学家试图解释一个特定国家为什么无法适应国外先进技术时，通常只是侧重于与理论家建模类型相适合的变量，比如资本价格、熟练工人的暂时性短缺、边干边学过程等（Rebelo，1998）。换

---

① 在 20 世纪 80 年代和 90 年代早期，兴起了一股实证回归模型研究的热潮，学者们通过检验新古典增长理论中的趋同假设，为新增长理论找到了间接的支持。但是，与新古典增长理论不同的是，新增长理论不会预测人均收入的趋同性。回顾过去，关于趋同性的争议并不是很多（Pack，1994；Romer，1994）。大量的回归研究文献是在近期出现的，它们探索了经济增长源泉的问题（Barro，1997）。Sala-i-Martin（1997）一篇非常有讽刺意味的论文的题目是"我也就进行了 200 万组样本的回归"。在这一论文中，作者揭示了这些跨国回归模型的研究本质，这些回归模型包含了经济、政治与社会变量。Brock 和 Durlauf（2000，第 2 页）提供了解决"某些一般方法论问题的途径。我们相信，我们可以解释为什么我们普遍不信任增长回归"。克拉格等（1997）对新制度经济学中的观点进行了有趣的跨国经验研究。

言之，当我们研究经济增长深层次的根源的时候，研究经济增长的主流经济学家似乎被他们所运用的方法论标准所局限住了（R. R. Nelson，1998）。

在他们充满信心的时候，内生经济增长理论学者们都声明：他们的理论提供了关于技术进步与知识传播问题的经济解释。罗默（1994，第 12 页）着重强调了不可否认的事实："技术进步来自人们想做的那些事"。因此，我们应该有能力解释并预测这种行为。但他认识到，研究与发展方面的个人成功显然还只是一种随机事件。罗默（1994，第 13 页）认为，"总的发现率仍然取决于人们想做的事"。最近，索洛试图揭示隐含在他创建的新古典增长模型中的真实逻辑，他假设知识能快速传播，并且将技术进步视为一种无法解释的（外生的）变量。[①] 在辩解之余，索洛也表达了他的怀疑：建立在标准经济理论基础上的总量增长模型对技术进步的预测能力是否足够强大？索洛并没有反对罗默关于人们有目的地推动技术进步的观点，例如，通过给研究和开发分配资源，或者通过引进专利法等。但是，他对以下说法进行了质疑：任何有用的知识的发现都是总量增长模型所包括的技术进步（Solow，1994，第 48 页）。相似地，理查德·纳尔森（Richard Nelson，1998）强烈地争辩到，新经济增长理论关心的仅仅只是增长的直接原因（immediate cause）——一个由阿伯拉莫维茨（Abramovitz，1952）提出的重要概念。纳尔逊主要关注的是提出内生经济增长模型的经济学家所提倡的自我实施（新古典）建模标准将会增加无法合并的新理论，从而导致关于重要问题的各种见解变得模糊不清——关于技术性知识的起源与传播的更多非正式微观理论与经验性工作、商业组织和产权系统对创新激励的影响、技术进步中的大学扮演的角色，以及国家创新系统等。

22

---

① 实际上，曾经有人试图把技术进步作为新古典增长理论的内生变量，但他们并没有获得成功（Binswanger and Ruttan，1978）。更严密的分析，可参见 Nordhaus（1973）。随着新增长理论的出现，早期的理论贡献也可用不同的观点来看待。

第2章 增长的障碍：制度与社会技术

2.1 各种理论及其能力范围

　　有时候，新增长理论学者和其他一些学者会认为，他们所做的研究使关于经济体系的一般性理论的研究迈出了重要的第一步，然而，令人满意的一般性理论仍然没有出现。在经济系统缺乏统一理论——一种可以解释不同的经济系统如何运行，它们如何嵌入更广泛的社会系统，以及它们的内部动力如何随着时间创造路径的理论——的情况下，社会学的研究仍然依赖于专门化理论（specialized theories）。每一种专门化理论都有各自的能力范围，在分析各自领域的特殊问题时，有各自独特的比较优势。增长理论的思想史，以及其他领域的思想史表明，学者们不仅将自己所擅长的理论运用于该理论的适用范围之内，而且也将之运用于该理论的适用范围之外。在检验新领域的理论的同时，该理论的适用范围显然已经通过了反复的试验。然而，实际上，有时候学者们会因为自己所钟爱的理论而变得盲目，或者以一种自私的专制方式运用该理论。

社会学家们有时会针对他们所研究的领域提出一些奇怪的主张，比如：（1）他们的理论及模式具有普遍性；（2）他们的理论能够解答所有值得提出的问题（经济学恰巧提供了一个案例）；（3）最后，他们解释问题的特殊方法就是唯一符合逻辑并具有学术性的方法。学者们不会抵制这种模式化的做法，直到他们无法限定于一种特定方式。[1] 在 20 世纪 80 年代末期，当欧亚大陆的苏联模式开始瓦解时，以上三种观点都鼓励主流经济学家倡导将计划经济迅速转变成市场经济。在缺乏关于经济转型的理论支撑，并忽略政治、社会动力等因素的情况下，这些专家凭借最初用来分析固定专有财产权和稳定预期的市场交换理论，自信满满地提出了构建市场经济系统的建议（Stiglitz，1999）。

在关于社会制度和经济绩效的研究中，我提倡运用一种交叉学科的方法，这种方法与新制度经济学相关。同时，我将自己的观点建立在各种争论的基础之上，这些争论以个体决策和绩效为基础（方法论上的个人主义）。这里的分析不仅依赖经济学，而且还从其他领域借鉴了理论、深刻见解及经验性结论，比如政治学、社会学、人类学、历史、法律以及认知学等。

当人们进行相关选择（例如，购买日常必需品）时，若所处的环境是稳定的、有组织的并且可重复的，那么标准经济学所使用的严格理性选择（rational choice）方法是有效的（Clark，1998）。然而，比起日用品购买决定或者常规商业决策，研究经济政治机制和系统的根本性变化或变革所需要依靠的基础则是不确定的。在面对社会系统或物质世界的时候，参与者通常对相关的因果关系知之甚少，甚至可能不知道所有影响其选择的因素。[2] 针对这种不确定性，我们的方法通常是假设参与者进行理性决策的时

---

① 保罗·克鲁格曼（Paul Krugman）在"俄林讲座"（Ohlin Lectures）（1995）的演讲稿中致力于解释第三点。

② 在我（颇有几分主观专断的味道）的用词中，当参与者不知道他们的选择集合或适合的模型的基本结构时，就出现了知识问题；当参与者对于一个已知的选择集合或一种模型中的分配因素的信息缺乏了解时，就会出现信息问题。参见 Nakamura 和 Steinsson（2003）。

候，所依靠的是自身所处物质和社会环境中简单的、不完美的（精神上的）模型，以及相关的心智结构。[①] 社会模式通常被用来分析和评价社会结构。

2.2 增长障碍：社会技术

正如我们在本书第一章中所分析的那样，在第二次世界大战后的演变期内，增长理论一如既往地给出了一个统一的主题：由于新知识的发现与应用，增长理论已经很好地解释了过去 $200\sim250$ 年的密集型经济增长。此外，从卡尔·马克思（Karl Marx）到约瑟夫·熊彼特（Joseph Schumpeter），那些早期伟大的经济学家都以各自的方式提出了新知识是经济增长的动力。并且，大多数现代经济史学家也同样这么认为（Mokyr，1990）。伴随着新生产技术革命的不断出现，有历史证据证明只有少数国家领导了这条道路，而领导者地位也会周期性地从一个国家传递到另一个国家（Mokyr，1990）。[②]

经济理论通常把新知识归结为公共产品。从定义上来说，纯公共产品对于每个人都是免费的。但是，知识产权与我们在研究中所描述的基本难题发生了碰撞，这个难题指的是：到底是什么因素阻碍了贫穷国家去获取已有的世界知识，进而导致它们无法更新生产技术呢？假设国家 j 是相对贫穷的。在国家 j 中，最大潜力的人均产出 y_j^* 是世界知识现状 W^* 的函数。我们可以将其写为 $y_j^* = f(W^*)$。如果国家 j 的实际产出只有 y_j，并且 $y_j^* > y_j$，那么，很显然，当 $W^* > W$ 时，我们有 $y_j = f(W_j)$。换言之，国家

---

① 在许多修改基本理性选择方法的努力中，西蒙（Herbert Simon，1957，1959）所做的研究是最有名的。西蒙分析了根据追求满意（satisfying）的心理原则做出的选择，这在社会学中被称为有限理性（bounded rationality）。根据这个观点，认知能力有限使得人们跟随常规，并相应地改变他们的行为。一种功能强大的、普遍流传的理论还没有出现，这样的理论能解释并预测惯例是怎样形成并且如何变化的。在新制度经济学中，很多研究没有明确处理有限理性的问题，但重点强调了决策过程中的高交易成本，这些研究将高交易成本作为约束条件。这种性质的交易成本分析实际上是西蒙的有限理性方法和新古典经济学的结合。代理人通常根据（弱）优化做出决定，制度有协调决定并简化选择的认知作用（De Alessi，1983）。我所用的社会模式方法，补充了有限理性/交易成本方法，并假设社会参与者——如社会学家——将他们所处的环境纳入模型中，并根据这些社会模型有目的地寻求他们的目标。尽管这些模型的起源和演变无法被很好地理解，但不完全谨慎理论和形成政治行动的世界观在政治学中是非常著名的（Goldstein & Keohane，1993）。

② 直到1600年，或在此前后，很多新技术都主要来源于中国和中东。相比于西方国家而言，这些区域究竟因为何种原因而没有进行工业革命？这对于现代工业分析来说是一个非常重要的问题。

j 只是运用了可用世界知识的一个子集。当 $y_j^* > y_j$ 时，对于到底是哪些因素决定一个国家吸收、适应和应用世界知识库中的相关生产技术的意愿以及能力这一问题，显然我们需要知道得更多。我们需要知道，哪些因素决定了 W_j。[①]

我认为，国家 j 的人均产出 y_j 取决于国家有效使用两种相辅相成的技术（社会技术和生产技术）的能力。对于研究中所使用的核心概念，在本书下一章中我将会详细地给出定义。但是，现在我想对社会技术做一个简单的描述。社会技术描述了社会制度创造行为模式的方法或机制。生产技术描述了将投入转化为产出的方法。但是，生产过程也只有在适当的制度框架下才会产生效率。生产技术在国家之间是容易移植的（如纯公共产品），而社会制度的移植却是相当困难的（见第 11 章）。经济学中的增长理论所关注的几乎都是生产技术，偶尔才会涉及社会技术、制度和组织，比如引入垄断性竞争等。

在本章中，我认为：

（1）社会技术和生产技术是互补的，生产技术要有效地发挥作用，需要合适的社会制度支持。

（2）相对于新生产技术的移植，新社会技术的成功移植或引进是一种更为复杂的社会现象。这是由于已有的制度安排通常会破坏人们为引进新社会技术而做出的各种努力。成功的制度改革依赖大量相关参与者的积极支持，而这一点可能不会马上实现。服从通常在深层政治矛盾得到优先解决，以及个体社会模式实现同步化时才会产生。

（3）无法应用新社会技术成为贫穷国家经济增长的主要障碍。[②] 尽管保密性、专利权与其他因素的限制会暂时性地阻碍生产技术的传播，但国家之间生产方式转移的技术问题仍是相对比较简单的。这里主要涉及国内或国外工程师、技术员、科学家、国外顾问、跨国公司以及人力资本投资。

26

---

① 这些评论包括一个贫穷国家的公民集体性地获得现代生产技术的全部知识，但很多因素阻碍了这些知识的有效分配与应用。除了普遍被认同的经济、政治和社会挫折，国家内部的知识分配是一个限制因素。

② 帕伦特和普雷斯科特（Parente & Prescott，2000）就新增长理论对发展中国家的意义提出了一个相类似的但仍较狭隘的观点。他们的分析结合了传统经济变量，比如"市场不完美性"（market imperfections），但并没有深入地探索潜在的社会和政治因素。

2.3 改进的关键概念

我对社会制度如何影响贫困陷阱的分析，主要借助于对新制度经济学的修正和发展，同时也利用其框架、概念与理论洞察力（Williamson，1985；Lebecap，1989；Eggertsson，1990；North，1990；Furubotn & Richter，1997）。以下便是本研究中核心概念的摘要。

（1）社会模式（social models）。社会模式是对不同类型心智结构的总括，参与者用心智结构来适应不确定的、复杂的社会环境。社会模式描述了因果关系，通常会对社会价值提出不甚完美的评价。参与者同样依赖（不完美的）模式来适应自身所处的物质环境。

（2）社会技术（social technologies）。社会技术是描述社会制度如何影响社会绩效的社会模式。

（3）政策模型（policy models）。政策模型是指导决策制定者进行决策的模型，既涉及私人领域，又涉及公共领域。政策模型为参与者定义可获得选择集，也排列选择集中各个选择的顺序，除此之外，还描述不同方法和结果之间的关系（工具和目标）。政策模型从属于社会模式，既包括原始模式，又包括详细计划，此外还包括社会惯例（social routines）。[1]

（4）社会制度（social institutions）。社会制度是指人为地制定的各种限制及其执行机制（North，1990），这些执行机制在社会团体中产生了相应的激励、行为以及结果。在这里，我所指的制度包括两个方面：可观察的和不可观察的。绩效、规则与正式执行机制是制度相对可见的方面，而引导个体行为的个体政策模型相比之下则是不可见的。[2] 制度规则包括法律、规章与社会规范等。制度的执行是分散的（自我实施、第三方实施或者双方实施），并且执行过程中拥有正式组织（比如警察、法庭以及私人部门等）。

（5）产权（property rights）。产权是指通过设计和履行权利与职责来规范稀缺资源如何使用的社会制度（Barzel，1997）。比起新制度经济学中所

---

① 与我一样，理查德·纳尔逊和桑帕特（R. R. Nelson & Sampat，2000）也探索性地研究了社会技术。但是，他们利用它来描述特殊产业参与者的生产惯例——例如，19 世纪德国的化工业等。我则运用社会技术来描述（不完全）知识，这种知识是关于凭借"社会技术"产生特殊结果的机制的，并且我利用术语"政策模型"来描述个人战略或惯例。

② 打个比喻，规则是制度的骨头，执行机制是制度的肌肉，社会模式是制度的大脑。

使用的产权定义，法律理论中产权的定义更加狭窄。

（6）组织（organizations）。组织是指最大限度地集合资源并引导生产的社会机制。组织操纵的制度框架影响了它们的形式或结构，但是各种组织（如立法机构）同样能"产生"制度变迁（North，1990）。①

（7）制度性政策（institutional policy）。制度性政策指的是使社会技术产生效用，从而创造新制度或修改已有的制度的艺术。虽然制度性政策试图影响社会价值和人们关于社会技术的信念，但法律、规章与正式执行机制都还是制度性政策的常用工具。除了边际调整之外，比起针对已有的社会系统制定的政策来说，制度性政策的制定与实施是一种知识密集型的活动。②

（8）交易成本（transaction costs）。交易成本是指一个社会系统中的控制成本。当个体想得到新的所有权、懂得保护自己的财产免遭非法侵占和偷窃、懂得保护自己的利益免遭交易中的机会主义行为侵害时，交易成本就自然产生了。

（9）契约（contracts）。契约是指在交易过程中用于降低交易成本的工具。制度框架和组织形式也会影响交易成本。当分析所有领域（不仅仅是经济领域）的组织和交易时，新制度经济学都会强调交易成本、制度以及契约的角色。③

交易成本的概念对以往的文献研究造成了一定程度上的混乱，尤其是当我们无法清楚地区别现实的交易成本（原则上可测量）（realized transaction costs）和预期或潜在的交易成本（expected or potential transaction costs）时。可预期的交易成本深刻影响了经济组织和绩效（Allen，1991；Klaes，2000）。例如，买者和卖者之间的长期契约关系中，预期交易成本（担心对方的机会主义行为）通常会产生强大的动机去纵向整合企业，有时甚至会放弃有希望的项目（Williamson，1985）。国家通常不会推行促进经济增长的制度改革，因为制定能共享改革成本和收益的可置信契约的代价过大（或者说，交易成

28

---

① 诺斯（North，1990）重点研究了制度和组织的区别。科斯（Coase，1937）对于企业（组织）的存在提供了一种解释，这种解释是建立在交易成本的基础上的。在这一分析平台上，企业组成了社会系统，这种系统在分析上可与更大的系统相比，比如国家，但新制度经济学关于不同水平的社会系统的分析仍是模糊不清的。

② 设想一下将美国的公司法有效移植到另一个国家的复杂过程，后者没有可与前者相比较的法律传统，只是希望达到与美国相似的法律水平。当两个国家的基本制度结构可以相互融合时，移植法律的任务只需要相对较少的社会技术知识。最近十年，社会结构相近的北欧国家（比如丹麦、芬兰、冰岛、挪威和瑞典等）在许多领域引进了相对容易调和的社会制度（法律）。

③ 见 Alt 和 Shepsle（1990）、Banks 和 Hanushek（1995）。关于经济学对同时代政治学的影响的讨论，具体可参见 G. Miller（1997）。

本太高）（North，1990）。

设想一个农村公社运用的是低效的社会制度 Y（隐藏在社会技术下），这种社会制度如此低效，以至于传统的农夫用三分之一的劳动时间来保护财产，又用三分之一的时间来保护自己免遭缺德买者和卖者的算计——例如，通过核查他们的身份，并尽力执行契约条款。换言之，农夫三分之二的劳动时间都被用于自我保护，而仅仅只有三分之一的时间用于生产。此外，农夫对生产技术、产出种类的选择，以及因保护财产免遭偷窃和防范欺诈而产生的相关成本，可能会深刻地影响市场。如果交易成本变得很高，那么市场交易次数就可能会下降，甚至最终下降至零，其结果是现实或实际的交易成本可能会减少。农夫可能会决定放弃种植经济作物，而只生产那些能满足家庭所需的农产品。在缺乏产出契约监督以及保护贵重产品的时候，农夫的实际交易成本可能会降到很低的水平。现在，贫穷的人们变得更加贫穷，而预期的高交易成本将消除试图扭转这一趋势的任何计划，并放弃为市场生产任何有价值的产品。

接下来，我们要分析的是比 Y 更有效率的社会制度（和技术）Z。之所以认为 Z 更有效率，是因为它为大多数农民提供了财产保护契约，这些契约解放了劳动力，从而使农夫有动力生产消费价值（标准产品的净生产成本）高的产品，因为这些契约并没有选择那些易于保护的产品。现在，农夫有可能决定将他的土地用于种植水果，而不是用来养牛。这是因为在社会制度 Y 下，放牧只在相对低的监督水平（交易成本）下才会吸引他。这个例子告诉我们，将社会制度 Y 下的实际交易成本和社会制度 Z 下的实际交易成本相比较，其结果并没有显示出很多关于阻碍进步的信息，而这可能会误导我们。运用生产能力相对高的社会技术 Z 的总交易成本，可能比运用低效生产力系统 Y 的成本还要高。[①] 社会技术 Z 的执行成本可能更加高（但仍是有效），因为它将交由专业人员来执行，反之，社会技术 Y 的执行成本则处于较低水平，因为需要保护的贵重财产和交易相对较少。正如以下部分要讨论的那样，比较制度分析是评价这两种系统较为适合的研究方法。

2.4 比较制度分析

相对于通过计算现实交易成本来评价两种社会制度 Y 和 Z 下的经济效

---

① 在总水平上，运作一种产权制度（如 Y 或 Z）的实际或现实交易成本，包括个人参与者的交易成本，以及支持系统的公共代表的交易成本，比如法庭和警察等。

率，更合适的方法是使用比较制度分析，对比这两种制度下所有经济活动的总收益和总成本（如净价值）。从理论上讲，存在两种实施这种对比的等价的方法。维持产出在某一水平上不变，我们可以比较 Y 和 Z 这两种社会制度下的总成本（转变成本和交易成本），从而判别哪种制度安排的成本更低；或者，保持总成本在某一水平上不变（转变成本和交易成本），我们可以比较 Y 和 Z 这两种社会制度下的总产出水平。

如果一个社团得知存在一种新的制度安排或产权系统 Z，虽然这种系统比现有的系统更能增加社会财富，但人们却不会用 Z 来替代现有的系统。到底是什么因素可能导致在一个由理性目标导向的个体组成的社会中产生如此惯性呢？在回答这一疑问的过程中，新制度经济学通常会侧重于研究阻碍改革的不同交易成本类型。有些参与者认为，谈判、强制或从系统 Y 向系统 Z 过渡的预期交易成本是很高的。高的交易成本会使得潜在盈利者做好补偿亏损者的准备，而亏损者因预料到制度改革所带来的总损失，从而会阻止具有良好凤愿的改革的推行。① 制度改革会产生区别潜在盈利者和亏损者的普遍不确定性，故而情况也就会变得更加复杂。

目前相当多的研究开始分析承诺问题，以及制度改革中产生盈利者和亏损者的不确定性问题，这是一种非常可喜的进步。侧重于研究这些问题的时候，这些研究同样会关注不完美的社会模式，以及社会技术作为改革的另一障碍的普遍不确定性问题。

2.5　不完美知识和制度改革

本书将在第 5 章讨论的主要问题是理性的政策制定者为何无法为经济增长创造有利的制度环境。对于这一点，政治经济学是如何做出解释的呢？ *30*
各种不同版本的解释通常有一个共识点：对于根据不完美的政策模型和因忽略社会结构而失败的转型或改革，他们一律都不给予解释。相反，他们强调政治领导者和政治联盟的约束和狭隘（而不是包容性）利益。然而，

———————

① 在本书中，我主要关注的是制度改革——新社会技术的引进——会增加一个社区的总财富。在这种意义上，制度改革几乎都不是帕累托改进，因为帕累托改进要求在改变发生的时候，没有一个人的境况会变坏，但制度改革（正如这里所定义的那样）在原则上符合卡尔多-希克斯福利标准。当人们从制度改革中获得的收益能在技术上弥补损失（忽略补偿过程的交易成本），甚至能使境况比以前更好的时候，那么这种改进就被称为卡尔多-希克斯福利改进（Kaldor-Hicks welfare improvement）。

在某些时候那些以增长为目标的政府无法完成改革，即使在缺少有组织的政治阻力时，他们的措施也难以达到预期目标。我将讨论关于这种失败的三种相互重叠的解释：微观层次的不相容（microlevel incompatibility）、宏观层次的不相容（macrolevel incompatibility）与意识形态的漂移（ideological drift）。

2.5.1 微观层次的不相容

期望更新制度的政府或私人改革者将改革活动定位于微观层次上（比如，在公共组织或私人组织中），却没有改变基本的社会结构。他们常常会通过修改相关公共法、规章以及执行机制，引进新的私人法（私人组织的规定和附则）进行改革，有时甚至试图通过影响决策者的社会模式和社会规范来进行改革。当新制度与仍然流行的旧制度相互冲击时，除非改革者知道怎样去解决矛盾，并且拥有解决的能力，否则这样的改革通常会失败。[①] 过滤不良制度因素（包括社会规范）所需的必要性工具有时是无法获得的，或者即使有了相关工具，使用不完全模式（incomplete model）的改革者有时也不知道怎样才能让新制度付诸实施。

再来看看一个有关第三世界城市的简单例子。通过模仿瑞士日内瓦规范车辆和行人交通的社会技术，政策制定者试图降低因频繁发生交通事故而产生的高成本。很显然，这一方式是多么地激进！简单抛弃现有的交通规则，并原封不动地将日内瓦的交通规则纳入法律中是否就已经足够了？还有其他的办法吗？如果有，到底哪些才是需要的呢？

我们假设，改革者发现，除非公众——司机和行人——调整他们的个人政策模式以及策略，否则移植的交通规则将无法在他们的城市里良好地运行。尤其是需要那些公共执行官员和公众相互配合支持新系统，要不然新交通规则就不会成为一种有效的制度。对于政策制定者来说，他们更注重建立新制度，并喜欢在事后评价新规则是否会让人逐渐自愿服从及自动执行。然而，关于正式规则和现有社会规范之间的相互作用，我们知之甚少。如果人们并没有自愿执行，那么政策制定者就会感到左右为难，因为他们对可能使人们自愿服从的社会规范或其他因素的

31

---

① 对改革的需求并不是来源于处于顶点的社会组织，而可能来源于较低层的社会组织。修改法律、规章或私人规则，常常是政客或管理者的特权。即使当对新制度的需求来源于低层的社会组织的时候，也无法保证建议会由于一种切实可行的相关社会技术知识而延滞。

直接控制力比较小。

新规则和执行机制是否有效，取决于个体如何理解新方法引进之后面临的新环境。参与者对旨在创造新制度的规则做出反应，由此形成：（1）对由旧制度转向新制度的路径的感知；（2）当新系统平衡时对新系统财产的感知——例如，它是否包含硬的或者软的限制等；（3）参与者对于（1）、（2）的反应以及对如何最优化调整这些反应的认识。个人凭借他们的社会模式来评价新制度下的财产——包括合法性，并且向新系统的有效转变需要反复试验纠错，以及通过其他形式的学习来调整个人模式。从理论上讲，改革者应该知道个人是如何调整并协调他们的社会模式，以及这些过程是如何影响经济绩效的。

2.5.2　宏观层次的不相容

制度改革在微观层面和宏观层面之间并没有明显的界限。但是，后者通常包括国际经济与政治系统的根本变化。现代社会学在解释宏观系统的运作上具有一定的优势。关于社会系统中个人结构的组成部分是如何互相替代或者互补的，以及它们之间的关系又是如何演进的，我们知之甚少。[①]研究文献主要集中于经济与它们所嵌入的社会系统之间关系的演变问题，但鲜有非常明确的研究结论。例如，我们并没有完全理解，市场经济是如何在长期内影响非民主国家的政策的，混合的资本主义市场制度是如何发展和衰退的，以及市场系统在民主制国家中的长期动态发展是自动调整的还是自我破坏的。由于对社会系统的动态宏观性缺乏必要的认知，犯错与出现各种意料之外的结果是制度性政策的普遍特点。

2.5.3　意识形态的漂移

如果政策制定者在进行制度改革前就已经充分了解这些问题的重要性，那么微观层次和宏观层次的不相容是可以避免的。事实上，我们对社会技术的了解是有限的、不确定的，而且社会模式通常也会随着时间变化而变化，因为知识、风尚仍在不断地发展。在本书第 3 章中，我将主要讨论即使在（回溯性的）变迁并非是由社会学的重大发现推动的情况下，个人社会模式仍能相互转变的现象。尤其是在发生危机的时候，要做好接受社会模

32

---

① 东欧国家向市场经济的转型引起了广泛的研究兴趣，它们在信息上存在相对比较明显的优势。Roland（2000）的研究为这些问题提供了一种非常全面的解释。

式需要进行较大的修正的思想准备。当重要的参与者开始相信现有系统有了严重的缺陷时，强烈的不确定性通常会使得他们的个人社会模式发生转变——例如，沿着集中—分散轴进行波动，物质世界的模式（包括对生产技术的信念）很少会偏离其本质；在任何给定的时间内，比起社会模式，专家和其他相关参与者通常会更加相信物质模式。

在 20 世纪的大部分时间里，关于市场分散化或集中化管理到底哪一种模式对经济绩效的提高更有效，专家、政策制定者与公众进行了一场旷日持久的争论。争论前期，那些倾向于中间社会模式观点的人们开始向集中化转移。然后，在最后的几十年中，人们又重新转向分散化的市场模式。在 20 世纪，社会学在消除社会系统普遍存在的不确定性方面所发挥的作用是非常有限的。但是到了 21 世纪，人们又开始关注减税的经济影响、针对工作激励的特殊社会计划所产生的长期效应、从集中化管理或者传统经济向市场经济转型的改革的适宜顺序与速度等问题。时至今日，仍没有一种固定的理论可以解释为什么只有一些东欧国家才能很好地适应改革。

由于对社会系统的复杂性缺乏必要的了解，人们在对社会模式的研究中多少掺杂着一些感情因素，因此也就无法准确地检验关于社会技术的这一假设。运行不良的社会技术常常会流行起来，偶然的冲击会产生社会性的恐慌，从而过滤掉那些相对有效的社会制度安排。

2.6 结论：社会技术 VS 生产技术

的确，我关于新的社会技术的引进存在的问题使新的生产技术的移植存在的问题相形见绌的主张在某种程度上是显得有些夸大其词，因为这两种技术往往是相互交织的。新生产技术的引进通常会破坏传统的产业形态，比如农业，反对土地产权的新形式可能会阻碍农业机械化发展。因此，由一种生产模式向另一种生产模式转变的过程中，涉及的社会技术领域中的所有社会和政治因素显得有些变幻无常。我的想法是，将转型过程中出现的传统物质和资源限制搁置在一边，这些往往是经济分析的典型主题，而转向于检验经济分析中的其他因素。经过对二分法的强调，我在不否认经济学传统主题的重要性的前提下直接将焦点引至政治、社会因素，甚至认知因素。

区分物质技术和社会技术，是区分经济增长的直接原因（资本累积和技术变迁）与深层原因的一种方法。阻碍经济增长的深层原因是没有能力或者不愿意采用合适的社会技术。因此，研究必须满足两个条件：第一，成熟的、关于经济系统的理论最后显然都会关注于社会和生产技术；第二，在区别两种技术时，我们不能混淆视听，即新生产技术通常会产生新的社会技术，反之亦然。现代公司是社会技术和自然技术（有限责任制、汇票、电话、地铁等）相互作用的复杂改革产物。展望未来，新的自然技术（电子学）使得监视海洋鱼群甚至是每条鱼都变得可能，新的监视技术可能会创造海洋中活鱼所有权的新形式，这与牛群的产权是类似的。

总之，在承认社会技术和生产技术高度相关的同时，本研究也检验了如下假设：不合适的社会制度与不愿适应新的社会技术是低收入国家经济增长的最大障碍。而这一假设在关于现代经济增长的研究文献中被极大地忽略了。[1] 根据以上的这些讨论，比起为新生产技术提供合宜的制度支持的社会、政治与认知问题，采用国外生产技术所遇到的金融与技术性问题是次要障碍。物质问题与资源限制，是次于制度困境的。[2]

---

[1]　很多学者，包括经济学家在内，最近都认为有必要区别经济增长的直接根源和潜在根源。研究文献中提及的增长决定因素大多数都是贸易开放、地理以及制度（开放程度这个经济政策变量并不属于这一类别）。例如，罗德里克等（Rodrik et al.，2002）利用最近发展的关于开放程度和制度的工具，在跨国回归中估计了这三个因素对人均收入水平的影响。他们认为，制度质量决定了地理的作用，而开放程度的影响却是不显著的，甚至存在负面影响。这一研究同时揭示了相互因果和直接影响。地理影响了制度的质量，因此地理对人均收入水平也有直接影响。

[2]　正如我在本书第 11 章所讨论的，很多制度变迁——比如一种现代的、功能良好的司法体制的引进——创造了贫穷国家的大量资源需求，因为该国家可能无法直接提供必要的建筑、训练有素的法律人员与记录系统等。不过，我的主要观点还是"比起有限的物质资源，重要参与者会因为可置信承诺的缺乏而转向更加容易破坏的早期的新制度"。

第**3**章 竞争社会模式

3.1 引言：统治者到底了解多少

在理性选择的分析框架中，很少运用社会模式的不确定性和社会技术来解释制度变迁。相反，理性选择强调的是再分配过程，由于行为人缺乏特定变量的数据（通常情况下，我们仅仅知道概率分布密度函数），理性模型的典型假设是建立在他们都理解他们所面临的社会环境的基本逻辑的基础上的。[①] 奥尔森近期关于斯大林统治下的典型苏维埃体系结构的研究就是属于这一范畴（Olson，2000，第101～154页）。奥尔森认为，斯大林体系是对当时新工业技术的

[①] 本章的第四部分源于 *Economic Institutions：The Modern History of Long Waves*（Eggertsson，1997b）。

一种应对，这一新工业技术也为前所未有的生产开发高度提供了机遇。这一新体系的新奇之处在于建立在一种新的社会技术之上。为增强对私人投资者的激励，斯大林主义者认为国家应该对经济实施全面和直接的管理，包括投资决策。除此之外，掌握先进技术的工人更容易获得假期和其他稀缺的消费品，这是对人力资源投资的一种激励方式。

根据奥尔森的观点，在 20 世纪早期，尽管生产技术的结构特征（特别是在重工业方面）为苏联领导者以一个特大型工厂的方式来管理国家经济提供了便利，但对代理关系过于乐观的态度在日后也导致了难以解决的问题层出不穷。

奥尔森的分析模型具有深刻的社会洞察力，也很巧妙地对各方面的因素进行了深入的解析，但仍忽略了 20 世纪的一个重大政治和经济问题：在世界范围内，支持国有制、中央集权管理的观点与支持市场自由化的观点之间的争论此起彼伏。在奥尔森的分析中，苏联的这种模式也是温加斯特所讨论的分权与集权模式的现代版本（详细内容见本书第 5 章）。[①] 其中，发生变化的是新监督方法和生产技术的产生，这使得盗窃变得更加方便，而被剥削者需要付出比之前工作更多的努力，并主动放弃更多的剩余。

奥尔森所提到的苏联体系模型却很难与得到国内外广泛认同的苏联体系相联系起来。许多西方经济学家（如哈耶克和米尔斯等人）都认为该体制存在致命的缺陷，但也不乏有一些知名学者，包括经济领域的重量级专家都认为，斯大林体制和社会制度是一个重大突破。那些支持者认为，苏联体系优于那些只注重效率而忽视公平的市场经济体系。[②] 事实上，如果奥尔森仅仅从一个普通视角来对苏联体系进行剖析，那么他对苏联体系的解释就不会如此令人关注了。

主流经济学家和很多理性选择学派的社会科学家都拒绝将不良的经济绩效与社会技术的不确定性联系起来。布埃诺·德·梅斯奎塔和罗特（Bueno de Mesquita & Root，2000，第 1 页）承认，直至 20 世纪末期，不良的经济绩效有时就是适当的经济模型的不确定性因素所造成的。但在世

---

① 温加斯特（Weingast，1997）提出的模型，事实上是聚焦于政治均衡。这个模型假设国家能建立起适合经济增长的有效经济结构（产权），但厂商发现由于政治局势不稳定，政府还会有掠夺性行为。奥尔森模型中的领导者斯大林比温加斯特模型中的管理者更为优秀，他从一开始就将经济和政治均衡联系在一起。

② 直至 20 世纪 80 年代，苏联体系一直倾向于高估整个国家的经济绩效。在 20 世纪 70 年代，美国一些符合标准规范的经济学书籍都预测苏联的生活水平将全面超过美国。

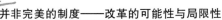

纪之末，他们也宣称：

> 经济绩效方面存在的巨大差异，提醒我们再也不能忽略各种导致经济增长的因素。经济学家必须寻找竞争性经济理论以外的其他理论来解释国家经济衰败。今天，经济繁荣或衰败的关键——实际上是广义的政策成功或失效——取决于主权国家的政治制度。政治制度安排造就了政治领导者促进增长的激励结构。

実际上，只有未来才能告诉我们，自由化市场模式能否成为世界范围内创造财富的最理想模式，是否会遭到其他经济体制的强有力的挑战。现代历史表明，在各种社会模式的智力竞争中并不存在完美的胜出者。但是，至少有些方面还是被大家所认同，比如，已认识到市场和民主是社会繁荣结果的胜出者。的确，最近的发展历史已证实了赞同民主和市场自由化的观点随着外界物质环境、政治力量和不同思潮的变化而发生变化。在政治科学文献中，区分了三次民主运动浪潮：从 1828 年到 1926 年、从 1943 年到 1964 年、从 1974 年到 1990 年。在这三次运动浪潮中，我们发现了其中出现的反复过程或者存在的反民主浪潮（Diamond Plattner，1996）。大约在相同的时期内，尽管经济和政治浪潮并不是完全同步到来的，但赞同和反对市场化制度安排的争论始终贯穿于整个世界经济发展之中。更进一步地说，西格蒙德（Siegmund，1996）检验了 20 世纪世界范围内的国有企业向私有企业转变的短期经验数据。

社会制度的兴衰是由于政治平衡的转变、新的物质环境的变化、不同社会模式下财富的变化。这些原因以复杂的方式相互交织在一起，并涉及生产再分配和再组织。经济学家乐意用标准的经济学方法（理性选择和自利动机）去验证社会模式是一种影响经济和政治发展的中性因素。另一些学者将思潮归为社会变化的主要原因。但是，我所选择的是折中的方法，即将理性选择与相关的经济、政治利益在不完美的社会模式中进行结合。

本章关注的是发生在生产组织中的巨变，并探讨了世界上不同地区政府面临制度性政策突变时的行为倾向。正是这种倾向，可能会导致政策循环，并在一个地区引发一系列的连锁反应。我们关注的焦点是那些拥有先进技术的第一、第二梯队的经济体，而不是低收入国家。我认为生产组织上的巨大变化反映了社会模式的矛盾性和风险性，以及为适应新生产技术

或新物质环境而做出的补救性制度调整（使生产率提高的制度调整）。尽管
新生产技术仍起着重要作用，但回顾历史数据则可发现大规模的行业重组
通常与社会模式的改变有着密切的联系。

3.2　为什么存在循环的社会制度呢？

　　为什么一个国家会发生重大的生产组织变化，有时甚至会出现循环反复
的现象呢？如果我们用新古典经济学来解释，那么在理论上可以得出纯粹的
补救性措施或是其中的原因之一。除此之外，并没有其他更好的解释。通常
是在假设名义上，在经济生产过程中生产技术能被最佳地利用，达到生产可
能性边界后，自动地使社会技术同新生产技术相匹配。当社会模式是中性的
时，工业组织的急剧变化一定反映了生产技术的跳跃式发展。

　　然而，人们认为，生产技术的变化是渐进的。在纯粹的新古典经济学
术语中，突然的、彻底的政策反转（例如，经济管理从集权化向分权化等），
并不像我们所认为的那样仅仅是由技术变革所引致的。但在现实中，我们更
希望看到的是经济制度的逐步调整，而不是那种疾风骤雨式的变革。改革中
主要的例外因素是创新过程受到了阻碍，特别是国家出于军事或者国家利益
的考虑所进行的大量投资，比如对太空项目和交通运输项目等的投资。这些
都有可能使正常的经济发展出现停滞，尽管这种停滞只发生在特定的行业，
但有时还是会造成整体社会结构的非连续变化。例如，在第二次世界大战时
集中产生的大量创新，它们的商业化应用却相对滞后了 15 年至 20 年。这些创
新给我们带来了如下好处：降低了行业的进入壁垒（微波技术），增加了容量
（大型飞机），改变了经济规模（基金运作电子化、自动柜员机），改变了人们
对市场失灵的预期，以及深化了对特定行业中政府管制的认识。维托尔
（Vietor，1994，第 18～20 页）举例说明了在 20 世纪 60 年代后期新技术在打
破美国通信业的自然垄断中起到的显著作用。

　　正如我将在本书第 5 章中所讨论的那样，政治局限和分配动机通常会影响
生产组织，使得经济体偏离生产可能性边界，经济发展也会相对落后于其他主
要国家。对于每个国家而言，这些因素影响生产效率的程度是不尽相同的，但
我仍要强调的是我们的讨论仅限于那些自由化程度较高的高收入国家。换言之，
高收入国家的政治家们更倾向于将生产和分配相分离，致力于将蛋糕做大，然
后根据各自的政绩来分享利益。通常在生产组织中不希望出现突然性的变化，

除非这种突变在不对生产造成破坏的前提下有利于再分配的进行，或者这种突变是由社会技术中存在的不确定性所导致的，具有一定的不可避免性。

新社会模式出现之前总会有一个新的政治领导人上台。尽管导致政治变化的力量总是缓慢变化的，但政治的变化却是不连续的。一个行业、地区和国家经济规模的收缩或扩张，人口增长，城市工人阶级的壮大，服务业工人地位的提高等，关于这些因素在研究中采用的是平滑的时间序列数据，但是研究中所得到的结果仍会出现间断点。公民权利的扩充和选举体系的变革，司法内部程序的调整，政变和叛乱都有可能打破原有的政治平衡，从而导致政局的急剧变化，公共政策也随之摇摆不定。以英国的钢铁行业为例，它在第二次世界大战之后经历了两个回合的国有化和非国有化，这就是政策循环的著名例子（Singleton，1995）。这不仅反映出在再分配领域所发生的争斗，而且反映出在生产组织的效率方面存在着相互对立的观点。[①]

行业组织中的新社会模式，不仅仅是因政府的改变而出现的，其中还存在众多缘由。通过游说或说教等手段，有时可以让政府当局采取激进的政策。从复杂的社会中演化而来的思潮也会随之出现，但也可能出于害怕社会报复的心态或其他原因，思潮会成为一种暗流（Kuran，1995）。在大量的个体不知何故拥有共同信仰的时候，社会变革将会迅速爆发，比如1978—1979 年的伊朗和 1989 年的东欧就是如此。然而，新的社会模式同时涉及效率和分配两个问题，但在经验分析中要将两者进行区分是一项非常艰巨的任务。我认为，在变化的社会模式中经济组织的效率起到了重要作用，而这种变化通常是突然的。

39　　我们对社会机制了解很少，政策的制定好比是在黑夜中行走。在 19 世纪晚期和 20 世纪早期，金本位制度下的人类文明史以固定汇率制连接主要国家的货币体系，这种现象就反映了以上暗喻。当时和之后的众多专家（英国国会，1918；McCloskey & Zecher，1976；Ford，1989）解释了为什

---

①　Rose（1993，1997）提出了一个基于政治经济和公共财政的国有化和非国有化循环解释。在他看来，这种循环趋势反映了政府为降低税收的政治成本而做出的尝试。Rose 假设，社会模式是中性的，并且公有企业和私有企业是具有同等效率的。他认为，在特定的时间内，这是政府针对国有企业的权宜之计，目的是通过增加收益而不是实行管制来提高税收利润。随后，当利率提高时，提高税收的成本也随之上升，政府增加收入的最佳策略就是拍卖国有企业。Rose 发现，欧洲 20 世纪下半叶的经验数据支持其假设前提。在他的分析案例中，制度变迁被视为具有单一分配性（转移税负），因为公有企业和私有企业被认为具有相同的效率。但是，如果我们认为这种转变是为了追求提供公共服务的成本的最小化那么这些循环趋势具有补救性因素。

么金本位制度在 1870 年至 1913 年是有效的，以及为什么在迅速发展的世界经济中，汇率在消除了支付平衡表的不平衡现象之后仍能保持相对稳定（Ford，1989，第 197 页）。在战争时期，重新引入金本位这一灾难性制度则是说明不完善的模式如何对经济造成不良后果的生动例子（Moggridge，1989）。事实上，追究恢复这种制度的责任由谁承担是不现实的，但它让我们认清了这一尝试是彻底失败的。

拥有不同经历和利益的人在相同的社会模式和社会制度中通常有相同的信念，即他们的模式束（model cluster）。如果我们假设社会模式是不完善的、有差异的、不稳定的，不同的社会模式受到不同阶级的偏好，甚至有时可以通过在重大政策上的改变来实现对不同社会模式的选择，那么这些改变反映出不连续的制度变迁与执政者的政治势力无关。如果模式束的选择在国家内部和国家之间在同一时间内发生了同一方向上的变化，那么全球的制度性政策就也会发生变化。

在 20 世纪末，布埃诺·德·梅斯奎塔和罗特（Bueno de Mesquita & Root，2000）主张那些通过非市场手段来解决经济问题的方法已失去了原有的光辉。但是，就在第二次世界大战之前，市场经济模式处于历史的最低潮，许多人看好未来是属于集权管制的。在第二次世界大战前的那个时期，甚至连英国保守党都呼吁引入不同形式的中央集权管理。之后成为首相的保守党人哈罗德·麦克米兰（Harrod Macmillan）在 1938 年的宣言《中间道路》中列举了他认为的在当时国有化时机已经成熟的一批产业。

> 麦克米兰关注英国城市中严重的营养不良问题，提出私人批发零售业不能在工人阶级能承受的合理价格水平下提供商品。在麦克米兰的计划中，面包和黄油应该通过邮局有组织地挨家挨户发放至家庭主妇手中。尽管面包的生产和分配权力仍在私人手中，但为了保持一定的经济规模，高技术含量的国营面包店应当被建立起来。

在社会学的文献中，赫希曼（Hirschman，1982）提出了最为著名的中期私人—公共循环（medium-term private-public cycle）这一概念。他利用社会心理学来证明这些循环是由个人行为表现发生的共同变化所导致的。相应的解释建立在消费品概念之上，特别是那些耐用品，即能为人们提供基本生活保障而不是用于享受的物品。这些物品如果泛滥就会降低消费者

40

的积极性，他们就会转向社会公共活动，在其中寻求满足自己的其他方式。同样，在社会公共活动上遭受失败会使行为人产生挫折感，将自身行为重新局限于私人活动或个人消费领域。根据赫希曼的观点，这种政策反转与国家在当时所强调的大众消费阶段有关。

赫希曼的见解基于一个简单的观察，但无形中也削弱了其研究工作的价值。赫希曼在 1978 年开始了他的研究，当时他着迷于为什么"1968 年之精神"在短短十年后就遭到了漠视这一困惑。他的研究并没有清晰地分析出这些循环是否是由市场饱和造成的、是否会出现持续的震荡现象，最终这种趋势是否将逐渐消失或不复存在，仅仅是对这种现象做出了持久性假设。社会公众在没有动机或者没能做好准备时就进入大众消费阶段，势必造成社会公众需要在私人和公共行为之间做出新的平衡，这就会阻碍循环趋势的发展。尽管在其理论中有真理性的一面，但我不赞同他在 20 世纪提出的消费者偏好将是驱动私人—公众循环的根本性力量这一观点（或许连他自己也尚未认识到）。

当政策制定者认为他们采取的制度是无效的，并且愿意重新审视原有的模式和政策时，各种因素会阻碍行动的及时开展。在下一部分中，我们将分析产生时滞的三个原因。

3.3　江河日下的失效社会模式

将不完善和正在演化的社会模式引入经济学分析，并不是现代经济学方法中一个有决定意义的突破性进展。在最初的模型中，宏观经济学的理性预期假设经济人拥有完全精确的经济模式，使他们能参与公共政策的制定以及避免那些成本较高的公共政策。这些极端的假设由于能简化数学模型和便于应用宏观经济学的一般均衡概念，因而在初期显得非常有用。理性预期的前提"并不意味着所有局内人都拥有相同的信息，或者掌握了经济模型中的'真理'；它仅仅意味着那些经济人可以运用最佳的方式来利用已获得的信息，经过利弊权衡后在获得更多的信息的基础上做出进一步的选择"（Svensson，1996，第 3 页）。

如果政策决策者能较快地意识到失效社会模式会带来严重后果，从而采取适当的调整措施，那么那些达不到预期目标的政策模式就不会对经济造成太大的危害。然而，即使在一些发达的工业国家，政府通常也会滞后

一段时间才采取恰当的措施，那么不完美的制度似乎是暂时的。这种时滞的原因至少有三个方面：首先，政策制定者缺乏对中长期政策影响的了解，常常会惊奇地发现他们制定的政策取得了意想不到的效果。在当前的体制下，经济个体的预期和策略的渐进性调整都会造成灾难性后果，只是这种灾难性后果全方位地显现出来需要经过一定的时间。[①] 在关于制度调整的研究中，美国政府从 1938 年至 1978 年对航空业实施的管制就是一个很能说明问题的案例。由于政府限制航空公司间的价格竞争，航空公司转向其他非价格竞争，而这种竞争形式很快在整个行业中盛行起来。到最后，美国航空联合会甚至尝试去控制服务内容，"规定了经济舱的数量，并规定只能提供汉堡包作为正餐"（Noll & Owen，1983，第 6 页）。调整的政策使实施成本有所上升，雇主与雇员之间的寻租现象增加。直到协会解除管制之后，这种政策效果才有所减弱。

第二个相关的解释并不是基于制度衰败的，而是指出复杂的现实世界中的制度失败、意外事件的冲击和其他暂时性的因素都会产生一些出乎意料及的结果。当旧有制度需要被更替或者废除的时候，在特定时点也会出现各种相关的征兆。如果相关制度一开始并非人为设计的或没有经过实践比较，那么正确区分各种征兆就会显得特别地困难。[②] 关于可能选择的制度及其初期如何运转的知识是极为缺乏的。在社区中移入一项具体的制度时，我们掌握的仅仅是现行制度的知识，而很少去了解那些备选制度，我们思维中仍存在着"存在的就是好的"这一根深蒂固的观念。

当制度的不完善的方面被发现之后，政治上的软弱是第三个原因，这也是政府愿意继续维持那些有违其初衷的社会制度的原因。政策制定者意识到他们无法对现有的社会结构进行改革。因此，他们甘于现状（Killick，1995）。通常那些在不完善的制度下能够获利并能对政策决策过程产生影响的利益集团，有时会极力封锁信息，以阻止民众去了解现有制度的缺陷。

42

---

① 当然，监管体制可以发起有效的循环。

② 通过比较研究发现，权力通常在制度的演化中起着重要作用。美国得克萨斯州和加利福尼亚州的州际航班管制实践使得政策制定者确信，管制国有航班的规定应当被废除（Vietor，1990，第 19 页）。从不同角度对不同国家的比较研究通常是结合整个国家的社会模式进行分析的。在 1928 年，《特里公告》指出"澳大利亚的国有铁路受各个联盟的领导者以及他们慵懒的员工的支配。保加利亚政府控制下的煤矿就如一个无效率的闹市一般"（Sigleton，1995，第 19 页）。

3.4 经济制度：现代历史中的浪潮

欧洲和美国政府的经济管制是从现代才开始的。当时的政策受到技术变革、政治力量和未预见到的社会发展导致的社会信仰的转变的影响，逐渐改变。没有确凿的证据表明，政治力量、技术条件和不完美的社会模式会造成制度上的循环往复。回顾欧洲和北美两个世纪的经济史，许多学者目睹了两次分权和集权的浪潮，这两次浪潮对各国都产生了巨大的影响，并持续了将近一个世纪。[①] 在 20 世纪的最后二十年，世界似乎又进入了分权模式阶段，特别强调经济的自由化，同时也经历了苏联模式经济体的瓦解。

向《剑桥欧洲经济史》（*Cambrige Economic History of Europe*）第八卷投送的稿件中，就有相当多的主题涉及了工业国家的经济发展和社会政治，其中就有对集权和分权模式持有不同态度的观点（Mathias & Pollard，1989）。施雷莫尔（Schremmer，1989，第 362 页）提供了丰富的原始资料，他证明了中央计划支出的不同规模和国民生产总值存在一定联系。所获得的英国和法国的时间序列数据也反映出，18 世纪 80 年代以后的数据呈 U 形，并在 19 世纪中期达到最低水平，比重商主义时期或是两国发生战争的时期的水平都要低一半左右。然而，法国达到最低水平要比英国更早，并在 20 世纪 90 年代恢复到了 18 世纪的水平。在普鲁士和德意志帝国，受中央管制的支出占国民生产总值的比重从 19 世纪后期起就呈现出急剧上升的趋势。

亚当·斯密、萨伊、米尔、大卫·李嘉图等人的研究工作，以及 1776 年的美国《独立宣言》和 1789 年的法国大革命，标志着自由放任的经济模式的出现（Bairoch，1989，第 4～5 页）。然而，长期的自由化发展浪潮中包含了很多变数，比人们想象的还要多地融入了一些国家干预（特别是一些地方性干预）。英国在 19 世纪后期实行了自由贸易，不过在英法大战时曾中止，而 1846 年废除了《谷物法》（*Corn Laws*）之后又达到了自由贸易运

43

---

① 正常的长商业周期可以使得制度变迁发生系统性的周期变化。如果我们认为市场经济通常每 50 或 100 年就会经历严重的危机——如同萨伊所言，那么这些危机可能产生长期的私人—公共循环。然而，正如基钦（Kitchin）、朱格拉（Juglar）、康德拉季耶夫（Kondratieff）和其他经济学家所说的那样，长经济周期还有待进一步证明。

动的顶峰，最终开拓了英国从那时起直到 1914 年为止的自由贸易新时代（Bairoch，1989，第 13 页）。美国和西欧的另外一些国家向当时的工业化领导者英国借鉴了许多有关贸易保护的经验。从 1846 年至 1861 年，欧洲开始了短暂的自由贸易阶段（Bairoch，1989，第 36～50 页）。早在第二次世界大战之前，美国在 1846 年至 1861 年的这段时期里实行了自由化和适度的贸易保护主义政策。然而，历史证据表明，工业国家的兴起与对重商主义的情结、对私有产权不加限制、释放市场潜力和鼓励竞争有关——如果没有实现国际化，那么至少在国内或者某些地区存在着自由贸易区，比如德国的关税同盟等。[①] 这一时期，国家在生产、交换和分配过程中所起的直接作用比起以往都要小，特别是在美国采取国家干预主义的时候，这种干预行为的范围仅限于地区水平而不是整个国家（Letwin，1989）。

工业国家大规模地向国家管制转变是在 19 世纪后期和 20 世纪早期。这种转变不仅反映出政治力量从中产阶级向工人阶级的转移，而且同时也反映出社会模式中的基础生产方式与经济现实之间的矛盾。[②] 工业化在给我们带来新机遇的同时，也带来了新的问题。虽然农业问题逐渐被解决，但工业事故、严重的溢出效应（如污染）、对传统农业社会安全体系的破坏等问题仍然很严重。同时，还涉及工业社会中妇女和儿童的地位、相对于新的生产方式而言劳动力受教育程度较低、缺少工业基础设施、城市住房紧张等问题。

工业时代中的新生产技术、机械化和规模经济确保了财富的大量积累，当时这种令人困惑的转变使人们对那些政治家所提出蛊惑人心的政治宣言更为信任，并且认为不存在稀缺的乌托邦式社会即将来临。随着通信业和运输业技术的发展，经济活动逐渐向城市集聚，生产规模大幅度扩张，这些都为国家进行经济控制提供了便捷。从表面上看，国家对经济形式的直接干预可以加速工业化进程，同时还能达到有效控制局势的目的。科斯（Coase，1992［1991］）在报告中指出了一个矛盾的事实，即在否定中央计划经济的同时却出现了极为成功的特大型公司。特别是科斯发现工业国家

44

---

① 在同中国、日本和其他国家的贸易中，显示西方工业力量通常是它们帝国主义政策的一部分。

② 到 1831 年，英国 1 400 万的人口中选民仅有 50 万。1832 年的改革法案使得国会接触到了商业社会。随着 1867 年的改革法案的实施，工人阶级逐渐壮大起来，法案赋予三分之二的成年男性公民投票权。最终，1918 年的法案规定年满 21 岁的男性公民和年满 30 岁的女性公民都有投票权（Chechland，1989，第 608～628 页）。

中存在这样的困惑：公司在一定程度上履行了价格机制的协调作用。

　　俄国改革仅持续了 14 年，因此我们对一个社会主义体制的国家是如何实行计划经济的知之甚少。列宁曾说过，俄国的经济体系会像一个巨大的工厂那样运作。然而，许多西方经济学家坚持认为这是不可能的。但是，却有一部分的西方企业也发展到了相当大的规模。

　　新兴的工业社会结构是一个非连续的现象，这一说法常常不为人们所理解。在 19 世纪，代表民众意见的领导人就"新社会结构需要适应社会技术"这一观点出现了分歧。在 20 世纪早期，被欧洲和美国领导者所偏好的社会模式，是禁止出现对个人不加限制的分权式市场，通过实行对市场集中管制的行业政策，全面控制生产，以实现中央集权的计划经济形式。正如我们所了解的那样，中央集权主义者的解决方案是通过改变中央控制的程度来达到目的的。美国在许多工业部门中强化了行业管制，特别是在一些基础设施服务业，同时欧洲也对某些行业进行了国有化（Vietor，1990）。在美国和西欧的一些国家中，政府宣称对其公民的健康和福利负责，这正是欧洲向福利社会迈出的重要而成功的一步。在关于工业化的一系列激烈讨论之后，1928 年苏联领导人为推动工业化的发展实施了在中央计划管理下的大型项目（Davies，1989）。

　　从 20 世纪 70 年代和 80 年代开始，各行业从国家管制中脱离出来的趋势日益明显。人们对中央计划的有效性的期望降低，并对国家的行业扶持政策缺乏信心。就连法国也在 1976 年开始推行第七计划，取代了曾经引以为傲的计划指导体系（Hall，1986，第 185 页）。美国也进入了取消对不同的基础服务业的管制的阶段，也在政府的支持下于 1979 年开始向自由主义转变。但是，在 1980 年，很少有人认为企业的国有产权能够具有经济上的高效率，能满足财政义务、必要的重组和令人满意的工作环境等要求。

　　集体所有权和各种针对私有行业的管制失去了支持，因为人们发现原有的社会技术有明显的缺陷。此时，分权经济和以市场为导向的模式受到了空前的欢迎。

　　在 20 世纪最后的二十几年，政府对经济的管制出现了扭转趋势，承袭了从两百多年前开始的经济自由化发展趋势，并提出了以下几个问题：

（1）发生在 20 世纪 70—80 年代的转变是否意味着是对前一个世纪公共管制的根本性反转呢？全球经济发展能否出现一个自由主义新时代，并描绘出一条公共管制呈下降趋势的曲线呢？

（2）是什么力量给社会组织带来了新的发展方向呢？特别是修正了的个人社会模式是否在最近的制度性政策反转过程中起着相当重要的作用，或者当前理论能否完全解释政治力量、新技术和新的生产方法的变革？

我对这些问题的认识并不比对自己的不完善的社会模式要多多少。然而，我有一个预感，在现代民主社会，随着大型集团的兴起和受教育水平的提高，政治将会对经济增长起到巨大的作用。现代民主社会不可能再拒绝经济自由化，因为人们和领导阶级认为从自由市场经济政策中脱离出来，会对社会造成重大的经济损失并大幅度降低经济增长率。如果主要的政策发生逆转，那么在今后将发生一系列灾难性的危机，增加了社会模式中基础领域的风险。针对上述事件的解决方案在自由化市场中是开放性的——可以借鉴不同的社会模式的经验。在反对自由经济体制的模式中，大多数人认为，如果世界经济继续以当前的速度增长，对环境的破坏绝对是不可避免的，那么人们在地球上的生活将充满着不幸。以这种观点看来，积极的经济增长被定义为一种负面的破坏性过程。相关的政策模式表明应采取与当前完全相反的政策，包括我们所知的停止经济增长，以及对自由贸易实行限制，在富裕国家和贫困国家之间进行财富再分配，回归到简朴的原始生活之中。因此，不能人为地使循环社会模式和制度体制过快地退出历史舞台。①

---

① 2002 年，美国丑闻导致了一场对放任资本主义政策的信任危机，人们呼吁出台各种新的管制方案。

第4章 持续的贫困
与非稳态增长

　　本研究认为，经济体无论规模大小，都存
在着不完美的社会制度，导致不同程度的相对
经济差异。本章考虑了不完美的社会制度的两
个方面：稳定性与脆弱性——阻碍经济增长的
制度的稳定性和促进经济增长的制度的脆弱性。
首先，我将讨论制度的稳定性，即传统社会是
如何产生非市场性的制度，以降低自然或其他
因素导致的风险所带来的高昂的成本的。而且，
这些制度通常在社会生存和发展的早期起着举
足轻重的作用，并根植于社会文化之中。但是，
由于外国技术的侵入、新市场的开放或者其他
因素的影响，传统制度通常会阻碍社会变革，
即会产生一个"贫困陷阱"（poverty trap）。在
本章的后半部分，我们考虑问题的另一方面，

即制度的脆弱性。许多国家成功引入了促进经济增长的产权制度，但还是不能解决自然灾害等外部冲击所造成的问题，它们的经济系统脆弱而易于崩溃。国际统计资料表明，经济增长中断是一个非常普遍的现象。在本章中，我将借鉴罗德里克（Rodrik，1998）的经验研究对这些现象进行解释。

本章对贫困的持续性与增长的不稳定性的探讨，将不涉及建立制度性政策的动机分析，这一主题将在随后的第 5 章中再进行进一步的讨论，并且运用政治学理论来解释为什么理性的领导者会容忍不完美的制度的长期存在。

4.1 如何应对来自自然和贸易的冲击

人们很自然地认为，不利的外部环境，是有些国家贫穷而其他国家富裕的主要原因。国家贫穷的主要原因在于：（1）气候环境恶劣或者气候变化剧烈（比如古代的冰岛、非洲的撒哈拉地区等）；（2）殖民统治的严重剥削（比如印度等）；（3）发达国家通过操纵国际贸易条件损害发展中国家的利益（比如拉丁美洲等）；（4）缺乏丰富的自然资源（与其他国家的自然资源相比，日本是自然资源相对贫乏的国家）；（5）不利的地理位置（被陆地所包围的国家与靠近赤道的国家）；（6）疾病危害以及外国入侵等。现代社会学研究认为，影响经济发展的外在因素的重要性会随时代的变化而不断变化。在最近的研究中，发现丰富的自然资源实际上会危害而不是促进国家经济的长期增长（Sachs and Warner，1999；Gylfason，2001）。当然，尤其是对于那些只掌握了原始技术的贫困国家，有些外部冲击通常会产生灾难性的后果，并且限制其抵抗灾难的能力。此外，在那些不可避免的外部事件发生时，我们总会产生这样的疑问：无论是贫穷的国家还是富裕的国家都能利用合理的管理方案与有效的制度性政策（依据其发展的水平而定）来应对不利冲击，抑或相反，那些不完善政策使情况进一步恶化。①

最近的几项研究认为，在给定的低技术水平下，传统社会中的社会制度能对物质环境的改变做出理性的反应。这是由于专业化在传统社会中不能发挥出应有的作用，因而社会制度同时还承担着多项社会职能。维护秩序、保护产权、促成和管制交易的制度体系，有时还能起到抵御自然灾害

---

① 外部冲击具有破解贫困陷阱的积极作用，从而为制度改革创造出机遇，详见本书第 10 章。

48

的保障作用。本章"新兴经济——不稳定的增长与贸易冲击"这一节，介绍了贫穷的农场和耕地公社抵御风险的各种保险方法。为了对这些方法进行具体阐述，我将专门解释古代冰岛的传统社会是如何应对所发生的各种不利事件的。古代冰岛的社会制度体系与当今的第三世界体系相仿，我们通过对其进行研究，便可以了解传统制度体系在建立初期为何能够促进经济的发展，但是随着新技术的出现会逐渐阻碍经济的增长。而先前建立的制度会产生路径依赖，从而制约之后的深度发展。霍夫（Hoff，2000，第7～8页）根据现代信息经济学和交易成本经济学得出了以下经验：

> 从最近的理论研究工作中，得出了普遍认同的观点：制度最终的目标是发展经济，但事实却不一定能保证这个目标的实现。制度是影响经济均衡的重要因素，有时也会发生制度功能混乱。举例来说，阿诺特和斯蒂格利茨（Arnott and Stiglitz，1991）讨论了由于道德风险的存在，社会制度会导致不完善的市场保障体系的形成。他们的研究表明，非正式的社会保障和市场保障之间存在一种相互排斥的关系，从而使社会整体福利有所下降。发展中国家正陷入低水平市场化发展的恶性循环之中，这将会产生高度不完善的信息，这种信息结构随后将影响到制度。举例来说，交易关系网络（networks of exchange relationships）（Kranton，1996）的非正式化以及人格化都会阻碍市场的发展。

基于自身的贫穷和原始的生产技术条件，前现代时期的冰岛建立了分散的社会保障体系，能够很好地应对各种各样的外部冲击，但并不能抵御影响严重、范围广泛的外部冲击。然而，我认为，这些不利于经济增长的有害因素已经深植于制度安排中。在本章的最后部分，我会简洁地概括动态的无效率制度体系，而在接下来的第 6 章将继续讨论低效的社会规范和经济发展之间的关系。我敢断言，良好的撒马利亚人标准有利于促进财富的增长，但不利于对牲畜和干草储备进行系统的管理。由于寒冷季节饲料的匮乏以及由此造成的大批牲畜死亡，农村社区管理的不善使得这种情况进一步恶化。本书第 7 章将具体讨论，在内外部因素相互作用的博弈过程中，国家福利制度为何会成为阻碍冰岛当地专业化渔业形成的重要因素。

4.2　传统社会的风险、制度与阻碍因素

4.2.1　解决一般风险和特殊风险的措施

由于受到诸如气候干扰或疾病等随机因素的影响，技术水平较低的贫困农业国的产出会出现较大的波动。[①] 当生存面临危机的时候，传统社会具有强烈的动机去寻找平抑消费的变动的方法，但高额的交易费用通常会阻碍或者限制保险、信托以及其他中介市场的正常运作。最近的一些研究表明，传统社会通过各种各样的非市场化制度安排和对生产的调整，来稳定消费和降低风险成本。[②] 典型的是，传统研究忽略了社会在充满风险的环境中做出调整而引起的相关政治问题，仅仅是假设这种制度安排能反映社会团体为克服生存威胁而做出局部的选择。

关于风险管理的文献，分析了在相关性（或者一般风险）与不相关性（或者特殊风险）之间的区别。在个体经济单位面临风险的时候，它们具有很高的正协方差（不幸会同时发生在不同的个体经济单位身上），并且它们面临的是一般风险，分散风险所带来的大部分好处都会丧失殆尽。举个例子来说，当社会所有的经济个体都处于相同的气候地区时，气候变化所带来的风险具有正相关性；当传染病大规模蔓延于人类和动物之间的时候，疾病造成的风险也同样具有正的相关性。考虑在同一岛屿上居住并在同一气候条件下耕作的农民，他们的农作物产量存在着正的相关性。虽然在当前的农业耕作体系中，分散产量的风险并没有起到应有的作用（即使交易成本足够低），但是农民也许会采取多样化的分散风险方式，投资于新的生产方式以降低他们所面临的风险——例如，农民把他们部分的资金再分配到沿海的捕鱼业之中。如果新旧投资方式所获得的产出的相关系数小于 1，

50

[①]　这部分讨论的内容源自埃格特森（1998b）的第一部分。

[②]　在研究发展中国家的文献中引入传统社会保障体系，参见 Ahmad 等（1991），De Janvry、Fafchamps 和 Sadoulet（1991）。Newbery（1989）从经济风险和信息交易成本的角度，对农业保障和稳定制度做了一个全面而清晰的综述，同时运用了交易成本分析框架；Binswanger 和 Rosenzweig（1986）提出了一个适合传统农村区域制度的一般性经济理论；Binswanger 和 McIntire（1987）探索了土地丰裕的热带农业结构；Binswanger、McIntire 和 Udry（1989）则分析了半干旱的非洲的农业制度。Bromley 和 Chavas（1989）检验了在半干旱热带地区的风险和交易之间的关联；Fafchamps（1992；1993）基于信息和交易成本理论，研究了前工业社会中的共同保障网络体系；Townsend（1992；1993）应用一般均衡分析和契约经济学，对亚洲乡村进行了经验和理论上的研究；Cheung（1969；1970）基于风险和交易成本对农业契约进行了开创性的研究。

那么就能降低每个农民所面临的总风险。但是，由于缺乏专业化，这种分配方式是以损失产出为代价的。[①]

特殊风险就是指个人的风险，比如意外事故、非流行性疾病、局部的火灾，或者是人类和动物的溺水等。社会团体的成员可以通过分散风险来降低特殊风险的成本。非正式的社会保障体系也许能覆盖整个大家庭、农场的劳动力、村民、城镇或者整个国家。由于简单的精算技术与弱化的正式执行机制通常会把社会网络中的相互职责限制在一个相对较小的团体内，因此传统社会的非正式保障计划趋向于延伸至相对较小的团体。但是，随着被保险团体的规模和地理范围扩大，以及保险团体在保险成本与交易成本之间权衡，风险的协方差会因此下降。

在关于传统社会的非市场保险制度安排的研究文献中，通常会假定这些制度体系是有效的，无效的制度体系是不存在的。由于对制度体系的了解不全面，社会也许会引进不完美的制度体系，导致社会陷于社会改革遭遇阻力和不利于经济实现均衡的境地之中。此外，制度体系仅在一定范围内有效，一旦环境发生改变就不再适用。举个例子来说，随着新市场的开放或者新技术的引进，旧的制度体系将会阻碍经济结构进行必要的再调整。古代冰岛采取的分散的社会保障体系则说明了传统社会制度体系中所固有的矛盾性。

4.2.2　历史上冰岛应对风险的制度体系

古代冰岛采取的社会保障体系，是分散和降低风险成本的相对成熟的制度体系（Eggertsson，1998b）。冰岛的农民在可实现畜牧业边际收益最大化的地区，通过种植草来提供牲畜饲料。在近代之前的时期，虽然火山的爆发与流行病同样都是影响农业社会一般风险的重要因素，但不定期的春季寒潮则是主要影响因素。农民通过储藏食物应对一般风险。允许小船进入国家渔业资源丰富的海域进行捕鱼活动使得产品多样化，并且可以在捕鱼的淡季从事农业活动。[②] 在执行渔业专业化禁令的前提下，这项捕鱼活动

---

① 如果多样化努力使得预期财富减少，那么在无风险世界中风险中性的行为人就可以避免产出减少的多样化趋势。如果行为人做出了财富减少的预期，那么他们的行为可以被解释成为了追求确定性而愿意付出一定的代价。

② "所有的研究都发现温度和干草产量存在着正的相关性，而温度和渔业产量之间存在着弱相关性"（Ogilvie，1981）。本书第7章也试图给出一个关于冰岛国家渔业发展的历史全貌。

还是会得到政策上的一定支持。

在应对诸如疾病、意外事件、火灾、洪水、雪崩以及当地气候变化等特殊风险时，社区依赖当地的制度体系。社会保险网的起源是建立在联邦的法律体系上的，该法律体系可能形成于 11 世纪和 12 世纪。[①] 作为传统社会的风俗习惯，冰岛居民有义务对他们的亲戚负责，而且亲戚的定义是广义的。当家庭的赡养不能起作用的时候，当地的政府、一些公社或者被称为哈里布（Hreppur）的地域联盟将成为社会保险体系网中的支柱力量。法律要求邻近的农场共同组成一个哈里布，但这些公社却是实行自治的实体。法律允许每个哈里布拥有一定额度的税收收入（一部分是 1096 年引入的什一税），并规定了其具体的权利与义务。例如，关于对发生火灾的农场建筑物进行一定补偿的规定，表明冰岛旧的法律体系对道德风险具有高度的警觉。

在劳动力市场上，长期劳动力契约的普遍使用是一项重要的保险机制，劳动力将获得与信用和社会保障相关联的基本劳动报酬（Bardhan，1983，1989）。

4.2.3　温饱保障的动机与结果

冰岛农民承担了所在社会中的每个成员的福利，他们对现行体制的潜在弊端感到困惑不解。农民的担心主要来自两个方面：一是担心这种体系会使人们产生惰性和变得非常不负责任；二是有积极性参加新活动，却没人愿意承担失败的成本——例如，农民参与渔业生产等。历史记录中的农场是建立在农业反对渔业技术进步的基础之上的（见本书第 7 章），而部分原因是为了缓解农仆工资水平上升的压力。此外，农民采取非正式方法控制人口，在农仆能够支付租金或是购买农场之前是禁止他们结婚的。在 1703 年，大概有 44％的 50 岁以上的冰岛妇女还没结婚（Gunnarsson，1983，第 16 页）。[②]

保障温饱的分散体系能够很好地应对特殊风险，但却不能应对非常严重的一般风险（Eggertsson，1998b）。冰岛饥荒最为严重的时期大约是在 18 世纪。在 1756—1757 年，有 1/9 的冰岛人死于饥荒；在 1784—1785 年，

---

①　在 1281 年冰岛国会批准了一部法典——《琼斯布克》（Jónsbók），是在《格拉哥斯王国法典》的基础上修订而来的，并在 19 世纪继续沿用（甚至在 21 世纪，《琼斯布克》中仍有相当数量的法律还是有效的）。

②　在 1703 年的人口普查中，有 90％的农业家庭由男性当家，仅有 2％的男性农业劳动力是已婚男子或鳏夫。私生现象较少出现，处于已婚状态的夫妻通常会晚育（Vasey，1996，第 377 页）。

约有 24％的冰岛人死于饥荒；在 1707—1709 年有更多的人死于天花。瓦西（Vasey，1991，第 334 页）曾指出，在 1784—1785 年冰岛的死亡率是爱尔兰缺乏马铃薯导致的饥荒所估计的死亡率的两倍，与现代早期欧洲最严重的饥荒所造成的最高死亡率已非常接近。

虽然冰岛的制度体系带来了灾难性的后果，但该制度体系仍具有可挽回的特点。在国家简单的产品技术和具有风险性的亚北极区气候条件下，国家的福利体系发挥着超出预想的作用。社会福利体系在这些约束条件下，采取相对的平等主义，并没有出现大规模的失效。[①] 在其他的研究文献中，1784—1785 年的饥荒总是伴随着人类历史上大规模的火山爆发，因此，这次饥荒可以纳入一般风险的范畴。瓦西的研究还进一步指出，仆人、被收养的小孩与受国家援助的人员的存活率并不比农场主和他们亲属低（Vasey，1991，第 340～343 页）。

但从动态的角度来看，冰岛先前的社会政策和制度体系，确实使国家陷入发展停滞的状态之中。直到 19 世纪，整个国家都避免做任何的经济改革尝试并且保留着海盗时期的农业技术和组织。本书第 6 章在讨论社会标准的时候，我假定支持国家非正式福利体系的互惠标准有助于农民不再需要储藏超出正常年份所需饲料的多余部分，从而使得经济恢复到均衡状态。为应对春寒期与其他不确定的灾难的冲击，农业社采用了物资储备管理这一新的社会技术。正如前文所提及的，国家的福利体系是阻止国家渔业技术进步和理性发展的两个重要因素之一，发展渔业是当时国家走出贫困恶性循环的唯一途径，也是应对饥荒的最好保障措施之一。

4.3 新兴经济——不稳定的增长与贸易冲击

4.3.1 历史记录：经济增长的中断

通过对 20 世纪三四十年代经济增长的观察，经济学者已注意到世界上

---

① 几个世纪以来，冰岛都处于丹麦王国的统治之下。如果整个风险管理的活动范围可以包括整个丹麦王国的话，那么冰岛面临春寒期和火山活动的一般风险可以在丹麦王国中被认为是一种具体的风险。如果在冰岛实施哥本哈根的那套皇室管理模式，就有可能挽救冰岛（但是，丹麦王室并没有这么做）。在冰岛落后的交通条件下，需要比哥本哈根更多的供应储备。然而，在冰岛的供给储备也许能解决部分问题，而落后的交通在整个国家中阻碍了供给分配，特别是在冬季。在 18 世纪的危机时期，哥本哈根做了向冰岛输送物资的零星尝试，但由于落后的交通条件而受阻（Egg-ertsson，1998b，第 26 页）。

许多国家利用早期的经济增长预测后续的经济增长，而所得的预测与现实总存在很大的出入。换而言之，即使国家内部的制度环境与政权是比较稳定的，国家在不同时期的经济增长的变化仍是相当明显的。[①] 伊斯特利等（Easterly et al.，1993）曾被这种现象深深吸引。他们指出，战争等外部冲击，会不时地干扰经济发展的进程，从而造成经济增长的中断。

　　尽管制度体系、经济政策与政治谈判在现实中被共同用于应对贸易冲击，经济理论仍然关注技术经济涉及的应对贸易冲击的观点。根据冲击的不同强度，对外部贸易冲击进行有效调整，有时仅仅需要财政政策和货币政策即可；但是在其他情况下，新产业的发展与国有企业数量的减少等主要经济结构变化是必要的。比如，在使国民收入减少的不利贸易冲击发生时，主要出口产品价值含量大幅度下降，政府会让公众来分担这部分成本，从而引发代价高昂的利益集团斗争。当国外市场的发展损害到现有行业的利益时，该行业的雇主、经理、工人甚至供应商通常会寻求国家的保护或者补助。在进行必要的宏观调控时，一些利益集团偏好于通过货币贬值来控制进口，而其他利益集团也许偏好采取降低价格和控制工资的措施（Rodrik，1998，第 2 页）。政府支出总额的下降，使得有组织的团体通常会要求其他组织交纳更多的税，或者游说政府减少与它们毫无关联的行业领域的投资。增长的最坏情形是政府在面临外部冲击的压力下，通过通货膨胀对外部贸易冲击的成本进行再分配，以及在没有刺激新产业发展的动机的前提下向衰退产业提供保护和补贴。低效率政策将会增加贸易冲击的经济成本，并使这种不利的影响不断地蔓延，从而不利于国家经济的复兴。

　　伊斯特利等（Easterly et al.，1993）从实证研究中得到如下结论：从中期来看，外部冲击是引起经济增长中断的主要原因。罗德里克（Rodrik，1998，第 5～9 页）所提供的证据也证明了应对贸易冲击的不同措施能够解释在 20 世纪 70 年代中期，东亚（中国除外）的经济增长率为何会与拉丁美洲、中东以及一些非洲国家拉开差距。从 1960 年到 1973 年，除了非洲，所有地区经济增长都是大致相同的。中东的人均 GDP 增长率为 4.7%，但非洲的许多国家也实现较高的经济增长率。在非洲，8 个撒哈拉国家的人均国内生产总值增长率均超过 3%。1973—1994 年的数据表明，除东亚之外的所

---

　　① 罗德里克（Rodrik，1998，第 4 页）运用来自 110 个国家的数据，分别对 1975—1989 年和 1960—1975 年做了平均增长率的回归。回归得到的 R^2 为 0.12（滞后增长系数为 0.39）。但是，罗德里克的数据样本排除了 11 个东亚国家和博茨瓦纳，滞后增长系数更为不显著，R^2 减少到 0.02。

有地区生产增长率都在大幅度下降，而东亚地区的生产增长率仍与 1960—1973 年期间的生产增长率持平。罗德里克（Rodrik，1998）认为，在 20 世纪 70 年代，东亚和其他 3 个地区对贸易冲击的反应是截然不同的。他在详细比较了韩国、土耳其和巴西应对贸易冲击所采取的措施之后，得出以下结论：在这三个国家中，韩国比其他两个国家遭受了更大的损失，但它能采取有效的宏观政策进行调整，而其他两个国家都未能做到这一点。因此，只有韩国能够保持与 20 世纪 70 年代早期相同的生产增长率。

4.3.2 关于经济增长中断的罗德里克模型

这部分介绍罗德里克的理论模型，他利用社会冲突来解释经济增长中断，并对该模型进行了经验检验（Rodrik，1998，第 9～13 页）。本章的最后部分讨论了罗德里克的解释以及它为什么符合我们关于不完美的制度体系的观点。我之所以要详述该模型，是因为经济增长中断是新兴国家关注的重要问题之一，而经济增长中断与不完美的制度体系有关。但是，该研究的不足之处在于，罗德里克并没有识别出阻碍国家成功应对外部冲击的基本政治因素。

罗德里克对面对国际贸易关系所引发的冲击时，有些国家不能成功调整它们的经济体系提供了两种基本解释（Rodrik，1998，第 9～13 页）。这些国家符合两个条件：（1）受国家潜在的社会冲突限制；（2）缺乏应对冲突的有效制度体系。他通过一个简单的正式模型预测影响那些受严重社会冲突以及低效率且矛盾的社会管理制度所困扰的国家经济增长的最大因素是外部冲击。而成功应对外部冲击的国家一般能相对比较自如地应对社会冲突，或者即使出现社会冲突，对它的影响也是非常微弱的。这是由于它具有有效化解冲突的制度体系。在公共选择理论中，罗德里克模型属于典型的利益团体模型。国家在各种预期、不同的推动力与有组织的压力集团的合力推动下，为这些集团提供了发挥各自特长的舞台。以下这一简单的公式能够粗略地概括该模型的实质：

$$△经济增长＝－外部冲击×潜在的社会冲突/冲突管理制度体系$$

在给定模型的假设条件下，两个变量的取值将决定政治体系是否会扩大外部贸易冲击的负作用。变量 Φ 用来衡量国家冲突管理制度体系的有效性，而变量 π 是每个团体对其他团体是否会进行斗争的预期——它们的预期将会影响社会潜在的冲突。Φ 取值较小时，制度体系是无效的，模型双方的占优策略是斗争，所以双方会发生冲突；Φ 取值较大时，制度体系是有效的，不论 π 取何值，双方的占优策略是合作。当 Φ 处于中间值时，π 的取值将会影响双方采取的策略。π 的取值较小时，双方会合作；π 的取值较大时，双方的占优策略是斗争。

根据最近收集到的许多国家社会、政治和经济变量的数据包，可以对关于经济变量和非经济变量对经济增长的影响的各种推测进行经验检验。这些经验检验包括高水平的集合检验、社会和政治变量的相对粗略的替代、潜在的测量误差与置信区间的统计假设。运用该方法的前提是，可以通过比较不同国家的发展水平推导出经济长期发展的一般原则。[1] 虽然我们也许怀疑跨国的截面回归是否具有为我们提供正确答案的能力，但它们的确是我们洞悉、发现与产生新假定的有力工具。从截面回归所获得的结论可以通过其他方法重新进行检验，这些检验方法包括对个别国家进行时间序列分析、对不同国家个别产业进行统计研究，或者通过各种调查方法来研究更加复杂的经验案例。

在对罗德里克的社会冲突理论的经验检验中，可将每个国家在 1960—1975 年和 1975—1989 年的不同增长率作为模型的因变量。该模型中的社会潜在冲突的替代变量是收入的不均衡（用基尼系数衡量）与国家种族分布的指数。而国别风险指南指数（ICRG）衡量冲突管理制度体系的质量，每个国家的 ICRG 根据其法律法规、官僚质量、贪污、征用土地风险以及合约的政府信用等因素赋值。因此，ICRG 能够衡量社会收入的质量——经济产权安全。另一个衡量冲突管理制度体系质量的替代变量则是民主自由度指数，该指数由人权和政治权利所构成。该指数是以结果为导向的，但它强调政治结果，所以它能比 ICRG 对经济增长提供更深层的解释。政治结果的实质是影响对产权安全的预期，而产权安全反过来会影响经济行为与资源的分配。[2]

回归分析的结果支持罗德里克的理论，该理论涉及社会冲突和经济行

---

① 索洛对世界上具有代表性的利用社会变量得出的回归结果表示怀疑："一种经验研究的特殊形式似乎是结合了增长理论和萨默斯、赫斯顿提供的跨国数据（1991）。通过对不同国家的跨国数据进行回归，将平均增长率作为被解释变量，将各种影响平均增长率的政治和经济因素作为解释变量放在等式右侧。我最好承认并没有发现很好的结论。这种计量模型易于受到批评，被认为省略了变量、颠倒了因果关系。尽管有以上的不足之处，但是仍不能解释不同国家的经济在表面一致的情况下为什么会有这么多的不同之处"（Solow，1994，第 51 页）。

② 颠倒因果关系是有可能的——经济产出通常会影响政治结果。

为的相互关系。回归模型的各种结果和关键系数都能说明事实，并具有统计上的显著性。许多回归解释（所预测的调整后判定系数）预测到有三分之二的国家经济行为变量发生系统性的变动。但是，引入拉丁美洲和东亚的社会冲突和制度变量进行回归分析时，地区虚拟变量就变得尤其重要，该虚拟变量暗示一个国家的经济增长受地区的特殊因素影响。

当社会冲突和制度变量加入回归分析后，它们通常能赋予衡量国家在1970年所面临的贸易动荡的规模的变量统计上的意义，能够支持这个观点的论据是在控制潜在社会冲突的情形下，外部的贸易动机对经济增长具有非常重要的意义。这一研究所得到的经验证据表明，贸易冲击不能通过降低国家的投资率从根本上影响经济增长，但是能够通过投资的生产率影响经济增长。

最后，罗德里克提出了管理不善的宏观经济指数（以结果为导向的），该指数与1960—1975年和1975—1989年通货膨胀率的上升和黑市上的外币贴水有关。政策不善指数与经济增长存在着强烈的负相关关系，这意味着社会冲突和低效率的制度安排通过宏观经济政策本身来影响中期经济增长（低效率的宏观经济政策会降低投资的生产率）。

新制度经济学通常忽视制度环境的质量与有效的宏观经济政策之间存在的相互关系，而罗德里克的研究直接指导我们对这一重要关系给予充分的关注。该研究与其他相类似的研究一样，假定政策制定者能够正确地制定缓解外部冲击的经济政策模型（Rodrik，1998，第2页）。换言之，他假定政策制定者知道应该采取什么样的政策才能有效限制经济贸易的干预，并且避免采取对经济不利而对政治有利的政策措施。但在20世纪70年代之后，许多政治家开始意识到，进口管制、补贴等是无效的政策，但却是他们所能够选择的仅有的正确政策。[①]

如果我们接受罗德里克的这一研究，那么我们仍需理解有些国家会遭遇经济增长中断而有的国家则不会的原因。具体的原因罗列如下：第一，种族差异和收入平等通常被作为政府政策的目标，而不是固定参数。第二，该研究并没有明确告诉我们，在哪种情况下，一些国家能把种族差异扩大、收入的不平等与政治和经济的安全密切联系起来。第三，罗德里克研究的主要发现是政府会支持产权的安全，也会有动机采取有利于实现经济稳定

---

① 需要承认的是，我们不能排除执政者在策略上存在弄虚作假的可能性。

增长的宏观经济政策。由于产权的价值与宏观经济的稳定性有密切联系，因此罗德里克得出这个结果也是符合常理的。但是，缺乏对政府动机的必要分析，使得有些政府能够忍受产权的不安全，以及追求不完美的宏观经济政策的原因成为现在亟待解决的问题。该研究没有涉及这些问题是很正常的。原因很简单，任何一篇简短的论文都不能涉及经济增长的所有层面。本书第 5 章将通过对政治学的深入讨论，剖析那些不利于经济增长的经济政策有时会有利于政治政策的原因。

58

第**5**章　不良经济状况的政治逻辑

5.1　引言：低效经济制度的政治理性

　　社会学家很少同时研究一个大问题涉及的所有方面。相反，研究者们会提供一些工具来研究问题中较易控制的方面。关于不完美的制度，其中一个符合标准理性分析的问题是：在知道某些政策会导致经济下滑的情况下，为什么理性统治者还会支持这些政策呢？这一章主要讨论的理论是关于将坏的经济政策视为好的政治政策的理性统治者的。这些理论并没有将不完全知识（不完美社会模式）用于解释破坏性的经济政策，而是将其用于解释被作为理性政治选择的政策。现有的研究文献较为悲观地总结到，除非受到一定的限制，否则效用最大化的领导者迟早会走向制定破坏性经济政策的道路。我将简要概括这些研究文献，并从使决策者牺牲经济增长的两个条件（原因）开始，即统治者的统治时间与支持集团的规模。除非受到限制，否则他们从来不考虑未来的统治者们将会过度浪费资源，并忽视长期的经济增长。相似的是，依赖小型集团支持的统治者会将资源转移到支持自身的集团，甚至不惜以经济下滑为代价来巩固他们的政治地位。

对于需要取悦一大群支持者的统治者来说，他们用于私人用途以及奢侈项目的财富要比那些依靠小型集团的统治者少得多。因此，在不危及自身政治地位的前提下，他们更倾向于建立小联盟，这样他们就可以通过建立强大的社会集团来与其他联盟相抗衡，从而达到分权的目的。如果我们赞同统治者具有这种基本习性的消极观点，那么很显然拯救长期经济增长的唯一方法就是让社会来制约领导者。限制领导者的艰难任务需要不同集团之间相互制约并相互合作，从而避免出现因徒困境的局面。[①]

本章的最后一节讨论了以下问题：在不考虑强加历史路径（historical paths）思想（社会模式）或限制因素，仅仅考虑自私的理性参与者之间的相互作用的情况下，我们该如何解释有限政府逻辑？近期英格兰关于有限政府的研究揭示了参与者形成自身社会环境的特殊方式是民主制度出现的重要因素。

5.2　不良经济状况的横向效应（horizon effect）

对关于不良经济状况的政治偏好的理性选择的论述，常常从对独裁统治者的策略分析开始，该分析简单地将参与者分成两种：统治者和公众。奥尔森（Olson，2000）研究了流窜的匪帮与常驻的匪帮（roving and stationary bandit），20 世纪 20 年代的军阀就是典型的例子。为什么人们会渴望生活在肆无忌惮的军阀的统治之下呢？奥尔森对此疑惑不已。一个很明显的答案是，军阀在其所控制的区域内，用武力镇压了偷窃。[②] 在那个法律

[①]　本章的讨论基于关于有利于经济增长的制度环境特性的一般性假设。尤其是统治者和政府必须：（1）做出可信的承诺，以保护私人或公共参与人的资本资产，反对进行肆意的掠夺；（2）制定或者容忍能够在生产活动中降低交易成本的各项制度；（3）确保宏观经济稳定，提供公共产品，并强调生产纯理论与应用性知识的重要性。

[②]　如果想要得到正式的分析过程，那么可参阅 Olson（1993）、McGuire&Olson（1996），也可参阅 North（1979，1981）、Levi（1998）。

缺乏的年代，军阀在自己所管辖的领域之外表现得如同流窜的强盗或偷盗的军队，掠夺一切可以拿走的东西。军阀拥有足够强大的军队力量，使其可以牢牢地占有一块领地，并将其他匪帮赶出他的领地。因此，他选择做一个固定的匪帮，一个类似于黑手党的统治者，他不会直接掠夺自己领地内的财物。但是，他会以征税的方式巩固并扩展自己的领地。

　　流窜的匪帮与常驻的匪帮的问题，和渔场的排他性所有权分配前后的渔夫问题非常类似，即拥有自由进入权的渔夫掠夺了渔场。在排他性所有权下，他们的策略是获得最大的收入。奥尔森（Olson，2000）运用一个简单的新古典模型来分析为什么一个自利的稳定独裁者会提供公共品，并限制税收。一个理性的、追求税收最大化的统治者肯定知道高税收的负面影响（因为高税收会降低努力程度），以及公共品增加对税收的积极影响。[①]利益最大化的统治者会继续在公共品和公共服务上进行投资，从而获得高于所花费成本的税收收益（通过经济增长）。相似地，统治者会提高税率来增加税收，在税收的抑制影响过大时，则会停止提高税率。这意味着一个稳定的独裁者会致力于促进经济增长，但这种美好的经济结果本身存在不稳定性。[②] 随着时间的不断推移，许多因素会使独裁者的目光变得短浅，种种行为都会与自由出入（open-access）的渔夫类似。这些因素包括独裁者日益增长的年龄和与之相随的一连串问题、新军事技术以及外部或内部的威胁。

　　同时，奥尔森也用他的模型分析了当一个独裁者和一个民选的领导者进行长期决策时，两者在行为决策上的巨大差异。他的模型显示，在以增长为目标的公共服务上，民主环境中自私的领导者会比一个增长友好型（growth-friendly）的独裁者投资更多的资源，因为后者感兴趣的只是增长对税收的影响。[③] 大多数民主人士都只会关注公共服务对税收以及个人收入

---

　　① 诺斯（North，1979）同样考虑了独裁者的代理人问题，这些独裁者依靠一大群代理人去供应公共物品和征收苛捐杂税，代理人限制了统治者的有效权力，而且他们的利己行为可能会危害到整个经济。

　　② 在同一时期的模型中，若税率短期内大幅提高，且提高到一定程度，超过了最优税率 s^*，则负的供给效应会减少征税的基础（国民收入）。至于公共物品的供给，统治者会把公共物品的供给提高到一个新的水平，在这个水平上，国民收入每提高的一美元中用于公共物品的支出足以使税收收入增加一美元。参见奥尔森（2000，第8~9页）。

　　③ 我们假设独裁者依靠的是一个很小的支持者联盟，而且独裁者发现，相较于使用公共物品，通过经济增长效应来提高支持者的收入更有效率。

的影响。与独裁者相比，他们从公共产品投资中所得到的收益会更多，因此他们也就会投资更多。[1] 然而，奥尔森深刻地洞察到，由于个人原因，当独裁者给予增长足够大的优先权时，民主可能会导致增长竞赛的失败。独裁的增长路径是不稳定的。在任何时候，领导者都会倾向于优先满足他们的即时需要。

控制经济的独裁者的最大问题是：他们忽视了行为的外部效应。继续我们的渔场比喻。在自由出入的情况下，独裁者和渔夫被孤立在全部收益和所有投资成本之外，这意味着他们没有考虑到外部效应。相关的经济理论则告诉我们，当排他性权力不完全或缺失时，尤其是被使用或转移时，外部效应也就随之出现。理论同样也告诉我们，外部效应可以被调整。我们通过引进新的产权并重新定义已有产权或者通过规范参与者的做法来达到这个目的。实际的顾虑（高交易成本）有时会将排他性产权（exclusive property rights）的定义和执行排除在外。例如，在海洋渔场中，在鱼被捕捉到之前就规定对其拥有排他性的所有权的主体，在现有的技术条件下显然是不切实际的。[2] 类似的是，定义排他性所有权，并在经济中执行排他性所有权，以及研究排他性产权的课税基础，并不是我们的直接目的。我们已经讨论了个人对经济资源的排他性拥有是不可能带来经济的持续增长的。 *62*

一个国家的最终所有权与经济兴衰取决于其国民，这意味着一种使代议制政府成为国民代理人的公共所有权。在一个完全信息和零交易成本的世界里，统治者将承担各种决策的所有成本，获得所有收益，并使国家的联合财富最大化。实际上，内部管理与代理问题将这些理想结果排除在外。当资源被成千上万的理性而自私的共同所有者拥有时，除非有效的规则或其他制度改变了参与者的行为，否则，他们就会自由使用资源，并忽视集团利益。相似地，这也适用于多数渔夫拥有渔场的例子。由于市民大多，难以直接管理，因此代理人问题也就出现了。他们必须授权代理人来管理警察、法院、武装部队和其他公共组织。很多证据清晰地表明，即使在成熟的民主制国家，统治者也无法完全解决代理人问题，代理人通常有相当大的行动空间。有限政府是一个现实，尽管离理想还有一段距离，但民主

---

① 对民主的分析忽略了领导者和支持这些领导者的投票者之间的代理问题，包括特殊利益所起的作用。

② 一些国家最近已经在渔业部门采用了个人可转移份额或配额制度（ITQs），ITQs 是一个包括产权和政府管制的综合体系（可参见本书第 12 章）。

制通常运行良好——产权是清晰的，并且代表了民众促进共有财富增长的共同愿望。现代社会学充分了解民主管理的长处与不足，但是，对于从非民主国家向民主国家的有效制度转变了解得并不多。

接下来的部分讨论另一种理论，用于解释公共政策问题，及由于政府领导人的个人动机而导致糟糕的经济绩效的问题。很明显，这里的焦点在于政治求存（political survival）的逻辑。不同的制度的求存逻辑（survival logic）也不同，求存逻辑被当做一种外生变量。本章的最后一部分主要分析因决策选择而产生的有限政府不断增加的现象。

5.3　获胜联盟（Winning Coalitions）、代表团与低效政策

为了在政治上求存，所有统治者都依赖于支持集团。一个领导者的政治生涯或一个政府依赖于布埃诺·德·梅斯奎塔（Bueno de Mesquita，2000）所提及的获胜联盟的忠诚度。安抚获胜联盟的必要性，决定了基本政治策略以及政府所选择的经济策略。根据布埃诺·德·梅斯奎塔（Bueno de Mesquita，2002）的代表团理论（selectorate theory），一个政府用公共物品和私人物品作为交换从获胜联盟那里购买支持。[①] 在这一背景下，公共物品指社会服务、经济基础建设、产权保护与健全的宏观经济政策等；而私人物品指个体所拥有的货币、商品和不同的特权等，比如垄断某产业的权力。从定义上来讲，公共物品有助于促进增长，而私人物品则会导致经济衰弱。接下来，我会解释这样一种理论：政权可以通过混淆公共物品与私人物品来购买支持。这种理论同样可以解释"坏的经济学"的政治逻辑与经济增长的政治源泉。

长期以来，政治经济学文献就已经意识到压力集团（pressure group）的破坏效果与其规模相关（Olson，1965）。一个小集团通常代表比较狭窄的兴趣范围，而相对较大的集团更有可能拥有共容利益（encompassing interest）（Olson，1982）。兴趣狭隘的集团通常要求政府支持（government favors）或政府规划能使它们从中获益，但这样会损害国家经济。传统的寻租经济理论主要关注需求方而忽略了供给方——政府，只将政府假定为积极的参与者。利用代表团理论，布埃诺·德·梅斯奎塔（Bueno de

---

① 想要得到选择模式的明确解释，参阅布埃诺·德·梅斯奎塔等（2003）；同样可参阅布埃诺·德·梅斯奎塔（2000）和布埃诺·德·梅斯奎塔等（2000）。

Mesquita，2000，2003）的研究在分析供给方的问题上又迈出了重要的一步，使政府在决定如何奖励支持方面发挥了积极的作用。

代表团理论有三大支柱，该理论假设领导者的首要目标是政治求存，所有政府都面临预算约束（限制了税收和借款），并且领导者致力于使购买支持的成本最小化。因此，比起大型联盟，从小型联盟处购买支持更合适。由此，产生了该理论的基本命题：在其他所有条件都公平的情况下，政府公共物品的供给（促进增长）是获胜联盟规模的递增函数，私人物品的供给是获胜联盟规模的递减函数。

理由很简单，如果依靠小规模团体支持的统治者主要利用私人物品（货币、商品及不同的特权）来购买支持，那么他会使购买成本最小化。[①]当一个政治团体依赖大型获胜联盟的时候，预算限制和成本最小化将使得对私人物品的依赖减弱。使大型获胜联盟保持忠诚的最好方式是提供公共物品，包括有效的产权与健全的宏观经济政策等。在这些案例中，政府提供的是一般经济繁荣，而不是特殊个人要求的利益。

接下来讨论不完美的制度的政治学。节约模型（parsimonious model）显示，在所有其他因素都相同的情况下，经济落后的程度与政权获胜联盟的规模成反比（保持人口不变）。小型获胜联盟有着不同于非民主政治制度（nondemocratic polity）——比如君主制、独裁制和团体制等——的显著特点。这一理论则指出，这种政权的经济绩效更容易趋向于糟糕。在布埃诺·德·梅斯奎塔的研究中，使用了许多国家的历史数据，经验性地检验了这种观点（Bueno de Mesquita，2000；Bueno de Mesquita et al.，2003）。这些研究证明，经济绩效指标（包括经济增长）与政权获胜联盟的规模之间存在显著的正相关性。

就像其他所有社会模式一样，代表团理论依赖于不同类型的简化方法。仅仅依靠赤裸裸的力量（naked force）的成本是高昂的，并且也是不切实际的。因此，独裁者需要大量民众的支持，以便更好地执行他们的规划。顺从是害怕的一种表现，但是其他力量同样发挥着作用，包括那些嵌入声誉的奖赏机制（reward mechanism）的力量。[②] 很多人——包括那些残忍的独裁者——支持这些政权，这样做是为了满足其心理与物质上的需要，他们

64

———————

① 关于"私人物品"和"公共物品"的标准定义，选择模式做出了一些改动。举例来说，类似把垄断权授予支持自己的团体这类错误的经济规制被划分为私人物品。

② 在这点上，我非常同意梯默尔·库兰的观点。

以社会认可、工作晋升及其他稀缺资源作为赌注。这些评论对于代表团模式（selectorate model）来说并不重要，代表团模式侧重于预测能力而非现实状况。① 更为重要的是，根据获胜联盟的规模对国家进行排序的做法是否可行呢？经验性研究到底能不能支持模型假设呢？

统计检验显示，依靠相同规模（保持人口规模不变）的获胜联盟的政权，其经济绩效存在较大的差异，那么这一发现将会使我们对这一理论产生怀疑。为了减少因拥有小型获胜联盟而产生的变异，我们将一个新的变量——代表团——引入了模型。代表团是个体的子集，这些个体包括政治领导者与他们的支持者（获胜联盟）。代表团的关联性来源于政治领导者将支持成本最小化的假设：他们支付给获胜联盟成员的仅仅是防止他们背叛的最低需要。对于获胜联盟规模较小的政权来说（主要是各种非民主政权），政府支付给支持者的报酬直接取决于以下指数：

忠诚价格指数＝获胜联盟规模/代表团规模

该指数的大小影响着那些计划离开目前所属获胜联盟的成员的未来的政治机会。一个背叛者忠于另一个获胜联盟的可能性直接取决于与代表团相关的获胜联盟的规模。为了更好地进行经验性检验，代表团理论简化了假设，即当一个新政府产生时，代表团成员是被随机地分配给获胜联盟的。例如，如果一个政治系统拥有一个包含 100 个成员的获胜联盟，以及一个包含 100 000 个成员的代表团，那么该获胜联盟成员背叛的可能性是 1/1 000。加入另一个获胜联盟的低可能性是一种防止其背叛的激励。模型假设获胜联盟成员理性地计算了背叛的成本和收益，当未来的政府能提供比现有更高的待遇的时候，其就会选择背叛。而在其他条件相同的情况下，当获胜联盟规模与代表团规模的比率上升时，来自对方领导者的诱惑变得更加吸引人，并且现有政府必须提高给予支持者的报酬来防止其背叛。只要是愿意并有能力这样做的人，都得提高他们的报酬。

通过引用代表团理论中的一些观点（Bueno de Mesuita et al.，2003），我做以下几点总结。设想一下，当小型获胜联盟逐渐变大，也就是获胜联盟规模/代表团规模增加时，非民主政权将会发生什么样的变化？第一，现

---

① 进一步地说，因为人们害怕下一届领导人会更糟糕，所以他们依然对当前独裁政权的领导人保持忠诚。在一个独裁政权中，制度性改革的可能性几乎为零，相比于一个野蛮的独裁者，人们的另一个选择只不过是另一个独裁者。因此，我也同意阿拉斯泰尔·史密斯（Alastair Smith）的观点。

任统治者必须支付给其政治支持者的最低工资将会上升。由于存在预算约束，他们用于增加个人消费以及安抚计划的资源变少了。第二，对支持者增加的支付中所包含的公共物品比私人物品多，这是由成本顾虑所引起的。第三，随着获胜联盟规模/代表团规模的增大，背叛成本将会下降（忠于另一个获胜联盟的可能性会增加），现在由未来领导者提出的特别待遇变得更加诱人，在其他条件不变的情况下，这会导致背叛率不断上升，从而使更改领导者变得更加容易。

在传统的非民主社会中，小型代表团是很普遍的，例如，只有贵族成员才可以进入政治领域，但是，更大的代表团通常会在社会阶层还不明显的独裁制国家中出现。一些右翼独裁政府鼓励仿真选举（mock elections），并拥有具有广泛基础的代表团。苏联是一个以小型获胜联盟和大型代表团相互结合为特征的政权。在这里，包含了三个条件：（1）一个相对较大的代表团稳定了政权，因为背叛是有风险的；（2）小型获胜联盟被给予阻碍增长的私人物品作为报酬；（3）背叛的高成本与忠诚的低价格允许统治者将剩余的大部分用于自身项目的投资上。①

5.4　冠军竞赛和破坏性获胜联盟

关于民主政府促进长期经济增长的潜在倾向，代表团模型提供了令人信服的解释。不同类型的民主制，至少会在短期和中期内执行在非理性边界上制定的经济政策。罗德里克（Rodrik，1996）专门讨论了这几种趋势。民主政府需要经过好几年才能取消那些使经济衰弱和由此产生损失的政策。民主政府甚至会重新引进早期带来经济灾难的经济政策。其潜在的逻辑到底是怎样的呢？

新一代理性选择政治经济学家运用相对复杂的正式模型来研究为什么许多民主制国家——比如拉丁美洲国家——会实行破坏性的经济政策（Sturzenegger and Tommasi，1998）。新理论通常假设参与者完全理解潜在

---

①　苏联在斯大林统治时期，尤其是第一个五年计划时期，国内超高的经济增长率似乎与一个观点相矛盾。该观点认为小型获胜联盟和大型选举者团体在关于经济停滞的政策上是相互联系的。然而，苏联的经济增长不仅同领导者对增长的个人偏好紧密联系在一起，而且还与建立一支强大的军队的明显需求联系在一起。建立强大的军队是为了应付现实和潜在的外部威胁，以巩固政权。国家的私人消费被降低到最低点，仅仅足够维持生存和保持必要的劳动力所需。领导者把剩余征为国有，用于各个工程项目，以增强经济和军事力量。

的经济结构，但对一些重要变量的分布却不甚了解。作为例证，我们假设每人都知道所提议的制度改革，而且一旦实施就会给经济带来很大的利益。不同类型的参与者的成本可能是随机分布的。最后，众所周知，损失是不会有补偿的，一个有经验的理论家可以构建模型来证明那些承担不确定成本的理性参与者直到经济危机达到非常严重的程度时才会支持改革。

有相当多的关于利益集团的问题旧文献未研究或未做正式解释，新文献对此进行了区分，其中包括寻租的动力（dynamics of the rent-seeking）问题。例如，为什么在寻租联盟中小集团时常会在租金花完和经济危机爆发之前，通过呼吁经济改革来创造政治改革的最佳时机呢？一旦这些改革呼声被注意到，显然就可以通过取消特权的方式使煽动者变得更加贫穷。

通过对活跃的寻租行为以及随之而来的对改革的呼声进行解释，托内尔（Tornell，1998）提出了新的理论。他观察了不同的政府特权拥有者所实施的导致破坏性行为的不确定产权。配额、垄断权和特别优惠（special favor）的拥有权通常是与现任政府的执政时间相关联的。通常情况下，这些权利是不能被转让的，并且也是非常脆弱的，不同集团都有机会得到这些权利。极端地说，这种情形与自由出入问题类似，即参与者在利用不确定的所有权耗尽某种资源的竞赛中，都争取做到第一。

根据托内尔（Tornell，1998）的观点，不确定的经济特权的受益人在他们的破坏性竞赛达到最坏程度之前会呼吁改革。当改革变得不可避免的时候，他们就试图控制未来政府的改革进程。通过初步的改革，一个集团希望使未来改革的成本最小化，并试图将过多的成本负担转移至其他集团。托内尔模型试图解释避免承担经济改革成本的竞争是如何影响时间安排的，因为小型集团无法解决它们的集体行为和统一战线的形成问题，这一安排在相对较早的时间就已确立下来。

5.5 限制政府：社会结构和社会模式

到目前为止，理性选择解释限制了我们对浪费性的经济政策进行初步检验。理性选择解释有以下特征：（1）较差的经济绩效源自充分了解潜在社会结构（社会模式是中立的）的理性参与者所做的决策；（2）破坏性的经济政策和低效率的经济结果是由高交易成本所导致的，高交易成本会阻碍补偿性支付（side payment）和可置信承诺的产生，而可置信承诺是实现联盟财富最大化所必需的因素；（3）限制统治者的社会结构是外生的。

为什么某些国家在贫困陷阱（poverty traps）中受到重创，而其他国家却能获得有利于长期经济增长的政治结构支持呢？或者说，为什么有些国家拥有功能强大的政治结构，可经受得住那些破坏其他国家经济的恶劣的外部冲击呢？[1] 为了解决这一难题，我们需要一种将政治和社会制度作为因变量（dependent variable）的增长友好型理论。根据不完全的证据显示，历史力量嵌入存在路径依赖的社会制度、社会组织和社会模式，形成政府制度的机会集合（opportunity set），从而也会经常限制改革的机会。

政治制度演变有一个历史维度（historical dimension），所以一些美国学者通过挖掘英国历史来寻找有限政府的根源所在。在一项著名的研究中，诺斯和温加斯特（North and Weingast，1989）分析了 17 世纪英格兰公共选择制度的演变过程。后来，温加斯特（Weingast，1997）又重新分析了这一问题。诺斯和温加斯特主要侧重于分析个人决策，但是，这与组织、制度背景以及特殊社会模式是相悖的。

通过分析一个统治者与两个社会集团之间的简单博弈模型（game-theoretic model），温加斯特（Weingast，1997）对 17 世纪英格兰政治发展的重要特征进行了细致的剖析。该研究将统治者建立制衡集团的行为模型化。温加斯特假设只有当两个集团互相制衡并共同行动时，它们才能驱逐违反规则的统治者；如果单独行动，那么没有一个集团有能力对抗统治者。因此，统治者有动机与集团保持中立，也就是不会直接没收目标集团（targeted group）的资源占为己有。

在温加斯特的模型中，统治者首先采取行动，并决定反对（例如）集团 X。在一个一次性博弈（one-shot game）中，Y 的最优决策是默认并顺从统治者。如果 Y 接受了 X 的援助，那么 Y 将会承担战争成本。X 为了保护它自己，甚至会与 Y 一起对抗统治者。Y 帮忙打败统治者，不会获得任何报酬。在这一模型中，温加斯特制定了严格的假设，即 X 与 Y 无法使用统治者的财富。如果 Y 没有接受 X 的援助，X 将会失去其大部分资源，但是 Y 不会有任何损失。统治者并没有迫切地需要与 Y 共享从 X 处获得的资源，以使 Y 保持中立。同理，当统治者反对 Y 的时候，一个理性的 X 会始终保持中立。

---

① 参见本书第 4 章。

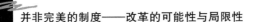

尽管分而治之的策略支配了非重复博弈（nonrepeated game），但是如果我们引入重复博弈，那么情况将会变得更为复杂。在重复博弈中，正如无名氏定理所揭示的那样，出现整体范围的均衡结果是可能的。每一方都在头脑中就未来的博弈选择其策略。与此同时，它们也意识到，重复参与使得参与者双方可以相互提示，并惩罚对方。分而治之的结果是一个集团被攻击，而其他集团保持缄默的状态，这是潜在的纳什均衡结果。统治者可以通过与中立集团共享目标集团的利益来增强自己的实力。但是，如果统治者期望两个集团互相制衡，那么互不侵略（nonaggression）同样也是纳什均衡结果。根据模型，互不侵略使得经济增长成为可能。在长期，对于 X 和 Y 来说，这是联盟的最好结果。此外，在重复博弈中，在一个回合中默认的集团（当其他集团被攻击时保持中立）会在未来回合中成为国家针对的目标，从而创造了一种对于严重国家犯罪的零忍耐（zero tolerance）动机。

不同的学者所使用的方法也有所不同。他们认为，从分而治之均衡（divide-and-rule equilibrium）向君主立宪制再向互不侵略均衡（nonaggression equilibrium）的过渡，是早期的英格兰和荷兰出现持续经济增长的必要条件。这些研究通常依赖外生事件或新社会模式来解释分而治之均衡与有限政府的背景。[①] 例如，最近就有一篇文章着重分析了大西洋贸易在提高欧洲经济增长速度中所起的作用（Acemoglu，Johnson & Robinson，2002）。[②] 尽管大西洋贸易已扩展到了美洲、非洲与亚洲，贸易的内容也包括殖民地掠夺和奴隶贸易，但有经验数据表明，欧洲国家的国内总产值、收入与贸易的直接利润并不足以解释当时经济的异常高涨。阿西莫格鲁、约翰逊和鲁宾逊（Acemoglu，Johnson & Robinson）则认为，大西洋贸易对西欧的崛起仍有关键性作用，因为它对经济制度产生了间接的影响。

具体讨论如下。大约从 1500 年起，大西洋贸易为欧洲新的商业集团创造了获利机会，但国家要想获利还需要两个条件：（1）进入大西洋的港口；（2）有新兴商人进入，并实行自由贸易。后一条件不涉及由分而治之的商人管理的国家，这些商人垄断了贸易，与他们的支持者一起承担损失。英国和荷兰这两个国家则满足了这两个条件。英格兰在大西洋贸易中获得的

---

① 在现代研究文献中，诺斯和托马斯（North & Thomas，1973）第一个运用合适的产权理论解释了西方世界的崛起。

② 西北欧经济崛起的历史可以追溯到 1500 年。由于新大陆的发现，靠近大西洋的城市的发展与新的贸易路线的出现直接相关。而 17 世纪所见证的许多城市的没落也许也与贸易路线有关。

大量直接利益，也允许英格兰和荷兰的新兴商人团体要求建立资本主义制度。在这两个国家中，相对弱的统治者无法满足这些要求。受自利动机的驱使，一个强大的新任统治者需要一些新的制度安排，这些新制度促进了贸易中心的经济增长，而且还扩展到没有直接参与大西洋贸易的其他地区。扩散效应起源于欧洲的现代经济增长。根据这一观点，现代经济增长根源于大西洋贸易与英格兰、荷兰原始政治经济条件之间的相互作用。西方世界的崛起依赖于两个国家在 1500 年以前的各种历史力量和新思想体系之间的平衡。

西班牙和葡萄牙的例子则进一步讨论了经济发展中的外生或机会因素。关于这一点，诺斯、温加斯特和阿西莫格鲁等人都已有所暗示（阐述）。这两个国家与大西洋贸易有很紧密的联系——确实，葡萄牙在船只设计上的进步开启了探索的新时代。由于初始条件不尽相同，西班牙和葡萄牙直接从大西洋贸易中获得了可观的收益，而英格兰和荷兰则从中获得了大致相当的间接收益。大约在 1500 年，由于各种各样的历史原因，西班牙和葡萄牙的君主在强权制衡的治理结构下，一般不会遭到背叛。强大的君主有意愿也有能力阻止新兴商人团体产生。相反地，王权和其支持者垄断了贸易。这种执政方法并不需要现代资本主义制度——这种制度也不会出现，因为高税收限制了私人企业的发展。尽管大西洋贸易也增加了西班牙和葡萄牙的财富，但是它们的经济可能会由于欧洲领导权力的削弱而出现衰退。

5.6　教训

为了更进一步地了解不完美的经济制度的政治逻辑，最近的一些研究提出了很多有趣的观点。第一，当统治者的政治控制力变得不确定的时候或当他们的执政时间有限的时候，他们有强烈的动机掠夺本国国民的财富，而不会去创造促进增长的制度。第二，独裁政府倾向于分而治之，通常会成立小型的获胜联盟，因此，独裁主义者倾向于用私人物品（包括各种各样的特权）来酬谢他们的支持者，并常常在促进增长的公共物品上供给不足（明晰的产权和重要的基础设施等）。尽管致力于经济增长的独裁者都非常了解历史，但独裁政府下的经济快速增长常常是一种短暂的现象。此外，当独裁者试图发展经济的时候，他们不会关注每一个人的需要，但会关注自身的需要，包括军事等方面的个人规划。有限政府，尤其是民主制政府

71

为长期的经济持续增长创造了机会。不过，正如公共选择文献所指出的那样，民主本身并不是经济增长的必要条件。

对有限政府的研究正向持续增长研究迈进重要的一步，持续的经济增长理论是一种关于制度改革的理论，指导改革者怎样限制独裁者。正如温加斯特（Weingast，1997）所假设的那样，有限政府是一种自我加强的制度安排，是由中心集团主动创立的，用来惩罚那些违反关于合法行为的公共标准并侵犯基本权利的政治领导者。这些研究对于政策制定者来说，作用仍然很小。这是因为它们创造了社会条件，使合作均衡成为外生变量。在社会系统的历史演变中，以一种无法解释的方式在某一时刻出现的条件，在政治领域中为合作均衡创造了良机，并确保经济领域中的产权安全。

在政治学文献中，解释有限政府的起源时，理性选择与其他方法遵循了三条分散路径（Weingast，1997）。有很多重要的研究均表明，民主价值观首先出现，然后有限政府随之出现，当相关参与者使民主价值内在化的时候，有限政府就具有自我支持的特征。不管谁的权利被侵犯，先决条件是参与者共享了合法政府的社会模式，并强烈反对不合法的政治行为。共同的政策模型与共享的政治价值观协调了不同集团和它们的不同成员在面临统治者的分权治理决策时的反应。然而，价值首位理论对于改革者并没有直接用途。该理论通常建立在一般条例之上，但对于扩大民主价值，实际指导作用不大。

第二种解释区别了历史环境，即统治者的力量与重要社会集团的力量之间的平衡会受到冲击。根据这一观点，有限政府先出现，然后民主价值观也随之出现。力量向多极中心演变限制了统治者。在平衡行动中，价值观一开始并没有发挥任何作用，但随着时间的推移，与有限政府相处的经验使得人们越来越适应民主价值观。价值观并不会领导这一过程，它们是在之后才产生的。[①]

温加斯特同时也给出了第三种解释：有限政府与民主价值观是同时出现的。面对贪婪的统治者，社会集团想方设法遵守约定，并调整自身的反应。所导致的政治均衡包括有限政府制度和民主价值观。

简单地说，第三种解释背后的逻辑是这样的。某些情况下，主要社会集团的领导者协调对独裁者的侵犯行为的反应。在博弈论中，领导者建立

---

① 以温加斯特（Weingast，1997）关于政策学科上的争论为参考，争论的焦点是民主价值观和有限政府哪一个会先出现。

共同的触发策略（或制定契约）来协调他们的防卫。为了建立一种增长友好型的政治均衡，社会集团必须事先确定统治者实施的哪种措施（犯罪）会自动触发他们的反应。如果不同的集团不约而同地尊重触发战略，新增长友好型的政治均衡就会出现，因为一个理性的领导者不会违背触发战略，也不会冒风险。新的平衡包括有限政府和民主价值观——触发规则。温加斯特强调，不同的社会集团不需要共享与合法政府相同的社会模式。即使不同的社会集团没有共享价值观，自我加强的契约也会出现。然而，联合触发战略认为，反映领导者敌对情绪的相似政策模型所揭示的是，他们的组织模式大体上是一致的。对此，我们认为，温加斯特没有明确处理每一社会集团的反应调和问题。

温加斯特的理论如何与其他两种解释有限政府的理论相区别呢？他的合作均衡是前两种模型的混合，因此实际上增加了一定的难度。温加斯特的有限政府解决方法需要一种力量的新平衡——两个或更多强大的不需要自己取回绝对权力就可以限制独裁者的集团，社会模式的微小重叠需要一种联合触发策略。与其他两种方法一样，温加斯特的理论对政策制定者的帮助不大。寻找合适的社会模式和政治权力分散中心的工作，超出了政策制定过程的一般范围。确实，正如温加斯特所强调的那样，触发策略和有限政府常常试图在巨灾后维持强大集团之间的秩序，比如美国内战等。相似地，诺斯、萨默尔和温加斯特（North、Summerll and Weingast，2000）关于实证案例的讨论主要侧重于重大历史事件在为有限政府创造条件的过程中的作用。

虽然时间较短，但从对不良经济状况的政治逻辑的研究中，我们获益良多。第一个收获就是，在由独裁统治者和小型获胜联盟牢牢统治的国家，立即进行基础改革的可能性很小。在这些国家中，社会和政治上的大变动显然是改革的必要条件（但并非充分条件）。然而，一个人在将理论一般化的时候还是应该仔细一些。特殊环境会引起增长导向的独裁者为经济活动创造稳定的条件，因为他们将目光放在了长远利益之上。此外，在许多民主国家中，增长导向政策的政治支持是相当脆弱的。当外部刺激动摇经济的时候，这种支持很容易瓦解。第二，主要结论都涉及社会模式在改革中的作用。它们将始于政治权力分散的连锁反应形式化，继而产生民主政治制度，并最终形成民主价值观。除此之外，社会模式在有限政府产生的过程中似乎发挥了至关重要的作用。

温加斯特比较了混合囚徒困境下协调博弈的解决方法，但他无法逃避社会模式问题。在纯协调博弈中，人们重视协调本身的价值。他们的最优策略在协调产生前后是不一致的。[①] 致力于推进有限政府建设的立宪博弈中的不同方法，对于主要参与者通常有不同的财富结果，这些参与者对特殊规则有强烈的偏好。立宪博弈还包括关于合法权利的信念，以及认为不确定的影响总有好的解决方法的信念。参与者一般不赞同其他宪政规则的有效性。对不完美的经济制度的政治逻辑的研究，可使我们得到如下结论：历史和社会模式在解释改革的局限性和可能性中发挥了重要的作用。

---

① 例如，在采取行动前，对于他们来说，靠哪一边行驶是无差异的。

第6章 低效的社会规范

6.1 引言：规范的重要性

将制度作为经济绩效的重要决定因素的研究，必须处理好社会规范问题，因为几乎所有的社会制度定义都包含了社会规范。的确，越来越多的研究文献开始关注这种复杂的现象。诺斯（North，1990）探讨了思想、制度与经济绩效之间的联系；格雷夫（Grief，1994）分析了个人主义社会和集体主义社会的非正式社会结构是如何影响经济绩效的；温加斯特（Weingast，1997）认为，共有信念、价值观和聚点问题常常共存于契约之中，这有助于建立有限政府均衡，并稳定市场（也可见本书第 5 章）；贝茨、菲格雷多和温加斯特（Bates，Figueiredo & Weingast，1998）

分析了受经济改革威胁的统治者是如何建立潜在的信念，并据此重新引导国家的政策来解决社会冲突，并最大可能地远离改革的；帕特南、莱奥纳尔迪和纳内蒂（Putnam，Leonardi & Nanetti，1993）则使用意大利各地区历史上的社会资本变量来解释他们的不均衡发展；巴罗（Barro，1997）在跨国经济增长的回归模型中加入了文化变量；埃里克·波斯纳（Eric Posner，2002）研究了法律规范与经济行为之间的关系。[1]

信息是稀缺的，同时交易是昂贵的。这一假设使得社会规范和其他文化变量进入了人们的研究视野。信息的稀缺性使得交易者验证（衡量）复杂商品的质量、发现对方的动机、遵守诚信标准以及执行契约的成本变得高昂（Eggertsson，1990；Barzel，1997）。高昂的衡量成本与监督成本阻碍了交易的发生。更为重要的是，时刻担忧对方采取机会主义行为的心理，使得交易者放弃了赢利机会（Williamson，1985）。对于交易成本的准确认知使我们不仅注意到了衡量、执行以及通过法律机制进行控制的问题，而且还注意到声誉、信任、政治、经济交易的规范问题。

75 　　主流经济学家一直避免谈及社会规范问题，尽管最近这种有意规避的研究倾向有所减弱。这些经济学家关注的是，利用社会规范来解释理论中的反常现象，将会降低经济学的科学标准。一个新的领域——宗教经济学——证明了这些担忧并非都是有道理的。这一领域的研究通常将宗教规范作为偏好引入个人需求函数，并检验传统价格与收入效应会影响宗教行为的假设。

在经济学的学术范畴中，规范的反面是一种"违背规范的规范"（norm against norms），在本章的下一节中，我们将会用具体案例来解释规范的实施对个人行为及社会结果的影响。尽管很多学者开始意识到有效的规范与低效的规范，但其他学者还是倾向于功能主义并假设规范一般是有效的。从他们的立场来说，功能主义者力图寻找使规范变得有效的方式。本章的第三节就讨论了这种趋势。第四节讨论了社会规范不会比法律和规则更加有效。第五节则引进了一个经验性案例，认为冰岛历史上古老的共享规范对农业的高风险策略有一定的贡献。冰岛农民一直无法有效地储存草料来对抗春寒期与其他偶然的自然灾害。我采用这一案例的目的就在于支持以下观点：规范通常被嵌入一个更广泛的社会系统，并且不能被孤立地考虑。

---

[1]　也可参见 *University of Pennsylvania Law Review*（1996）。

我认为，要透彻理解冰岛干草储藏之谜，需要一种对信仰与价值观的动态分析。第六节将继续讨论关于冰岛的案例中用于破坏并消除不被需要的规范的政策战略。这些战略的目的在于使所谓的合作—背离差量（cooperation-defection differential）成为负值（Posner，1996b）。最后，结论部分讨论了试图发展社会规范的动态分析，尤其是对信仰和价值观的动态分析。

6.2　经济学中违背规范的规范

很多经济系的研究生都知道，他们会因利用社会规范去解释那些无法轻易解释的行为而遭受同辈和长辈的责罚——比如一个自利的代理人的标准的最大化问题。这些学生也同样吸收了已有的研究方法论（一种社会模式），这种方法论使得他们明白不重视经济方法论所带来的不良后果。简短地说，学院派经济学家的新古典主义传统强化了一种违背规范的规范。在《经济发展发生了什么》一文中，拉坦（Ruttan，1991，第 276 页，引自 Huntington，1987，第 22 页）这样写道：

> 在发展经济学领域，很难找到这样一个领袖型学者——在自己已经出版的作品中声称"对政治与经济发展不同模式的解释……一个中心变量是文化……"

21 世纪伊始，拉坦的讨论听起来似乎有些过时，或者说有点过于乐观。博弈论（它将规范作为非合作和演化博弈的结果）的复兴和近期人们对新制度经济学与转型经济学的关注，使得很多经济学家开始重新审视他们反对将规范作为一个重要解释变量的做法（Coase，1937，1960；R. R. Nelson & Winter，1982；Axerlrod，1984；Williamson，1985；Eggertsson，1990；North，1990；Binmore，1994；Drobak & Nye，1997；Furubotn & Richter，1997）。正如关于宗教经济学的众多研究所阐述的那样，经济学中仍然存在以一种符合标准价格理论的方式来分析规范的趋势（Hardin，1997；Iannaccone，1998）。

宗教经济学用市场隐喻的办法来处理宗教信仰问题，将基督教堂视为企业或俱乐部，并用时间的机会成本来解释宗教行为的方方面面。宗教规

范被认为类似于对茶与咖啡的偏好。除此之外，这些研究还检验了收入变化或宗教仪式的相对价格是如何影响宗教行为的。

宗教行为的固定偏好方法产生了一些有趣的结果。研究显示，宗教行为是预期收入和相对价格的反映。然而，这种方法自身又有明显的缺陷。这一领域中的一位领袖型学者承认，传统方法（固定信仰和偏好）并不太适合于解释宗教信仰的起源。伊安纳冈（Iannaccone，1998，第 1467 页）认为，狭隘的经济分析存在一定的问题。比如，无法说明"美国基督教的重新出现、拉丁美洲新教义主义的爆炸性扩张、东欧和苏联的宗教动乱，以及宗教在世界范围内的政治斗争中的作用"。

我们还可以认为，最近的理论发展——尤其是关于不完美信息与交易成本的假设——给他们制造了难题。阿齐和伊兰伯格（Azzi & Ehrenberg，1975）最早试图将宗教行为作为来世消费（afterlife consumption）需求加以模型化。[①] 交易成本经济学认为，来世消费契约化有可能会涉及严格的测量和执行成本。理性的消费者在进行消费之前，必须核实或者形成对高价格服务的质量的理性预期。来世消费并非一种搜寻性商品，对于搜寻性商品的质量，消费者可以事先进行核实。来世消费是一种经验性商品（experience good），其事前质量测量成本非常高（Nelson，1970）。对于经验性商品，证据已经掌握在手。除非关于来世消费质量的信息由现有消费者传播到了潜在的购买者那里，否则理性参与者将不会相信该产品的质量。实际上，根据交易成本经济学的逻辑，来世消费的市场应该消失，甚至根本就不应该出现。[②]

现代制度分析将"规范"定义为"分散的社会机制"，这种社会机制规范人们的行为，并影响社会结果。在理论经济学中，违背传统规范的规范则很好地分析了这一现象。在美国和其他国家大学的经济院系，规范在教授与研究生之间的非正式相互作用中传播和扩散。实际上，并没有正式的法律或规则来限制对社会规范所做的学术研究。正如案例中的所有积极规

---

① 也可参见伊兰伯格（1977）。

② 根据交易成本经济学，除非生产者对所生产的产品的质量有详细说明，并做出可置信承诺，否则经验性商品就会从市场上消失（Eggertsson，1990，第 6 章）。如果生产者将大量的资金投资于发展一种经验性产品的品牌，那么在长期中，如果消费者发现一件商品的质量没有承诺的那么好，生产者就会失去他们的品牌资本。如果一个生产者从欺骗中获得的收益少于品牌资本的相关损失，那么理性的消费者将会放心地购买经验性产品（不会立即检验商品的真实质量）。可置信承诺不会应用于后期消费，除非老顾客可以将他们的经验传授给新顾客。

范那样，足够多的参与者支持惩罚那些违反违背规范之规范的人，以使其得到更有效的执行。执行者准备惩罚那些甚至毫无知名度的学者，并由自己来承担这些成本。惩罚方式是各种各样的。违反者可能会受到轻微的指责，作为有名望的科学家则会失去其名誉，主流杂志将会拒绝接收他们的文章，或者拒绝保留其文章。

　　通过提供困难问题的"廉价"解决方法，制裁的威胁影响了学者对他们的研究战略的选择，至少阻止了他们中的某些人"污染"研究环境。有效的社会规范改善了资源的分配，例如，通过纠正在不完美或不完全信息市场中出现的溢出效应。规范的有效性取决于支持规范的社会模式的性质。经济学教授从共有社会模式中获得了违背规范之规范，共有社会模式的内容是关于如何最好地进行社会研究，违背规范之规范的有效性取决于这些模式之间的相关性。低效规范由于各种各样的理由存在，比如思维惯性，又或者是偏好和信息扭曲导致的不完全信息或信息锁定（Kuran，1995）。

6.3　一种有效性偏见？

　　在一篇很优秀的研究文章中，德姆塞茨（Demsetz，1967）对关于规范的研究作出了卓越的贡献。德姆塞茨认为，如果人们期望增加总财富，那么社会规范（以及其他制度或产权）就会在一个社团中出现（以某种特殊的形式）。同意德姆塞茨观点的国家，常常会通过提及正确力量——比如那些能过滤低效社会安排的自然界竞争或市场竞争——来支持它们的案例（Demsetz，1980）。[①]

　　德姆塞茨通过外部效应内在化来讨论新规范的效用（Demsetz，1967）。在特定的社会环境中，在未考虑其行为的所有成本和收益的情况下，参与者做出关于资源分配决策的时候，经济理论开始讨论外部性或者溢出效应。在制订生产计划的时候，追求利益最大化的企业家由于在社区可以自由地污染空气和水，因此会忽视强加于他人身上的污染成本（外部效应）。在经济学中，研究"污染"的草率的学者类似于上面所提及的企业家。为了消除外部效应，使参与者相应地调整他们的计划性活动，参与者必须为自身的决定承担所有的成本，同时也获得所有的收益。至少在理论上，法律，

---

　　① 威特曼（Wittman，1996）指出，民主政治过程是高效率的，从而更进一步地肯定了德姆塞茨观点的有效性。威特曼认为，与公共选择文献相悖的观点依赖于不甚稳定的实证发现。

规则与规范可以被用来消除外部效应。[1]

功能方法的基本观点是，社会问题创造了自身的解决方法，例如，引进新规范等。为了阐述功能方法，我们必须回顾宗教经济学，同时也应关注赫尔和博尔德（Hull and Bold，1994）的一项有趣的研究。在他们的文章中，作者们解释了为什么有些社团依赖于宗教信仰和规范来维持社会秩序，还解释了如何调整这些信仰和规范，从而适应即将到来的工作。赫尔和博尔德认为，最小化维持社会秩序的成本的方法在一个社团的不同发展阶段会有所不同。对于处在原始阶段的社团来说，过分依赖用于社会控制的宗教规范（religious norms）是合算的。此时，秩序可通过在小型孤立集团（党派）中人与人之间的相互交往中很好地建立起来，但并没有达到很高的水平，在这里，复杂的官僚政治是成本最小化的解决方法之一。

接下来的研究所要考虑的问题是：为什么有些社团会同时基于天堂的来世生活和来自地狱的威胁来进行那些有用的社会行为，而其他社团关注的仅仅只是来自天堂的回报，而并没有提及地狱。解答这一疑问，涉及简单的微观经济学。在相对稳定的社团中，天堂的模糊承诺为遵守秩序提供了必要的激励。在动荡的社会中，胡萝卜和大棒都成为必需品，因为仅仅依靠一种工具，很快就会产生报酬递减。效用最大化要求掩饰天堂这一前提，并夸大来自地狱的拷问，直到平衡被打破。此时，每一种方法中投入的最后一笔投资所获得的（边际）报酬是相等的。解决方法是假设额外的威胁与前提对行为有积极的影响，但这种影响是递减的。解决方法还更进一步地假设，人们分配有限的（而不是无限的）价值来探求痛苦或幸福的永久来世生活。

赫尔和博尔德的研究包含了功能主义的显著特点。该研究并没有具体解释规范是如何出现的，我们只是被简单地告知，社会为每一个阶段精心挑选了合适的规则。此外，这一研究还明确地假设大多数人已经做好准备去适应任何关于天堂和地狱的信仰，这些信仰帮助维持社团秩序。赫尔和博尔德（Hull and Bold，1994，第451页）并没有提出关于学习的理论，但

---

① 德姆塞茨（Demsetz，1967）在这篇比较有影响力的文章中，以拥有拉布拉多猎犬的印度人为例，证明海狸皮的外部需求增加使得个人捕捉海狸的动机随之增强，这些印度人很好地适应了陆地上排他性的产权规范。埃里克·波斯纳（Posner，1996a，第1712~1713页）强调，由埃莉诺·里柯克收集的数据显示，新产权在18世纪中期出现，此时毛皮贸易"已经在16世纪中期占据了相当大的份额。因此低效规范可能已经落后了两个世纪"。这些数据德姆塞茨也曾经用过。

他们还是引用了一句话："没有纯粹的宗教可以长时间与经济学和生态学背道而驰"。然而，不管功能方法存在怎样的缺陷，这种方法都可以生成可检验的假设。为了检验他们的理论，赫尔和博尔德使用了大量传统社团在不同发展阶段关于宗教信仰和其他社会制度信息的数据集。这些统计检验为他们关于社会发展阶段和宗教信仰本质的主要观点提供了重要的理论支持。

与功能方法不同的是，博弈论关于规范的研究并没有假设其必须是有效的。在重复博弈中，参与者有能力表现自己的类型，并惩罚背叛者。怀有自私动机的参与者既可能得到有效的结果，也可能得到低效的结果（纳什均衡）。重复博弈的问题在于不确定性。博弈论的理论专家有时将他们的博弈过程嵌入提供特殊环境的特定历史中，给这些博弈分析过程提供了一个聚点，从而引导其达到一个特殊的均衡状态。当然，这一均衡可能是有效的，也可能是低效的。分析性叙事方法被用来描述博弈论和历史的结合（Bates et al. , 1998）。博弈论的理论专家有时又会将与纳什均衡相关的行为规则作为社会规范（Binmore, 1994；Greif, 1994）。最后，博弈论的演化分支同样也适合于分析规范，以及规范的有效性是如何取决于模型所做的关于过滤和选择机制的假设的。

不考虑博弈论与各种新古典方法和推理，我们将陷入过于复杂的理论困境，不同类别的模型和理论没有把规范视为功能性的或有效的。[①] 我不打算评价它们不同的贡献，但仍会简单区别静态分析和动态分析。当学者们假设偏好和社会模式是稳定的的时候，我将理论视为静态的。动态制度分析则需要分析和解释知识、信仰、感觉、偏好以及身份的起源和变化。[②] 理想中，我们喜欢看到一种可以解释共同知识以及参与者的参数或战略决定的演变的规范理论。但遗憾的是，我们对此还是知之甚少（Katzenstein,

80

---

① 修正新古典经济学的一个基本动力是：缺乏一种分析企业组织和市场的健全理论。经济学家们所做的努力产生了各种各样的理论，有些理论关联性较强，有些理论关联性较弱，有些理论甚至与标准经济模式不存在任何联系（Coase, 1937；Putterman, 1988）。在商业组织应用不同方法的分析中，除了传统微观经济学，克努森（Knudsen, 1995）区别了现代产业组织、管理主义、委托—代理模型、行为主义和契约观点的联系，威廉姆森的交易成本经济学，奈尔逊和温特的演化模式与以知识为核心的理论。这些方法中的大多数都不同程度地质疑了理性而自私的参与者和固定偏好的标准假设，引进新的理论工具，并针对不同的分析制定新的假设。这些理论同样为加总个人决策和模型化知识与偏好的形成过程提供了新的方法。

② 功能主义的理论超出了我分类的范围，我的分类仅仅涉及那些假设方法论为个人主义的理论。

Keohane & Krasner，1998，第 678～679 页）。[1]

制度分析上的一种可能的发展就是静态理论和动态理论的分化。实际上，青木昌彦（Aoki，2001）尝试了这种区分。[2] 动态分析将会探讨和"理解偏好是如何形成的，以及知识是如何产生的，这比机械的理性应用要重要得多"，这恰恰是静态分析的特有领域（Katzenstein，Keohance & Krasner，1998，第 681 页）。本章的最后一部分回到了这些问题，并且试图建立静态分析和动态分析之间的桥梁。本章接下来的两个部分将静态地讨论低效规范的概念。

6.4 低效规范

根据关于规范或非正式制度的最新研究文献，读者可能不会留有这样的印象，即参与者——至少在竞争环境和稳定环境中的同类集团——通常会发展规范来有效管理它们的事务（Ostrom，1990；Cooter，1996）。如果有效性被需求，那么国家的正确的政策反应会给当地和区域社团提供一种安全的产权框架，但也允许相关社会集团发展其自身的规则。中央政府不久之后会将当地的非正式制度转变为法律，以此来巩固当地的非正式制度。

不是每个人都认为规范总是有效的——甚至在当地契约集团中也是如此。斯蒂格利茨（Stiglitz，1994）和许多的合著者都认为，信息问题（道德风险、逆向选择）会削弱私人集团有效管理事务的能力。信息问题甚至可以将诸如正式保险服务之类的活动逐出市场（或者再也不允许它们进入）。特殊服务由于交易成本高而无法在市场中获得，并且种类有限，依赖规则和社会制裁来应对机会主义行为。斯蒂格利茨（Stiglitz，1994）认为，国家应该直接管理这些麻烦的活动或制定专门的行业规则。

---

① 卡岑施泰因、基欧汉和克努森（Katzenstein，Keohane and Krasner，1998）在对国际政治经济学理论分析的回顾中，同样讨论了动态分析和静态分析的基本二分法。在 20 世纪 70 年代，国际政治经济学开始出现，同时引进了研究国际政治学的经济学方法。静态的国际政治经济学将偏好和身份认为是理所当然的，而忽视了民族主义和其他（部分）规范决定的问题。因此，静态国际政治经济学也受到了越来越多的批评。海科特和金泽（Hechter and Kanazawa，1997）在对理性选择社会学的回顾中，同样认识到了对于动态理论的相似需求。

② 青木昌彦（Aoki，2001，第 28 页）利用个人主观博弈模型介绍了一种动态因素："通过讨论代理人在面对外部打击或内部危机的时候，是如何以一种相关的方式来修正他们个人的主观博弈模型的，试图（分析）描述一种关于制度变迁的可能的机制"。

埃里克·波斯纳（Posner，1996a）同样对规范的一般有效性持怀疑态度。他强烈地认为，比起法令和习惯法，社会规范产生的效果小得多。因为在很多环境下，规范是解决社会合作和协调困境的次要工具。利用博弈论的分析，波斯纳也证明了依赖规则而非法律的社会集团可凭借任意的合适的聚点来发现有效的社会均衡。社会结果是由个人参与者关于选择的分散策略所导致的，这些参与者依赖不同的文化因素。波斯纳同样坚持认为，分散的社会集团尽管很了解当地条件，但还是没有做好充分的准备对诸如技术发展之类的外部环境变化做出合适的反应。在新条件出现的时候，当地集团可能无法调整自身的社会规范，但法官和国家立法者更容易接近专家，并汇总信息。对于需要由专家进行研究的复杂案例，比起警察和法庭，社会惩罚是一种相对低效的方法。最后，志同道合的社会集团有可能忽视不同的成本和收益（外部或溢出效应），这些成本和收益由集团的活动产生并影响其他集团，法庭和立法机关的视野常常会更宽广。[①] 我们应该说，作为一种平衡，在许多国家，立法机关、中央政府、法庭和警察都是腐败的，这一现象的普遍存在降低了社会规范的有效性。

不管我们在这场辩论中支持哪一方，我们都很清楚，经济结果依赖于规范、法规、规则和法律的相互混合。并不明显的是，社会力量总会使各种制度变得标准化，以达到实现财富最大化的目的。甚至当一个社会的子集团创造了可以有效解决内部问题的规范时，这些规范也仅仅在该集团的制度环境中才有效。对于一种总体效率低下的制度来说，一种对规范的有效分散调整，可能会导致总体低效率的严重后果。

卡茨（Katz，1996，第 1754 页）让我们想起了科斯（Coase，1937，1960）为证明制度性政策是在交易成本普遍存在的世界中的次优解决方法所做的努力。在这一世界中，政策制定者必须选择是否依赖市场、企业或政府机构。[②] 依靠私人集团和它们的规范是资源分配的第四种解决方法，通过提出这一观点，卡茨（Katz，1996，第 1774～1775 页）增加了科斯所提出的可能的解决方法：

> 这些集团在结构上与市场、企业以及政府机构截然不同；它们面

---

① 然而，当一个当地集团与其他当地集团的利益有重叠的时候，它们可以进行合作。

② 最好的解决方法只能在完美市场中找到。在这一市场中，不仅参与人拥有完美的信息，并且交易成本为零，但这样的市场只在理论或想象中存在。

临不同的限制，并使用不同的程序来制定规则。因此，它们所面临的交易成本也是不同的，它们更适宜于解决某种分配问题，而不适宜于解决其他问题。

社会技术的有效性的演变，不应该侧重于个人规则或规范以及它们的执行情况，而应该侧重于包含正式和非正式制度的不同组合的约束集。规范本身可以形成一个复杂的系统。根据埃里克森的研究（Ellickson，1994），规范通常类似于完整的法律系统，该系统由特殊规范管理独立授权，由其他规范调整补救和进程等问题。控制者选择的规范详细说明了每一种合适的、能形成社会秩序的方法涉及的活动类型。在某些情况下，控制者选择规范，甚至禁止申述人运用法律系统（Ellickson，1994，第98页）。

从低效规范向增长促进型规范的转变问题，仍然无法在研究文献中得到很好的理解。博弈论分析常常依赖于特殊的历史环境解释过去的事件，这也进一步证实了埃里克·波斯纳对偶然聚点的抱怨。学者们不仅很难预测制度变迁的方向，例如将现代法律移植到目标国，而且也很难评价流行的规范的性质。我们将通过案例研究进一步探讨以上这些问题。

6.5 撒玛利亚人良好的规范是坏的吗？

正如前文所提及的那样，对于小型同质集团创造有效规范与其他规则来管理它们的事务，很多学者是持乐观态度的。在某些情况下，低交易成本有助于有效产权的演变（Coase，1960；Eggertsson，1990，第4章）。如果基本产权是明确的，那么威廉姆森（Williamson，1985）的管理结构，巴泽尔（Barzel，1997）的市场组织，埃里克森（Ellickson，1991）的牧场主和农夫的非正式制度，以及埃利诺·奥斯特罗姆（Elinor Ostrom，1990）的公共池塘体制都是可以增加财富的，除非遥远的中央政府由于自身原因扭曲了当地的制度环境。

前现代时期的冰岛大约拥有50 000个个体小型农场，是有效规范可能出现的理想环境。前现代时期的冰岛几乎就是一个完全由农夫和仆人组成的农村社会，这些仆人饲养家畜，其大多数还是羊群。当地的160个公社依赖社会规范和正式规则的混合，每一个都包含100～500个成员，它们以一种分散的方式提供社会安全。为了达到更高的水平，公共秩序和规则的执行依赖于规范的分散遵守。在前现代时期的最后一个世纪，冰岛是丹麦的附属国或者说它的殖民地。丹麦并没有坚持派驻军队到冰岛，但却依靠一些区域行政官员（通常是冰岛人）进行管理。因此，冰岛既没有军队，也没有警察。

　　气候条件的突变使得冰岛农业大规模减产，恶劣的自然条件使得低效制度的成本变得非常高昂。根据分散的国家福利互助体系，遭遇不幸的个人或家庭可以求助于公社领导人（Eggertsson，1998b）。公社的成员可以按照各自的需要获得食物和住房，并且资助水平是由每一个有贡献的家庭的财富水平决定的。福利体系是原始农业社会中保险市场或福利性政府的有效替代品，主要用于缓解个人的不幸（特殊风险），但这个体系却无法适用于影响整个区域的一般风险（见本书第 4 章）。历史证据表明，农夫害怕福利接受者的机会主义行为，关注道德风险和逆向选择的威胁。他们认为，提供支持的担保可能会导致人们产生不工作的动机，甚至使得人们进行各种风险投资，因为即使项目失败，他们还可以求助于公社。[①]

　　本书第 4 章介绍了交易成本经济学的一个分支，它研究了传统国家是如何适应气候条件的。冰岛农业社会的社会保障系统在很多方面与目前发展中国家的传统农业和农村公社的风险管理方式比较类似。这些文献往往利用功能性的评论来解释这些非正式保险制度的结构，而这些制度的安排与各种复杂的风险以及抑制欺骗所需的努力和对策有关。但是，与广泛的社会体系之间的复杂关系，使得人们评估一种特殊的社会规范或制度安排的有效性变得十分困难。有理由相信，要求农夫与邻居共享剩余草料（干草）的撒玛利亚规范存在着不利的影响。

　　冰岛体系始终在制造种种障碍来阻止人们储存干草。第一个关于国家税收的显著例子，是在 1096 年引进了什一税（tithe）。[②] 如果储存干草的年限超过一年，那么所储存的干草就是可课税的财富。1281 年开始实施的一项法律使得农夫彻底无从选择：如果邻居提出要求，那么农夫必须以固定的价格转让自己储存的干草，而这个固定价格与经济条件无关。那些拒绝

---

　　① 更多详细的细节参见埃格特森（1998b）。

　　② 什一税，是指欧洲基督教会向居民征收的一种税，起源于《圣经》。公元 6 世纪教会利用《圣经》中农牧产品十分之一属于上帝的说法，开始鼓吹征收什一税。公元 779 年，法兰克王国查理大帝明确规定，缴纳什一税是每一个法兰克王国公民的义务。此后，西欧各国纷纷效仿。——译者注

与他人共享剩余干草的农夫将会丧失所有的权利。① 证据并未告诉我们，1281 年的法律是否编辑形成了一种流行的共享规范，或者说是否创造了这样一种规范。但同样也没理由相信，立法与当代的价值和实践无关。法律制定以来的证据表明，农村公社有力地执行了一种干草共享的规范。

历史上的冰岛，气温起伏是产生一般风险的主要原因。骤冷的天气有时会使得冰岛几乎直接由夏天过渡到冬天，使得秋天的干草作物缺乏收成，导致放牧时间大大缩短。在这一案例中，联营风险并不是一个好的解决方法，但农夫可以通过储存干草，并调整其饲养的家畜量，保证自给自足，从而可以为意料之外的恶劣气候做好充分的准备。尽管如此，长期储存草料的动机与一般共享规则相冲突，这种规则破坏了农夫对所储存的干草的产权。根据当地习俗，拥有充足草料的农夫将会被迫在深冬、早春与他人共享其草料，甚至无法确定如果夏季比预料中来得晚，那么他们自己是否有足够的草料。当连续两年或两年以上遭遇歉收时，不确定性削弱了谨慎的农夫为防止草料危机或大量家畜饿死而事先储存草料的激励。有关证据清晰地表明，农夫并不会如此谨慎。寒冷时期，即使在 20 世纪早期，仍有许多家畜被活活饿死。②

早在 17 世纪，改革者们就认为无法储存草料是农村公社出现危机的一个主要原因。③ 建立在 1281 年干草共享法基础上的法律判定记录，我至今仍然无法找到。但是，有相当多的证据表明，人们严格遵守了共享干草的良好撒玛利亚规范。在 1806 年，当皇室的决议正式废止干草共享法的时候，

---

① "根据法律，缺少干草的农夫可以在他所在的地域寻找公共的剩余，可以在他自己的公社寻找，也可以在邻居的公社寻找。指定的代理人（农夫）可以估计在他们所在的地域是否有些人储存了比度过冬天所需更多的干草。剩余的干草将会被卖掉，并且首先卖给同一公社的农夫。法律对那些拒绝遵从重新分配方案的农夫的惩罚是：他们的储备将会被没收，并且他们将要支付一笔罚金。法律允许强制没收剩余的干草，并且在抵制没收时受伤的农夫不得要求赔偿，但如果在拒绝交出干草的过程中死亡，那么皇室必须做出是否给予补偿的裁决。法律同时使人们有揭发储存有多余的干草的邻居的动机。如果邻居拒绝交易，那么第一个要求购买干草的人可以以一半的价格购买，但同时还可获得一半的罚金"（Eggertsson，1998b，第 22 页）。

② 1800—1802 年的春寒期损失了 171 000 只羊。1881—1883 年的春寒期，损失 187 000 只羊，并且在 1881—1908 年，损失的成年羊、羊羔以及马减去幸存的量为 884 000，或者说，公社里的每一个农夫损失了 13 只羊（Eggertsson，1998b，第18～19 页）。

③ 关于为什么在 17 世纪前很少有人拥护干草储存和牲畜管理，我们提供两种可能的解释：气候变化和印刷术的引进。在 16 世纪，冰岛引进了印刷术用于宗教书籍的印刷。在 16 世纪晚期，北半球的温度普遍下降，一直持续到 19 世纪。由于恶劣的天气，冰岛农业的草料危机越来越严重，因此改革的呼声也就越来越高涨。

农夫并没有改变他们的行为，也没有储存干草，当然也没有对家畜进行长期的管理。在 19 世纪，如前几个世纪那样，需要干草的农夫往往求助于他们的邻居。同时期的计算显示，在干草交换中，延迟支付或拒不支付是后果相对较轻的犯罪，并且不会导致名誉严重受损，但违反契约或者偷窃羊、马等家畜的行为则是致命性的犯罪（Eggertsson，1998b，第 22 页）。

在国外受过良好教育的冰岛专家和社会精英们——尤其是丹麦及其政府在 1770—1771 年间的代理人，例如受皇室委托的代理人——主张应取消干草共享规范，实行长期草料储存制度。哥本哈根任命委员会努力寻找适合的方案，以解决经济瓦解所造成的国家经济低迷问题。在委员会的众多建议中，有一些认为应对每一个农场的家畜饲养规模进行公共监管，并惩罚那些饲养过多家畜的农夫，同时将干草储存交由公社领导人集中管理。[①]1874 年，在丹麦给予冰岛管理内部事务的权力后，一些法案整理了关于草料的规定，谨慎的家畜管理几乎立即被引入，并转化为法律形式（Eggertsson，1998b，第 19 页）。然而，这些法律没有产生任何影响。有证据显示，不仅公众没有遵守这些法律，而且当地政府也没有强制执行。

比亚尔纳松（Bjarnason，1913，第 201~204 页）叙述了 19 世纪两个公社试图协调家畜计划的事件，这种家畜计划的执行依赖于志愿检查员。比亚尔纳松的历史资料表明，其中一个公社在 1881—1883 年严寒的冬天保持其家畜完好无损，而那时其所在的国家中许多动物死于饥饿。不久之后，这两个公社中止了试验，因为经验丰富的检查员不再是免费的，家畜计划普及不到附近的区域。[②]农村公社对家畜计划缺乏兴趣，这一点难免让人感到困惑不解，同时也加大了人们对干草共享规范的可持续性和当局对其的破坏能力的质疑。我们现在开始讨论这些问题。

为什么冰岛农村公社无法采取长期战略事先为困难时期储备家畜和干

86

---

① 现代化前的冰岛的落后的条件使得建立干草储备中心无法成为一个好的经济主张。因为冰岛并不存在符合这一制度安排的储备规模优势。冰岛的农场并没有连成村庄，而是被分散在广阔的区域。

② 根据比亚尔纳松的研究（Bjarnason，1913，第 198 页），那些短时间经历过牲畜计划的公社为执行计划，通常利用一致性原则来分配公共基金，给予公社内的每一个农夫一票否决权。显然，农夫几乎难以获得所需资金，并且短时间的尝试大部分依靠自愿而不是强制手段。一年两三次，被任命的检查员巡视公社中所有的农户，并建议农夫如何计划他们的草料需求。在一个案例中，相关区域中所有农夫的牲畜管理会接受评比，评比结果会公开发布，并且对于那些牲畜被给予特殊照顾的农夫来说，他们也能由此获得特殊的认可。

草？对于这一问题，我提供了以下四种解释[①]：

（1）除非他们的主观政策模型是不完全的，否则，农夫是理性的代理人。模型低估了家畜管理和长期储存干草的巨额成本。他们选择了一种错误的决策规则，因为他们对冰岛组织型农业的适宜制度缺乏必要的了解。

（2）他们的政策模型意识到，长期家畜管理中蕴含着收益，同时还意识到，农夫是理性的，但他们已陷入了一种低效的均衡。其结果是失败的集体行动的典型案例，并且该例子可与"囚徒困境"相媲美。

（3）尽管经常产生大量的损失，但农夫的家畜战略实际上是有效的。他们是遵循财富最大化战略的理性代表。在冰岛不稳定的经济环境中，最好的政策是为现时而存在，而不去考虑制订长期的计划。农夫们在丰收的年份饲养大量的羊，而在歉收的年份进行投机，以此达到其财富最大化的目的。这种高风险的战略可能会在困难时期使他们失去大部分或所有的家畜，但农夫们会重新开始，最坏的情况也就是放弃农场，成为一个农场工人。因此，冒这种风险还是值得的。

（4）标准理性选择模型没有准确地描述农夫的行为。冰岛预防特殊风险的非正式制度被嵌入一组社会规范之中，这些规范包括共享动物草料。共享草料规范无法被废止使人们形成了一种完整的认知系统，规范的废止将会引起无法被证实的认知偏差。[②] 大多数农夫不会从长期储存中获取收益。如果孤立地看待这个问题，那么干草的弱排他性产权是昂贵的，但是强排他性产权和长期储存将会削弱国家的社会保障系统。

我反对第一个假设。我们很难相信在过去的1 000多年里，理性的农夫会错误地理解其自身所处环境的基本特点以及所收到的反馈，而依靠错误的政策模型实施他们的家畜战略。有证据证明，农夫不会调整自身以适应环境或者新技术。早在前现代时期的末期，农夫们就学会了挖煤，并将煤作为燃料使用，但极具生产性的改进却到19世纪才发生（Þorsteinsson &

---

① 在这里，有一个比较常见的假设，即参与者偏好更多的财富和安全感。

② 研究文献很好地提出了关于主观世界中的参与者是如何操作的观点。霍夫斯泰德（Hofstede，1980，1991，1998）或许做得比其他学者更多，他提出了社会模式的观点。霍夫斯泰德讨论了集体思维模式。福尔塔和费里尔的研究（Folta & Ferrier，1996）是关于霍夫斯泰德类型的研究的一个新例子，这一类型的研究分析了企业组织和民族特性之间的关系。在一个更为抽象的层面，范伯格（Vanberg，1998，第432页）引用了哈耶克、波普尔等人所做的各种研究。他们的研究是这样解释理性行为的：在一个复杂的世界，参与者"不会也不能对他们所面临的每一种特殊问题做出反应。他们仅仅依赖心智模式，这种模式反映了以前的经验，并适应新的经验"。

Jónsson，1991，第 214 页，第 290 页）。然而，还是很难相信理性参与者（正如社会学所描述的）没有意识到高风险和低风险管理战略的成本和收益。他们的行为无法用缺乏知识来解释。

我发现，第二个假设也不能完全令人信服。如果农夫单独行动，那么在农业上向新管理战略的转变将会涉及大量协调和承诺问题。实际上，政府已经准备好向低风险战略转变，但是农村公社坚决拒绝与之合作（下一部分将会对此做详细讨论）。

第三个假设吸引了众多主流经济学家和倾向功能主义的学者们的注意：理性的农夫们正确地总结出，大量家畜的周期性损失，是那些最好战略都无法避免的昂贵的副作用。高风险战略有较好的经济意义，因为在好年份获得的收益超过了在差的年份遭受的损失。不幸的是，我并没有意识到，历史数据使我能够从经验性的角度来检验这个假设。此外，也可依赖相关环境的证据来证明之。在关于这一问题的最近一项研究中（Eggertsson，1998b），我已找到清晰的证据。冰岛和丹麦的主要专家和高层领导人认为，长期的家畜管理和储存比高风险的安排更加优越。例如，在 19 世纪晚期和20 世纪早期，储存战略的热情拥护者托尔维·比亚尔纳松是一个接受过苏格兰教育的农学家，也是 1880 年冰岛第一所农业大学的创始人。在技术意义上，毋庸置疑，农村公社有能力通过储存和调整草料的长期供应来稳定它们的家畜（Eggertsson，1998b，第 21 页）。

在否定前三个假设之后，我开始讨论第四个观点，也就是最后一个观点。最后这个观点假设良好的撒玛利亚共享规范具有块状的特点，共享是冰岛社会保险系统的核心。在这四个解释中，我发现最后一个解释比起其他三个解释更可行，但我仅仅提供了一种非正式的心理学解释，以避免产生认知偏差。块状规则问题属于制度的动态理论问题，该理论用于解释社会模式、信仰和偏好的形成过程。现有的文献包含了许多行为动态学的模型，但在任何一个特殊领域，都还没有出现一致性。本章的最后两个部分，主要分析社会信仰和社会规则的稳定性问题。

6.6　削弱不可取规范的政策：合作—背离差量

一个国家的政府可以用不同的方法去破坏那些与公共政策目标相冲突

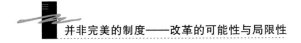

的规范，但是，政府的行为是否能获得成功呢？这一点是不确定的。埃里克·波斯纳（Posner，1996b，第137～144页）运用一种他称为潜在规范违背者之间的合作—背离差量的理论框架对最重要的反规范方法进行了分类。近期的学术著作，在关于信仰和价值的动态理论还不完全成熟的情况下，将个人理性选择和宏观经济结果紧密联系起来，而波斯纳的研究正是这类学术著作的代表。波斯纳差量比较了遵守规范的净收益和违背规范的净收益。当违背规范的净收益超过遵守规范的净收益时，一个理性的参与者将会停止遵守规范。按照一种理性的计算方法，个人参与者遵守一种规范所获得的净收益依赖于两种因素：参与者从规范中获得的总收益、执行该规范的总成本。违背一种规范的净收益指考虑了可能要承担的惩罚成本之后的最优选择的价值。当一个正的合作—背离差量开始减少的时候，参与者就开始通过在遵守规范时有意识地减少遵守次数来增加差量。当差量开始为负的时候，理性的参与者就不再遵守规范，并且受到规范支持的社会惯例是不可持续的。

合作—背离差量的要素显示政府可以采取哪种方法来根除低效或不可取的规范（Posner，1996a，第1728～1736页）。根据波斯纳的观点，反规范政策（Antinorm Policy）的目的在于将正的差量转变为负的差量，有如下四种方法：（1）降低人们对支持规范获得的收益的预期；（2）增加规范遵循者在其集团中执行规范的成本；（3）降低对违背规范者的惩罚成本；（4）提供更加吸引人的新的社会安排，这种安排可以与规范支持的安排相媲美。①

当冰岛处于前现代时期时，政府试图破坏干草共享规范，其探讨了波斯纳框架提出来的各种方法。② 为了降低对规范规避者——这些规范规避者拒绝与他们的邻居共享干草储备——的惩罚成本，当局正式地规定，在法律上，农夫有责任满足自身牲畜的食物需求。如果一个农夫在冬至时缺少

---

① 梯默尔·库兰（Timur Kuran，1998）认为，一种给定规模的非规范测量可能会造成无法预测的影响，这种影响可大可小。

② 埃里克·波斯纳（Posner，1996a，第1736页）指出，当局可以通过引进规避规范的方法来帮助规范规避者并降低惩罚程度。例如，一个政府可以为那些为了规避高利贷法而将贷款卖出或出租的参与者提供法律支持。埃里克·波斯纳（Posner，1996a，第1735～1736页）解释了一种可交易发行权的市场，该市场在1900年被授权。旧的规范是低效的，因为它没有区别高价值和低价值污染者——企业净化的机会成本差异。就冰岛的案例来说，我并没有发现当局帮助违反干草共享规范的农夫来掩藏他们的规避行为的例子。

干草，那么这种行为在法律上被视为一种疏忽，甚至被视为一种犯罪行为（除非短缺是火灾、洪水或其他灾难引起的）。那些拒绝帮助有疏忽行为的邻居的农夫，其耻辱感会有所减弱。类似地，如果农夫被直接管理，并且不得不维持充足的草料储备，那么共享干草的规范就会显得不合时宜。强制的努力包括 1746 年在哥本哈根执行的一项皇室判决，该判决指导当地政府监管所辖区域内所有农夫的干草储备，并保证充足的供给。饿死家禽的现象在 1702 年到 19 世纪末这一时期内非常普遍，相应的官方建议、规则和法律要求官方对干草储备进行监管，并禁止农夫饿死家畜。其中最臭名昭著的是 1884 年的《饥饿法案》，即如果农夫们被发现他们的家畜饿死，或者忽视公共当局所倡导的干草储备建议，那么他们将会受到惩罚。1889 年对《饥饿法案》的重新修订提供了判处违反者监禁的极端例子。历史学家认为，两个世纪或更长时期以来，农夫和当地法律执行官员几乎完全忽视了其他所有的尝试，这一点才是问题的关键所在（Eggertsson，1998b，第19～20 页）。

政府和改革者都试图利用认知方法来改变合作—背离差量——一场名符其实的游说之战，从而诱使农夫更新他们的社会模式并意识到他们高风险战略的成本与干草储备的收益。这些努力同样没有获得成功，农夫们不愿意放弃他们与大自然的博弈。

参与者发现新的社会安排比旧规范支持的安排更加有用。对政府而言，要消除规范正的合作—背离差量，引入新的社会安排可能是最好的方法。新的安排有时候依赖于政府补贴，可以使旧的规范变得无关紧要。在冰岛，家畜管理问题的最终解决方法——在 20 世纪一开始的一段时间稳定了国家的牲畜饲养并破坏了干草共享规范的方法——属于这一类型。项目来源于国家立法机关、中央政府与新的农民组织。项目得到了来自中央政府的强大的金融支持，并依赖于新技术和新的产业组织。国家的交通系统——无论是在陆地上，还是在海域上，抑或在天空中——得到了改善，发展现代渔业，将干草作为鱼饲料，并且进口干草，在短期内也是可能的。最后，在 20 世纪城市环境出现的过程中，正式的政府社会服务和商业保险代替了传统的公社共享系统，以便更好地适应社会风险（Þ. Jóhannesson，1948，第 107～114 页；Björnsson，1979，第 277～278 页）。

6.7　构建一种关于规范的动态理论

在这一部分中，我将讨论最近在社会规范模型动态方面所做的种种尝试：规则本身的起源及其与社会模式或信仰之间的关系，执行战略的演变，以及非正式规则和行为范式的传播。动态的理论确实可以解释上述三个方面，但我们应该注意到的是，第一个主题的发展相对其他两个来说较为缓慢，而且强有力的经验性研究和正式的假设检验仍相对较少。

博弈论通常将规范定义为在相互交往中出现的行为模式规则（纳什均衡）。重复的非合作博弈具有多重均衡的特点，使理论不受任何限制，而演化博弈论（evolutionary game theory）则为正式分析战略选择问题提供了适合的工具。本多和斯韦斯塔克（Bendor and Swistak，2001）借鉴自己和他人的研究，清楚地阐述了演化博弈论在研究社会规范的动态变化中的作用。设想一个包含成对成员的社会集团，每一对成员是在每一回合的博弈中随机配对的。想方设法最大化期望收益的个人，在观察所有参与者参与的博弈之后，会周期性地停下来，重新评估甚至改变他们当前的策略。本多和斯韦斯塔克利用重复的囚徒困境博弈阐述了这种方法，他们的方法同样适用于其他类型的博弈。参与者评估了诸如一直拒绝、针锋相对（TFT）或TF2T等策略的成本和收益。最后一个策略表示，在第一、第二阶段合作，当且仅当对方在前两个阶段都选择不合作时，才选择不合作。重新评估使得参与者舍弃低回报的策略。对于一种被集团内部所有参与者采取的策略，如果它能在"突变"（侵入集团的新的行为方式）的侵入中幸存下来，那么我们就说这种策略具有进化上的稳定性；如果本地策略阻止了突变的蔓延，那么本地策略具有弱稳定性，如果侵入者的侵入频率下降，那么本地策略具有很强的稳定性。本多和斯韦斯塔克总结出，社会规范在大型的演化博弈中对于稳定性行为是必要的。他们同样也发现，演化的力量也无法保证达到帕累托最优结果，本地策略越强健（有更大的生存机会），就越有效率。①

---

① 本多和斯韦斯塔克（Bendor and Swistak，2001）认为，第三方执行是定义社会规范的主要特点。第三方执行涉及对违反社会规则的行为的惩罚，这种规则由不受偏差支配的人员管理。双方执行和通过内在化或自我约束的执行可能与第三方执行共存。我们对非正式执行的所有形式都感兴趣。

将演化博弈论运用于社会规范的研究，虽然具有高度的抽象性，但实证性不强。最近利用非合作博弈论开展了一些关于社会规范方面的实证研究，这些实证研究常常依赖于用外生的文化和历史因素来解释在具体情况下为什么一个特殊的社会均衡会被选择。这样的研究为我们提供了有趣的研究视角，但这些分析在本质上仍然是一种静态的分析（Bates et al.，1998）。①

　　社会规范可以很快地传播，但有时是不期而至的。南斯拉夫种族仇恨（ethnic animosity）的突然传播震惊了世界。库兰（Kuran，1995，1998）——所用的方法不是（正式的）博弈论——构建了一个包括转折点和声誉等级的模型，解释了种族运动的固定低水平和突然爆发。该模型同时也提供了关于规范的动态理论的一般视角。

　　通过在标准个人效用函数中加入两个新变量，库兰（Kuran，1998）得出了重要结论。这两个变量分别如下：（1）声誉效用，来自种族集团内外部的社会（与种族相关的）反应；（2）表达性效用，是一个非连续的变量，记录了人们是如何评价自身现有生活方式的。模型假设，人们改变生活方式和出于声誉原因将资源分配给种族运动的意愿是不相同的。 92

　　两种因素——新的期望和新的对种族划分的固有偏好——能打破种族运动和种族规范之间盛行的社会均衡。这两种因素都是库兰模型的外生变量。公社中对扩张的（或衰落的）种族运动的期望值上升之后，个人为了避免社会惩罚，会将更多（更少）的资源分配给种族运动。但是，由于人们对社会接受度和自我表达有不同的需要，因此每个人的反应也是不同的。在模型中，表达性效用包含两个重要内涵：在事前，人们无法直接观察到什么时候开始（这是个人效用函数的一个特点），并且个人阈值分布的差异可以创造稳定变量和不稳定变量的多重均衡。

　　最后，模型还包含一个分布函数，该函数描述了种族运动的预期水平和实际水平之间的关系。模型假设，当人们过高地估计实际水平的时候，预期水平会下降，反之，预期水平会上升。据此，库兰（Kuran，1998）分

---

　　① 阿弗纳·格雷夫（Avner Grief）在一篇未发表的手稿中提出了以下程序："首先，利用历史的和可比较的信息，筛选出哪些技术和制度因素能被视为外生的，以及哪些制度因素应该被视为内生的，并且都应该做出解释。然后，构建一个具有特殊背景的博弈论模型，外生因素定义了博弈与决定可能的均衡的外生规则。接下来，找出这些解决方法是否对于理解需要被讨论的制度因素的本质有所帮助。最后，检验哪些历史因素会影响决定历史作用的特殊均衡解的选择"（引自 Aoki，2001，第16~17页）。

析了对种族运动总水平的期望的细微变化是如何通过声誉效应引起种族运动实际水平发生巨大变化的。当均衡不稳定或预期变化超过稳定均衡允许的范围的时候，这种效应会很大。在其他的例子中，变化范围依赖于到最近的均衡点的距离。[①]

能够改变社会中种族运动水平的第二个因素是固有效用的变化。固有效用产生于种族运动，它不同于参加这些运动时感受到的社会压力。关于民族分裂主义的大多数理论仅仅侧重于直接效用，并没有考虑声誉串联的可能作用。在库兰的模型中，一种直接效用使无差异曲线上移，达到了一个新的均衡。产生新均衡的过程总是会涉及内在效应，有时候会涉及扩大的声誉效应。

总之，凭借无法观察到的转折点和声誉等级，库兰得出了一个有趣而直观合理的结论，同时也对社会学的观点感到失望。在这一观点中，正如种族运动稳定的低（或高）社会水平，民族分裂主义是一种无法预测的现象。同时，民族分裂主义的声誉效应和内在效应可能是经验主义的，几乎不能被察觉。很显然，阻碍进步的关键问题是我们缺少有用的经验性理论来解释人们是如何重新构建社会模式的。

自然界与社会的模式受到人类想象力和创造力的驱使，而人类想象力和创造力是固有的、不可预测的。对于我们能在什么程度上理解关于规范的动态心理模型，研究规范的学者有不同的观点。埃里克·波斯纳相信，我们缺少一种令人满意的心理学理论，这种理论应该可以解释为什么人们有时候会感到自己从情绪、心理上强迫自己遵循规范（Posner，1996a，第1709～1710页）。其他学者认为，心理学和认知科学家已经发展出成熟的实用心理模型和规范内在化理论（Denzau and North，1995；Cooter，1996，第1661～1662页；Clark，1998）。最近的一本关于经济学中价值和组织的论文集收入了19篇主流经济学家的论文，编者悲观地总结道，"涉及规范、价值和偏好的主题受到越来越多经济学家的关注……然而，这一领域的研究现在仍处于初级阶段，依然缺乏一种统一的理论框架以及……一套普遍的结论。尤其是缺少必要的实证证据来支持或反驳一系列论文中提出的各种理论观点"（Ben-Ner and Putterman，1998，xxiii-xxiv）。

为了阐述社会模式的作用，我们有必要简短地回顾一下冰岛的历史，

---

① 混合均衡不是模型的固有特点。在任何种族运动水平上，单一均衡都是有可能的。

其现代化早期见证了农业中的共享规范与农业领域之外妨碍专业化的规范的逐渐消亡。尽管如此，但传统价值、模式和规范阻碍并延迟了国家的现代化进程。19 世纪晚期到 20 世纪早期，当冰岛从丹麦独立出来的时候，冰岛的政党面临着截然不同的三种社会模式：资本主义—企业家模式、社会主义（包括马克思主义）模式与古典主义模式。古典主义模式将工业革命视为可以带来短暂财富增加的错误历史插曲。按照这一观点，长期的工厂工作和城市生活的工业化会破坏社会结构，并导致道德和经济水平的下降。古典主义者呼吁一种农业革命而非工业革命，呼吁一种农村生活而不是城市生活，呼吁井然有序的国际贸易与对外商投资的严格控制。他们只能接受小规模的制造业，希望扎根于乡村，并喜欢与耕作朝夕相伴。①

最近关于 19 世纪最后 25 年和 20 世纪前 50 年的政治史的研究显示，古典主义者影响了所有政党。阿斯杰尔索（Ásgeirsson，1988）认为，冰岛政治的基本划分不是通常的资本主义和社会主义的划分，而是资本主义—社会主义与古典主义的划分。政党是根据古典主义和非古典主义进行划分的，它们与联合政府进行合作，为延迟城市化与工业化而斗争。

如果我们拒绝相信自由放任市场等社会安排，而非洲的社会主义和苏联的中央集权仅仅影响了物质利益和关键参与者的相对权力，那么就产生了一个重要的问题：国家的精英们是如何要求或选择伴随着相关价值和规范产生的经济发展的特殊社会模式的？蔡（Chai，1982，第 282 页）在解答这个困难的问题上迈出了重要的一步。他试图证明，在背离了殖民地规则的国家中，"西方殖民主义经验和国家干预经济倾向之间存在显著的关系"。正如冰岛人那样，其他新独立的国家的领导者面临很多种可供选择的、国外的社会模式和经济发展模式。对有争议的社会模式的检验从来不是清晰的，其解释同样也是含混不清的。政策的基本选择不仅依靠政治过程和权力者的兴趣，而且依赖于其他可替代社会模式的吸引力。蔡认为，过去的西方殖民地可以很好地解释其心理过程。他认为，心理过程导致了反对殖民主义的意识形态（opposition ideology）的内在化，并影响了统治者对社会模式的初始选择。反对殖民主义的意识形态，指的是那些试图在本土实行的不同于前任统治者的政策。根据蔡的实证证据，没有殖民地经历的发展中国家，在第二次世界大战后不会经历反对殖民主义意识形态和政策的

①　一种社会模式的变体仍然在美国和欧洲的某种循环中幸存下来，比如"家庭农场"，它有着相当大的政策影响力。

相似阶段。1944 年独立的冰岛，就非常符合蔡的结论，尽管冰岛并不在他所讨论的国家之列。第二次世界大战之后，冰岛在分散国家对经济的控制力和引入市场安排上，比起其他西欧国家落后 15 年甚至更长。

库兰模型（1998）分析了规范企业家是如何通过提高对扩大种族运动的期望来激发声誉等级效应的。将这种相互作用模型化的另一种方法是，假设个人可以利用贝叶斯法则来进行信念更新（updating of belief）。[①]

政治领导人的特殊地位使得其可以操纵各种事件与关于这些事件的各种新闻，并在集团内外激发各种不同的反应。社会集团共享关于历史事件的记忆。人们据此挑选数据，并解释最近的事件。相关认知机构为领导者提供了重新点燃潜在的怀疑的机会。贝茨、菲格雷多和温加斯特（Bates，Figueiredo and Weingast，1998）检验了两个案例：（1）1991 年赞比亚美国独立党的瓦解，（2）南斯拉夫的种族紧张局势和暴力事件的爆发。

贝茨、菲格雷多和温加斯特的研究包含了有趣的见解，但是，正如作者们所意识到的那样，他们的模型缺少一种动态的因素。在关于南斯拉夫的案例中，参与者仅仅观察了实际事件以及与信念调整和期望相关的各种信息——这些实际事件与均衡路径相关。然而，均衡行为同时依赖于从来不会发生的结果的预期价值。均衡路径上的行为，可以利用贝叶斯法则进行分析，而偏离均衡路径的行为则无法用贝叶斯法则进行解释（Bates，Figueiredo and Weingast，1998，第 627 页）。换而言之，贝叶斯法则中的理性参与者只有在观察了（他们所考虑的）实际事件或行为之后才会调整其信念，但是"看法、辩论、劝说、影响以及修辞等过程而不是理性的决策制定过程和经验影响了正确的计算分析，从而导致了偏离均衡路径的战略选择"。

---

① 贝叶斯法则是在获得新信息之后更新原有信念的统计法则。这个法则是在一个充满可能性的环境中更新信念的正式的理性分析方法。

第二部分

经验插曲：贫困陷阱——一项案例研究

第7章 为何饥饿困扰着冰岛

7.1 引言：行业消失的秘密

冰岛在中世纪后期直至19世纪长期处于萧条的经济均衡，使得收入和技术水平出现了不同程度的下降。通过冰岛这一案例，我想在现实生活中引入对一些主题的探讨，这些主题将在本书有关不完美的制度和贫穷陷阱的理论部分涉及。之所以选择这个特殊的案例，是因为它简单，而且极具教育意义。在我看来，历史上冰岛的作用与那些正规数量模型非常相似，当它们成功时，能使复杂的问题透明化，并突出那些往往被大量影像所掩盖的重要联系。

冰岛人的黄金时代是这样的时代，他们周游世界时，发现了北美大陆，创作了曾以世界各主要语种广为流传的原创性文学作品（英雄传奇）。但是，在13世纪，这些文学作品经历了国内战争之后便开始逐渐消失。从那时起，冰岛与欧洲大陆的隔离开始加剧，而且丧失了独立性。从16世纪开始，冰岛的生活条件不断恶化，在18世纪的一系列饥荒后达到极点，这使得丹麦统治者计划将冰岛居民迁移至丹麦。在20世纪，整个世界出现了因人们倾向于尝试性探索而出现的灾难性社会后果，这些都是由于对知识、信息和动机进行了不切实际的假设而产生的一些重大错误（Ostrom，1993，1997）。正如哈耶克（Hayek，1945，1960）不厌其烦地强调的那样，在人类社会变革中，中央政府当局往往会过高地估计自己在结构调整、社会监管或者实施过程中的能力。在冰岛这一案例中，几个世纪的经济衰败反映出尝试性探索的无力或无奈。在这种瘫痪的社会中，国内外的制度阻碍了经济的发展，并使得社会陷入贫困的陷阱。

冰岛经济史讲述的是这样一个故事：拥有五万常住人口，人们并没有被该国的艰苦环境所吓倒，主要从事的是种植业。而这个四周被茫茫大海所包围、拥有世界上最为丰富的渔业资源的国家，渔业生产却仅仅是当地居民的一个副业。在政治上，当时的冰岛正处于丹麦—挪威君主的统治之下。由于路途遥远，资源的控制力有限，宗主国缺少动力和能力在冰岛扩大其税基。19世纪初，自维京时代以来的冰岛工业技术和工业组织都未能获得巨大的进步，而独立捕鱼业的兴起则更是被推迟到了19世纪后期（Magnusson，1985）。

在这一案例分析中，我所主要关注的是能够影响个人行为而且能有效形成集体行动的经济、政治和社会制度。例如，我考察了在劳动力市场中，类似于冰岛公社（hrepper）的当地管理体系以及曾经统治过冰岛的王权管理结构下的制度管制选择。我的观点是社会制度是阻碍冰岛经济发展的根本原因；而在合适的制度环境下，一个国家能掌握先进（公性）的生产技术并从中受益。不完善的社会模型在维持贫困陷阱方面扮演着极为重要的角色，因为它们误导了社会精英和地主阶级。这些精英显然不会运用现代经济学知识和一般均衡模型去分析打破权力限制会对他们的财富产生怎么样的影响。相反的是，他们运用的是我们现在所归纳为"非正式局部均衡模型"的分析方法，得出的结论也就是：允许捕鱼业独立发展将会危害传统的农业。然而，我认为，人们受到了来自捕鱼业丰厚利润的诱惑，应该会推翻地主和王室所结成的联盟，出于自身利益考虑，更加不应去巩固原有政权。这将会在后文中进行详细阐述。①

现在，我讨论对冰岛为什么没能发展起有效的捕鱼业这一问题的两个不合理的解释：（1）封闭的冰岛人对渔业的最新科技发展和潜在的国外出口市场一无所知；（2）冰岛传统文化和现代商业文化有着剧烈冲突。首先，关注第一个解释，即冰岛人缺少渔业技术和出口的相关知识，最终导致经济发展长期停滞。冰岛人未能发展起有效的捕鱼业是因为他们只知道用小舟和只有单钩的渔线钓鱼，而对出口和出口市场毫无概念吗？历史证据不支持这一观点。沿海捕鱼从公元 900 年左右开始就是冰岛农民的副业活动；大量出口始于 13 世纪，并逐渐取代了羊毛制品成为该国主要的出口产品；到了大约 14 世纪，随着英国渔民的出现，冰岛人通过接触外国捕鱼船队，逐渐对最新的捕鱼技术有所了解。②

其次，我们考虑这一假设，即冰岛人未能发展起独立的捕鱼业是因为他们的价值观与商业交换存在着本质上的矛盾——他们是原始型家庭经济的参与者，他们的主要目标是自给自足，而不是通过交换达到积累财富的目的。历史同样不支持这种观点（B. Larusson，1967；J. Johannesson，1974；Byock，1988；I. Miller，1990）。事实上，正如冒险小说中关于维京时期海盗们分赃不均的描述一样，冰岛居民在前现代对积累财富的需求已经日益膨胀。冰岛居民从不羞于进行商业性交换：土地被明码标价，以便于交换；农产品和海产品用于出口，一些奢侈品和贵重商品则从外国进口；在联邦时期，不仅国会的席位可以进行交易，而且法律允许案件当事人将坚持起诉和执行判决的权利卖给第三方。即使冰岛居民仍渴望确保其生存的权利，但由于前现代经济根本不能满足人们的基本生活需要，因此会经常发生马尔萨斯主义所说的传染病和饥荒恶性循环，此时进行制度变革被

① 本章结论部分对历史冰岛结构变化的演进过程做了简要的回顾。尽管不同的文化信仰或社会模式无疑会降低冰岛传统制度的交易成本，但我尚未达到哈斯吐普（Hastrup，1994，第 4 页）的程度，他认为冰岛居民通常会受困于精神状态。哈斯吐普并没有解释冰岛居民是如何从一种精神状态发展到另一种精神状态的，以及社会模式分析方法存在哪些缺陷（Burke，1986）。在冰岛，一个动态的精神分析模型解释了在 19 世纪发生的传统制度结构的崩溃，以及在 15 世纪、16 世纪英国和德国入侵后所带来的各种机遇。

② 在 930—1262 年的共和国时期，毛纺服装是整个国家最为主要的出口产品，但 1262 年在与挪威的贸易中，干鱼逐渐替代了毛纺服装成为主要的出口产品。到了 1340 年，毛纺织产品不再是该国主要的出口产品。商业工会的商人控制了卑尔根地区对丹麦—挪威王国的贸易，再次将冰岛的毛皮衣料出口到欧洲市场（Gelsinger，1981，第 181~194 页）。Thoroddsen（1924，第 54 页）提出，在 14 世纪冰岛鳕鱼干是欧洲地中海地区的主要产品。

认为是必需的（Gunnarsson，1983；Gunnlaugsson，1988）。[①] 最后，他们那些所谓仇视改变阻碍了经济发展的主流价值观，同样不能解释 19 世纪后期的经济腾飞。当时，资本和劳动力已经克服了正式制度所形成的障碍，开始流向城市地区，流向捕鱼业，甚至流向国外。经历了 19 世纪和 20 世纪前期的转型，传统公社发动了意识形态和政治上的斗争，反对城市化运动、新工薪阶层、捕鱼业和工业发展；这些力量虽减缓了历史前进的脚步，但并没有倾覆整个时代的发展趋势（见本书第 6 章）。

102　　当考虑到在意识形态上的冲突时，我强调的是背叛地主联盟的诱惑，并把丹麦王室的统治政策看做在冰岛前现代的经济体系中维持现状的重要原因。下一节将分析形成均衡陷阱的各种因素。正是这些因素，阻碍着资源从农业向渔业大规模流动。本节着重分析了政治和经济博弈中的主要参与者，以及他们的核心利益和约束条件。第三节阐述的是一个动态的研究视角，用来分析传统体系的失败之处和向工业组织新结构的转型过程。最后一节是总结与结论。

7.2　贫困陷阱（The Poverty Trap）

7.2.1　背景

有人开始定居冰岛是在 9 世纪后期和 10 世纪早期，其中大部分人是挪威人。在经历了相当长一段时期的经济繁荣之后，整个国家开始走上了经济停滞的道路，随后是更为严重的经济衰退。[②] 经济停滞和衰退的证据是确

---

① 在前现代的冰岛，明显不合理的社会准则妨碍了粮草的储备和对牲畜进行有效管理，导致了农业生产效率的降低（见本书第 6 章），但公认的准则是建立起应对具体风险的相对有效的非正式保障体系。然而，粮草共享准则并非阻碍独立渔业形成的重要因素。不良的牲畜管理方式使得危机周期性地出现。事实上，正如我们所见到的那样，这正是激励受到重重阻碍的渔业发展的动机之一。

② 10 世纪末，冰岛居民在格陵兰岛的西南方建立了两个殖民地，标志着在一千多年的历史中冰岛全国各地区第一次都有人口常住。但是，并不完全清楚为什么 1262 年在挪威王国控制下的联盟领导的共和国在国内战争时期会迅速瓦解。不过，可以肯定的是人口压力和经济萧条是其瓦解的主要原因。1400 年左右，随着英国渔业的入侵，接下来的一个世纪都是以渔业作为经济发展的领头部门，并创造出了一个延续到 16 世纪的繁荣时期（我们将随后继续讨论）。最后，在丹麦获得垄断贸易权之后（1602 年至 1787 年），冰岛经济经历了一个迅速下滑的时期。

凿的，而且与气温的下降有很大的关联。[1] 事实上，农业技术从维京时代到
19 世纪并没有发生多少重大的变化。现代考古学研究表明，当时冰岛的基
础设施不足，而且还存在大量闲置现象。相关记录显示，当时饥荒发生的
次数逐渐增加，人们的平均身高下降，并存在营养不良现象。

从有人定居冰岛开始直到 16 世纪，居民的平均身高一直维持在大约
172 厘米这个相对稳定的水平。但是，到了 18 世纪，下降到了 167 厘米，
而 20 世纪中期又上升为 176.8 厘米。换而言之，在过去的四百年中，16 代
人的平均身高足足下降了 5 厘米，后来又上升了 10 厘米，平均每代人的身
高要变化 1 厘米左右（Steffensen，1958，第 44 页）。

冰岛经济史上最奇怪的事是，冰岛人没能形成专业化的渔业，且对本
国丰富的渔业资源也未能进行充分的开发。从中世纪到 19 世纪，某些制度
安排阻碍着独立渔业的形成和发展。最主要的原因是其国内的法律和规则
使得当地居民不能成为职业的渔民。法律严格限制了劳动力的流动，居民
无一例外地被要求以农民或仆人的身份生活在农庄之内，禁止居民和外国
人在沿海进行联合捕鱼的活动。在丹麦垄断贸易时期（1602—1787 年），就
连丹麦的商队也被禁止在冰岛过冬。[2] 最后，冰岛实行物价管制，鱼产品的
价格相对于出口农产品的价格要低于国外市场。这种价格管制反映的是农
民、地主和王室之间狭隘的经济利益争夺。王室对冰岛税基的不确定性的
控制是利益争夺的重要影响因素，而农民协会则担心劳动力市场上的激烈
竞争。

在验证前现代时期冰岛产权是否是影响经济政治的主要因素之前，我
们有必要简要回顾一下该国的行业组织（Eggertsson，1992，1998b）。直到
19 世纪后期，冰岛一直都是由散布在海滨和峡湾低地上的农庄所组成的乡
村社会。农民靠养家畜为生，比如夏季在山上的牧场上无人看守地放牧，
到了冬季就在自家的田地上放牧。他们的主要农作物是干草。无论是在法
律规定中，还是在现实生活中，捕鱼都是当地农民和农仆的第二职业，捕
鱼只是在不太忙碌的冬季才进行。在冬季，价值很高的鳕鱼会洄游至该国

_____

① 气温的下降"在 13 世纪、14 世纪和被称为'小冰河期'（Little Ice Age）的 1600—1900 年
间"发生得最为频繁（Friðriksson，1986，第 32 页）。在这些时期，平均气温的下降使得草场初级
产品的产出大量减少（Friðriksson，1986，第 35 页），而冰岛的农业又特别依赖于草场的产出状况。

② 在 18 世纪，丹麦政权当局做了多次尝试，以克服来自当地社会精英的异议，并允许丹麦商
人在冰岛过冬。

西南地区的沿海浅滩。大部分的捕鱼者利用原始的小渔船捕鱼，那些渔船只能出海数里，必须在一天内返回港口（Gunnarsson，1980）。

随着 16 世纪中叶的新教徒教会改革的进行，船的质量和数量明显呈下降趋势。相对丰富的浮木是冰岛国内唯一可以用来造船的原材料，所以用于造船、修建住宅甚至大教堂的木材都需要大量进口。没能力（以合理的价格）获得适合捕鱼的船只，是关于冰岛捕鱼业发展为何会如此滞后的一个难以让人置信的解释。

渔民可以在捕鱼结束后将小船拖上岸进行保养，进入西南部地区的海滩是船只冬季捕鱼的前提条件（Þorsteinsson，1980，第 214 页）。资料表明，当地的法律和风俗都没有对捕鱼区域的海滩有特殊的限制（L. Kristjansson，1980—1986，第 93 页）。法律规定，地主拥有海滩和附近狭长水域的财产权，但那些能捕鱼的海域对任何冰岛人都是开放的。然而，居住在西南内陆地区的农民并没有太多机会接近那些适合捕鱼的海滩。另外，船只的所有者会向租船者或使用海滩的人收取一定的费用。同样，政府也会对跨地区捕鱼者收取少量的税（L. Kristjansson，1980—1986，第 93～97 页）。尽管居住在东北地区和内陆的农民可以向西南地区捕鱼港的地主租海滩来捕鱼，但他们更愿意去买鱼，而不是直接或间接地租用船只进行捕鱼。19 世纪的历史数据也表明，自从引入了内部通行证之后，大部分离开农场加入捕鱼业的仆人都来自西南地区，并且东北地区的参与率要远低于西南地区（A. Kristjansson and Gunnlaugsson，1990，第 25～27 页）。捕鱼区域的海岸财产权是靠佃户来经营的，但却归教会、丹麦王室或是有钱的个人所有。该地区的佃户经常以在地主船上打工的方式来偿还部分租金。

7.2.2　不明确的王室产权

影响冰岛前现代时期历史事件发展过程的主要政治经济行为人是王室和其代理人、教会、地主、佃户农民、农场仆人、外国商人以及外国政府。然而，在许多方面，王室控制着整个国家渔业发展的命运。图 7-1 是从 930—1904 年冰岛最高行政机构一览表，而我们主要关注的是 1262 年挪威统治时期至 19 世纪末的这段时期。

时期	最高权力当局	权力的限制
930—1262	酋长共和国	
1262—1380	挪威王国	
1380—1904	丹麦王国	
1415—1475		英格兰时代，冰岛事务受英国的影响极大
1475—1520		受德国汉堡商人影响的时期
1874—1904		冰岛人获得自治的权利

图 7-1　冰岛统治年代表（930—1904 年）

资料来源：Þorsteinsson 和 Jònsson（1991）。

在共和时期，冰岛的对外贸易受到国会中 39 个地区长官的控制。接下来的是挪威统治时期。挪威国王获得了所有涉及与冰岛进行贸易的权力，包括贸易许可证的授予权（Gunnarsson，1987，第 74 页）。在 1383 年由丹麦和挪威联合统治之后，贸易的控制权事实上由一个来自卑尔根的商队所获得，随后就转移到了丹麦的王室手中。

丹麦王室在冰岛的税基的大小取决于来自农业和渔业的附加值。原始的渔业为政府提供了丰厚的税收收入，并具有长期增长的潜力。随后，渔业同国外的接触增多，容易接触到出口市场和获得重要的进口品，比如木材、捕鱼器械、船只和技术等。冰岛的经济规模较小，因此无论是从国外购买还是通过合资企业获得，都需要借助国外投资和国际市场。[①] 与北欧人的接触为渔业发展提供了良好的机遇，而王室却未能发展起分工明确的捕鱼业，这不能不说是一个谜团。我相信，解释王室和当地社会精英为什么会反对发展捕鱼业会涉及两个因素：冰岛在丹麦王国中的地位并不高；一旦冰岛和欧洲其他国家联合起来，就可能会对整个王国构成威胁。

王室不愿意投入大量的相应资源增强对遥远的冰岛的产权控制，这说明统治者是经过利弊权衡的，认为在冰岛实施强力控制所获得的边际利益不及于由此所带来的成本。所以，在若干个世纪中，斯堪的纳维亚的北欧渔船不像其他国家的船队那样会不定期地来往于冰岛水域，因为在北欧国

---

① 然而，当时渔船上的水手数量并不是足够多，但这并不能反映出冰岛当时较小社会规模所导致的一系列问题。

家附近就有丰富的渔业资源。丹麦王室不愿意对冰岛进行投资，反映出丹麦的低姿态，并给予冰岛相对独立的自主权。图 7 - 2 给出了 1700—1770 年丹麦与冰岛之间行政机构的图解。王室在冰岛并没有部署军队和警察，在冰岛的王室管理者仅有 30 人左右（不包括王室财产的监察员和教会服务人员，这些人是在新教徒宗教改革之后才为王室服务的）。直到 1770 年，即使是冰岛的管理者也住在哥本哈根。最后，冰岛只是在夏季的几个月中与外界保持着联系，但在一年中剩余的时间里基本上是与世隔绝的。[①]

王室采取的这种有限干预政策给了冰岛当地社会精英们相当大的自主权。直到 16 世纪，冰岛的统治者认为，王室不获得国会的同意就无法制定新的法律。同样，直到 1700 年左右，冰岛人才被允许通过自己的法庭设立关于一般问题的新的法律（Ó. Lárusson，1958，第 208 页）。总而言之，有限的干预政策意味着，除了解决一些基本问题之外，王室不愿意正面对抗当地的精英，比如主权问题等。

另一种解释是，因为王室采取有限干预的政策和不组织军队守卫，距离较远的领地就容易受到来自他国军队的入侵，所以丹麦的领导者十分担心别国对冰岛丰富的海上资源感兴趣。对于王室而言，冰岛人自发地与国际市场进行渔业合作开发，对其造成了潜在的威胁。在 15 世纪和 16 世纪哥本哈根暂时失去了对冰岛的统治权时候，统治者明确地采取了孤立冰岛的政策。在 1400 年左右，进入冰岛渔业的英国成为首个强行进入的外国势力。此时的英国受到了欧洲大陆对鱼干的大量需求的诱惑和船只技术进步的支持。[②] 在那个时代，英国在冰岛建立了沿海基地。根据英国在 1528 年的报道，当时在冰岛的英国船只有 149 艘，大部分都来自英国的东海岸；而到了

[①] 欧洲的殖民力量——比如大英帝国——对其海外领地的控制通常是比较严密的，依赖的是在当地雇用大量的代理管理者来加强管理。丹麦并没有采取英国的这种做法。1809 年发生的一件有趣的事就说明了当时丹麦王室的非正式统治依赖于与当地精英的合作。具有丹麦血统的冒险家乔根·乔根森（Jorgen Jorgenson）随着英国商船队抵达了冰岛，组织舰队试图通过控制丹麦官员来统治这个国家。与此同时，丹麦在英法大战之中和法国处于同一个联盟。乔根森宣称自己是冰岛之王，并毫无阻力地统治了冰岛达两个月之久。后来，一支英国海军舰队最终终止了乔根森的统治，随后他以记者和作家的身份在塔斯马尼亚度过了余生（Þorsteinsson and Jónsson，1991，第 261～264 页）。

[②] 新型的船只用双桅杆和多帆代替了单桅杆，成为了维京时代极具代表性的船只。由于有两个桅杆，因此船只具有了更强的机动性（Þorsteinsson，1976，第 9 页）。冰岛的历史对英国统治时期的记载较少，部分是因为当时丹麦和冰岛的档案和文献中极少涉及相关时期。最新关注的是，后来的历史学家本杰思·波斯特森（Björn Þorsteinsson）记载了关于英国资料文献的研究。

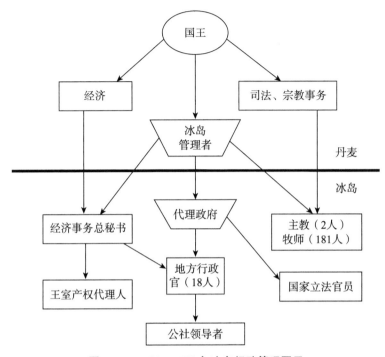

图 7 - 2　1700—1770 年冰岛行政管理图示

资料来源：Þorsteinsson 和 Jònsson（1991）。

1528 年，捕鱼船只达到 440 艘（Þorsteinsson，1976，第 49 页）。由于英国王室向捕鱼船队收取了较重的税负，因此冰岛的渔业对 15 世纪和 16 世纪早期的英国经济有着重要的影响（Þorsteinsson，1976，第 121～122 页）。对于冰岛居民来说，以前仅仅和卑尔根进行贸易，现在和英国的贸易使得他们能接触到更新、更有价值的市场。结果是冰岛的渔业部门得到了前所未有的扩张，而冰岛的经济也随之走向了繁荣。但是，这个时期也是以抢夺和暴力闻名的时期。[①]

　　位于哥本哈根的冰岛统治者花了 150 年的时间才完全摆脱英国入侵冰岛的局面。但王室还面临着来自其他方面的挑战：向英国捕鱼者出售捕鱼证的尝试失败了（Þorsteinsson，1976，第 121～122 页）；为了应对英国对丹

108

----

　　① 1423 年，英国的贸易商擒获丹麦国王在冰岛的最高代理人，并将之带到英国。1467 年，他们杀死丹麦国王在冰岛的代理人。在这一期间，一个英国人成为了冰岛北部地区的主教（Þorsteinsson and Jónsson，1991，第 149～177 页）。

麦海峡的封锁，限制英国在波罗的海的贸易；他们玩起了"人质游戏"，甚至为了使英国放弃对冰岛的控制，冰岛间接地向亨利八世提供贷款（Þorsteinsson，1991，第149～177页）。[①] 更为有效的是，位于哥本哈根的统治者体会到了同德国贸易的好处，特别是那些来自汉堡的德国人能同英国人在冰岛渔业资源上展开激烈的竞争。[②] 在16世纪，丹麦王室指派的德国官员来到冰岛，随后德国和英国在沿海的渔业基地上发生了一系列的冲突。当时，冰岛居民站在德国一边，因为德国提供了比英国更多有利的贸易条件。大约在1540年，英国失去了在冰岛主岛的最后一个基地；到1559年，丹麦在苏格兰人的协助下驱逐了英国在冰岛的西人岛上的控制势力。随着英国退出舞台，丹麦王室开始对汉堡商人采取行动，并在1554—1555年没收了他们在冰岛的财产，其中包括了他们和冰岛居民共同所有的45艘捕鱼船只，并以没收的船只组建了丹麦王室的新捕鱼船队。随着丹麦海军的逐渐强大，王室在1574年没收了30艘属于汉堡商人的远洋渔船。到了16世纪末期，丹麦君主重新获得了对冰岛的控制权（Þorsteinsson，1976；Þorsteinsson and Jónsson，1991，第149～177页）。

王室现在又面临着另一个困境：如何寻找一个成本最小但最为行之有效的方法保护冰岛周边的产权，同时又为能产生最大税收收入的强大经济提供所需的各种条件？然而，这两个目标是相互冲突的。经济在自由贸易的政策下才能较好地运行，这就必须允许冰岛居民和外国人合作。但是，15—16世纪发生的一系列事件，让哥本哈根的统治者意识到没有强大军队保护自由贸易，无疑意味着丹麦王室对冰岛统治的结束。因此，他们采取了折中的解决方案，这一方案导致冰岛走上经济衰退的道路，直至18世纪末。这个解决方案由以下四个部分组成：（1）整个冰岛和附近海域都限制非冰岛船只的进入；（2）王室对贸易权进行垄断，将部分贸易权租让给国内几个特定城市的商人；（3）采取各种手段阻止沿海城镇的发展，这样能有效阻止对外贸易的开展；（4）只有农民才被允许在沿海捕鱼。在16世纪中期，丹麦的统治当局（和冰岛居民有合作关系）彻底清理了外国捕鱼者在冰岛沿岸的利益。大约从1600年开始，丹麦人严禁冰岛居民同王国以外的人进行贸易。在1631年，丹麦王室宣布了排他性的冰岛捕鱼区域。就当

---

① 在1523年，丹麦克里斯蒂安二世为了保卫其君主地位，把冰岛作为阿姆斯特丹与英格兰之间借贷的间接担保物（Þorsteinsson and Jónsson，1991，第174页）。

② 由于他们是汉萨同盟的成员，汉堡商人可以在汉萨同盟的城市中自由行走。

时而言，北大西洋是一个开放的海域，很少有禁止通行的区域，但冰岛附近的海域是一个例外。然而，这样做的成本是很高昂的，丹麦对这种特权的维护能力不仅受到了很大的外界压力，而且还受到了本国财富的制约（Þorsteinsson，1976，第 119～130 页）。

丹麦对贸易的垄断从 1602 年开始一直到 1787 年。其间，制度安排发生了改变，但贸易权常被出租给丹麦国内的各个城市，不过大部分是租给哥本哈根商人，租期通常为六年。垄断时期可分为两个阶段，即 1759—1764 年和 1774—1787 年，王室家族直接参与贸易管理。垄断许可证的价值接近于贸易中鱼产品的价值，也就是说许可证的交易价格在以出口农产品为主的东北地区较低，而在靠近渔业基地的西南地区较高。对于丹麦人而言，进行农产品交易获利较少，因为农产品被人为地维持在很高的价格上，实际上这使得冰岛的那些捕鱼地区要补贴那些主要生产农产品的地区（Gunnarsson，1987，第 52 页）。①

在 16 世纪中期新教徒宗教改革期间，王室以地主的身份直接进入了渔业，获得了西南沿海地区有价值的资产。丹麦人适时地向冰岛派遣了一支军队，没收了修道士所拥有的土地，强制性地规定西南沿海地区的土地只能用于农业种植。随着宗教改革的硝烟散尽，王室也拥有百分之二十的耕地，并开始运作自己的小型捕鱼船队。②

丹麦王室似乎对自己所采取的这种折中策略非常满意。尽管从渔业的现代化、专业化和规模化中能获得更多的经济利益，但王室无意进行改革调整，反倒是当地社会精英们尝试了各种改革方法。这些偶然性的尝试使得农民有激励改良他们的船只和装备，对渔业的关注程度也有所提高。数个世纪中，冰岛海面上出现了来自英国、苏格兰、荷兰、德国、西班牙和法国的捕鱼船只。随着它们的贸易入侵及其与冰岛居民的违法交易，这些都持续地提醒着丹麦王室有必要对冰岛实行隔离政策，同时和冰岛当地社会精英保持良好的关系。

110

---

① 在 1971 年，艾尔斯（Aðils）对丹麦在冰岛的垄断贸易活动做了一个经典性的历史阐述。而关于其的权威解释，可以参见加纳森（Gunnarsson，1983），他对冰岛的经济历史进行了全新的解释。本章主要得益于加纳森的这一研究。加纳森估量了国王与商人从垄断贸易中所获得的收入。直到 1662 年，冰岛的贸易执照价格是很低的，而国王的收入主要来源于贸易的税收。1662 年之后，税收被废止，执照的价格上升到市场所能承受的范围。

② 国王在冰岛设置了代理人，这些代理人主要从农场和渔业中获得租金收入。

7.2.3 地主和劳动力市场的限制

丹麦的有限干预政策需要冰岛当地人民的合作。在冰岛，权力和土地所有权联系紧密，绝大多数的土地集中在少数人手里，如表 7-1、表 7-2 所示。在 1695 年，52％的农业土地归私人所有，教会占 32％，而王室占 16％。而私人所有的大部分土地都是由有权力的个人拥有的，例如在 18 世纪早期，81 个权贵拥有了全部私有土地总量的一半之多。[①]

表 7-1	根据所有者类型划分的土地所有权（％）		
年份	私人所有	教会所有	王室所有
1540—1550	53	45	2
1560	50	31	19
1695	52	32	16

资料来源：B. Lárusson，1967，第 60 页。

表 7-2	1700 年私人土地所有权分布表
所占百分比（％）	个体
18.36	最富有的 13 人
30.98	较富有的 68 人
50.66	剩余的 1 224 人

注：1700 年前后，私人拥有全部农场的 52.3％。

资料来源：Þorsteinsson and Jónsson，1991，第 231 页。

在前现代时期，几乎所有的农民都是佃户，他们在所居住的地方并没有自己的土地。佃户是可以流动的，在整个国家范围内可以自由地租用任意的农场。在 1703 年，全部 8 191 位居民中就有 96％是佃户（B. Lárusson，1967）。在前现代时期，冰岛的耕地是稀缺的，而从事农业生产的劳动人口相对固定在 6 000 人左右。18 世纪和 19 世纪早期，被雇用的劳动力数量相对较大，占总人口的 18％~24％。而且，劳动力非常廉价，即使是穷困的佃户有时也可以雇用一个或是更多的工人（Gunnarsson，1987，第 35 页）。而一年签订一次劳动合同成为当地的一种习惯，在合同期内雇主对雇工的福利负责。正如本书第 4 章中所阐述的那样，冰岛的非正式社会保障体系建立在 160 家公社的基础之上，这些公社具有自主权，也是整个国家行政管理

[①] 古代冰岛的土地（财富）分配是极为不公平的，比现代低收入国家的收入分配还要不公平。

的最小单位。当邻居或者是自己的远亲不能照顾自己时，贫困的个人可以向当地公社申请补助（Eggertsson，1998b）。

有两个问题使前现代时期的冰岛农民联合了起来。一个问题是逆向选择和道德风险降低社会保障系统的有效性，使得纳税人的财富流失。每一个农民应该对他或她的仆人负责，但相对独立的工人和渔民都尝试着去驾驭公社，从而成为具有战略意义的福利接受者（Gunnlaugsson，1988）。另一个问题是长期以来对于劳动力短缺（或者是劳动力成本上升的压力）的担心，这一问题到了 19 世纪下半叶都没能得到有效解决，而当时仆人与农民的比率相对较高（Magnusson，1985，第 240 页）。这两个问题使得冰岛经济中农业部门和渔业部门之间出现了紧张的状况。

农业部门劳动力的生产率较低，主要原因在于严酷的自然环境和原始的生产技术。然而，渔业部门劳动力的边际生产率相比较农业而言，要高出很多，并且增长潜力巨大。地主和佃户们认识到了专业化的渔业发展会吸引从事农业的工人，从而大量增加劳动力成本。的确，在 16 世纪英国和德国进入渔业的时候，当地农民就经历了这样的发展过程。农业种植向典型的传统家庭提供了一种仅仅能够维持其生存的方式。随着气温降低（"小冰河期"来临）、土质下降，农作物的产量也急剧下降。女仆人仅仅能获得一些食物、衣服和一个收容她们的场所，那些男仆人则可以获得一些额外的报酬（Thoroddsen，1921）。因此，对于那些农民来说，发展渔业是有巨大吸引力的。劳动力成本的上升使得原本拥有少量土地的佃户们纷纷破产。他们同样认为，这样会严重减少地主的财富。

然而，在贫困的国家中，饥荒容易成为一种地方病，忽视渔业发展的高机会成本是显而易见的。为了摆脱这个困境，冰岛居民发展出一种制度，它不仅允许农民利用业余时间进行近海的捕鱼活动，而且仍然对农业部门进行保护，同时也限制劳动市场的发展。该制度体系的目的是阻止渔业作为独立行业发展和与之相适应的贸易城镇出现。为了达到这一目的，所有的工人被要求住在农场里，独立的工资劳动者和从事非农业生产的家庭是不存在的。[①]

将冰岛居民限制在农业中的制度可以追溯到该国历史的开端，但是在

112

---

　　① 冰岛适合渔业捕捞的时间大部分是在冬季。在冬季，农场对劳动力的需求很少。对土地所有者而言，农场劳动力从农业转向渔业生产的边际成本是很小的。因此，对土地所有者而言，在冬季从事渔业的生产制度安排，是非常具有诱惑力的。

15 世纪相关规则被赋予了新的含义，而且加大了执行的力度。当时，农场的仆人聚集到海岸从事捕鱼业，为在冰岛过冬的英国和德国商人工作。其后，各种排外性质的措施纷纷出台，但效果往往差强人意。[①] 比如，在 1480 年，冰岛的统治者写信给当时的国王，抱怨外国人在当地建立了沿海领地，并雇用当地的农民从事渔业生产。这一时期的关键管制条例是由统治者海宁于 1490 年制定的，这一条例一直影响到现在。该条例禁止外国人在冰岛过冬，除非遇到紧急情况；佃农如果没有达到最低财富要求而从事渔业生产的话将被放逐；其余的人只能以农民或者是农仆的身份从事渔业（Thoroddsen，1921，第 299～301 页）。这种限制措施在接下来的前现代时期内依然有效，当地法院经常会对工人身份进行重复确认，但力度会随着时间和地区的不同而有所不同。[②]

政府当局特别抑制人口流动。合法的流动人口在当时的确是存在的，但是他们需要符合一定的财富标准才能成为流动人口，这一标准通常是普通农民财富的三倍或三倍以上。在 1783—1863 年，这种政策变得更为严厉，在当时人口流动都是非法的（Gunnarsson，1987，第 32～33 页）。

读者或许会问，政府当局的组织性或正式执行力相对较弱，大多数的冰岛居民为什么还是愿意忍受这些类似奴隶制的措施呢？在这里，主要有两个原因使得冰岛居民缺乏反抗意识：地方上的孤立与国际上的孤立。普通的民众很少有机会聚到一起，更谈不上组织起来反对这些统治者。除了一些交易地点之外，冰岛在当地几乎没有城镇或村庄。即便农场也是分散的，彼此间路途遥远，而且没有道路，不便于人们出门活动。实际上，公众也没有可流动的资源，比如货币，而且贸易也受到严格的控制。在丹麦垄断贸易时期，冰岛整个国家被封闭起来，仅在夏季才进行少量对外贸易。那些想离开冰岛前往欧洲的人，并没有太大的选择余地。他们必须获得与丹麦商人同航的许可证，或者非法地和其他国家的捕鱼船只一同出海。如此一来，冰岛居民大量移民欧洲是不太现实的。

有不少法院证据表明，这些限制并没有消除长期以来渔业与农业两个部门之间的激烈竞争。农业公社感受到了来自劳动力成本上升的压力，并

---

① 联邦法律第 930～1262 条规定，在农民公社能够保证其生活水平的前提下，家庭只能从事农业活动（Karlsson，Sveinsson and Árnason，1992，第 104 页）。

② 在 1994 年，Á. Jónsson 对古代冰岛经济体系做了一段非常精彩的分析，讨论了农业与渔业、经济调控、贸易体系以及价格之间的相互关系。

想方设法缓解这种压力。当渔业的吸引力变强的时候，法院重申劳动力市场的规则，政府当局加大管理力度。对渔民的那些新的激励机制，被视为对整个体系的威胁而被禁止。比如，在 16 世纪和 17 世纪，西部地区法院曾不止一次地规定，建立对渔民的激励体系是违法的。根据规定，那些渔民大部分的身份都是农仆，他们利用一种特殊的、带有一排鱼钩的长鱼线捕鱼（L. Kristjánsson，1980—1986，第 3 卷，第 311～312 页）。农业公社也注意到了捕鱼技术的进步和渔业生产率的不断提高会颠覆原有农业和渔业之间固有的平衡。事实上，拥有土地的人们不赞成发展由英国渔民引入的那些捕鱼技术。在 1578 年和 1586 年，国会规定在主要的捕鱼季节利用排钩技术钓鱼是非法的。在一封保存下来的 1581 年的信件中，作者描述了那些有地位的农业代表向国王及其代理者抱怨在某些地方存在着利用排钩钓鱼的现象。他们给出的一个理由则是，农仆更愿意在捕鱼基地里从事利用排钩捕鱼的活动，这样便使农业劳动力大量流失，从而造成农业劳动力短缺（L. Kristjánsson，1980—1986，第 3 卷，第 429～431 页）。

最后，人为地限制鱼产品的价格将会使得投资渔业的资金匮乏。在丹麦垄断贸易时期，冰岛的进出口价格是王室根据冰岛国内的交易价格制定的。王室显然是利用了冰岛国内的传统价格结构，对那些很有价值的出口品设定了较低的购买价格。这就形成了世界鱼产品价格和冰岛购买价格之间的巨大差价，从而增加了王室出售的对外贸易许可证的价值，但同时也不利于当地居民对渔业的长期投资。一些可靠的资料表明，在贸易垄断时期，鱼产品的贸易量是下降的，尽管还有其他的因素导致这样的下降（Gunnarsson，1983，第 52～54 页；Þorsteinsson，1991，第 232～233 页）。在 18 世纪的最后 25 年里，当丹麦王室想努力恢复冰岛经济的时候，其所采取的改革的核心内容就是提高鱼产品的相对价格。

7.2.4 再评案例

我们的论题是殖民统治是维持均衡陷阱的重要因素，而均衡陷阱造成了冰岛经济长期在低水平上徘徊。如果没有殖民统治的因素，本地的某些障碍因素虽然会提高进入渔业的成本，但绝不会阻止渔业作为独立产业形成和发展。

为了发展，冰岛整个渔业必须冲破受限制的国内市场，并在欧洲其他地区寻找出路——比如英国、德国，或者是南欧各国。对一个想通过专业

114

化实现鱼产品出口的地主来说，当时冰岛的制度无疑为其设置了很多障碍。法律规定船只的所有者必须从事农业生产，以此将所有劳动力束缚在农业生产上。但这些法规显然没有被西南地区的渔业公社完全遵守，在那里，一些人仅仅在名义上从事农业生产。主要捕鱼区域的劳动力不能自给自足，需要从其他地区输入一些季节性的工人，劳动力的迁移和当地农业财富的多少有着相反的关系。针对这些现象，法律规定即使雇工迁移至其他地方居住，雇主个人仍要对他们所雇用的永久性劳工的福利待遇负责任。

劳动力市场上所设置的壁垒是不可被低估的。1776—1787 年是丹麦王室直接管理下的贸易垄断时期，王室在冰岛海域建立一支"现代化"的捕鱼船队的尝试却遭遇失败。部分公司的董事将其归咎于冰岛劳动力短缺以及其对创新技术的遏制（Gunnarsson，1983，第 184～98 页，第 253 页）。但是，还有其他的原因使得那些公司的董事日子不好过，其中最臭名昭著的是米斯特大饥荒（1783—1786 年），当时有 20％的冰岛居民饿死。在美国大革命（1783 年）结束以后，美国进入了欧洲的渔业市场，这使得欧洲鱼产品价格大幅下跌。然而，劳动力市场的壁垒并不低。有历史证据表明，在 15 世纪和 16 世纪需求带动了渔业部门的繁荣，同样在 19 世纪后期也克服了严格限制劳动力市场的制度的不良影响。

115 另一个阻碍来自货币和信用方面，它约束了企业家的预期。重要的是，当地经济中没有法定的货币，同时整个国家还没有成立一个正式的信用组织。对外贸易可以给出口者带来接触更多成熟的信用和交易机制的机会，而冰岛当地的企业家也可以从一开始就通过出口鱼类及其他产品获得更先进的设备。在这样的背景下，对大型远洋船只的价格与外国市场上鱼产品的价格进行比较，就显得非常有意义。波斯特森（Þorsteinsson，1976，第 67～69 页）曾考察了 16 世纪前半个世纪从荷兰双桅渔船上保留下来的账本，发现一船鱼的价值大致上等于双桅渔船总价值的 40％～80％，其中已加上了劳动力成本和运行成本。换言之，一个来自英国的幸运投资者只要去冰岛捕鱼一趟就可以收回投资在渔船上的全部成本，这至少在那个鱼产品价格不菲的年代里是绝对可信的。

建立现代渔业的机遇，在冰岛各个地主之间也是不尽相同的。对于那些接触过国际社会和拥有捕鱼经历的地主来说，机会就相对较大。根据博弈论的推论，在一个开放的经济环境中，采取从地主联盟中脱离出来的策略对渔业的发展是有利的。作为唯一脱离出来的地主，他选择进入渔业，可以忽视土地价格下降和劳动力成本上升所带来的双重压力（因为个人的行为通常不会引起市场上的显著变化）。如果有很多地主从地主联盟中脱离出来的话，这就得看在这些地主中谁具有敢为天下先的魄力。在这一博弈中，当地主认为大规模进入渔业会危害农业部门的时候，单个背离者就会得到更多的、来自渔业的私人利益。

　　冰岛有两个资源丰富的海域，即斯卡尔霍特（Skálholt）和霍尔（Hólar）。有证据表明，冰岛曾经尝试过摆脱外界的控制。在上述两个地区中，有远洋船只和大量的捕鱼船只。在 1576 年，霍尔的主教向汉堡商人购买了一艘大型船只，随后获得了在冰岛北部进行贸易和出海的权利。一些地主以维护王室地位的名义，向国会最高法院写了一封信，信中指控霍尔的主教极为贪婪，企图将私人利益凌驾于整体利益之上，并损害统治阶层的利益。[①]

　　从地主联盟中脱离出来并克服劳动力市场的壁垒，仅仅是发展先进渔业的第一步。要进一步发展出口产业，就必须与外国打交道，同时获得原料投入和产品产出的生产条件。由此也就产生了两个本质问题：（1）冰岛居民愿不愿意发挥其渔业的相对优势？（2）他们能否在外国开拓产品市场？

　　先考虑第一个问题，靠近海洋的渔业资源为其发展创造了良好条件，冰岛人完全可以以此为基础在附近的陆地上建立起渔业基地。在历史上，外国渔民在进入冰岛附近的海滩上花了相当多的心思，但是孤立的政策使他们举步维艰。英国在新建立的渔业基地中配置了相当数量的物资储备。[②]有证据显示，1855—1856 年间，法国人也尝试在冰岛的西南部海岸定居，这证明了在渔场附近建立一个基地的重要性。[③]最后，在 20 世纪，这些区域对冰岛的经济发展贡献很大，鱼类产品的出口带动了经济增长，使得当地居民的生活条件比斯堪的纳维亚半岛的国家要好得多。

---

　　①　即使得知渔船在海上失踪的消息，国王也会视而不见（Thoroddsen，1924，第 74 页）。到 17 世纪，主教就不再拥有至高无上的权力了。

　　②　约翰·卡伯特（John Cabot）在 1497 年出航，于当年 12 月到达意大利，发现英国对冰岛的鱼并无额外的需求，这种鱼在冰岛被称为鳕鱼干（Mitchell，1977，第 155 页）。但是，美洲新大陆的发现并未结束英格兰对冰岛渔业的控制。在新大陆，英国人最初压制农业的发展，仅仅允许小作坊从事农业生产，这项规定可以反映出英国是现代化之前对殖民地农业进行控制的典范。

　　③　在 1855 年冰岛引入自由贸易的时候，法国要求得到一块陆地作为基地。为了表明其诚意，法国派遣王子杰罗姆·拿破仑（Jerome Napoleon）［巴拿马·拿破仑（Napoleon Bonaparte）的侄子］出使冰岛，但是，冰岛拒绝了这项请求（Þorsteinsson，1976，第 147～154 页）。

116

再考虑到一个违反事实的问题：如果没有王室的贸易垄断和相关的殖民政策，特别是让冰岛参与到国际市场之中去，那么冰岛的经济又会是如何一番景致呢？实际上，这是一个非常复杂的问题。在 15 世纪，世界市场随着英国渔民和商人的到来而逐步向冰岛开放，各种各样的合作（冲突）也随之产生。率先强调贸易并在欧洲中部做冰岛高品质特产生意的是汉堡商人，随后效仿的是英国人。荷兰人在失去了北美的殖民地之后，也开始对冰岛的渔业资源和贸易产生了前所未有的兴趣，以弥补了在欧洲战争中失去的市场。在冰岛的丹麦垄断商人仅仅向自己国内出售一半的鱼，但受合约的规定要向汉堡和阿姆斯特丹地区的市场出售高质量的鱼产品，后来同样也要向中欧某些地区出售鱼类产品。而在 18 世纪后期，丹麦商人又进入了南欧的市场，这些市场成为 19 世纪冰岛鱼产品的主要出口市场。

简而言之，冰岛居民有着很多潜在的合作者，但丹麦王室通过孤立政策和垄断贸易政策阻止了这种合作的继续，剩下的就只有一些暂时性的非法交易。在理想的条件下，哥本哈根商人并不是冰岛在渔业上的合适的合作者，因为它的主要领导者在 1787 年曾帮助丹麦统治者限制公开贸易，并且与外国的其他参与者有着密切联系：

> 那些外国商人无权以比丹麦王室制定的价格更低的价格将产品卖给冰岛居民，但是来自冰岛渔业的诱人利润使他们拒绝接受这样的贸易条件。如果继续允许居民和外国人接触，那么王室将会难以忍受这种情况（Gunnarsson，1983，第 149 页）。

丹麦商人同样也在不理想的条件下经营。从长期来看，这种制度框架造成了对丹麦人和冰岛人的不正当的激励。由于垄断造成了鱼类产品的低价格，因此冰岛居民对于投资更好的设备和增加产量缺乏动力。商人不愿意进行投资的原因如下：（1）回报大部分通过出口许可证和税收归王室所有；（2）有效期为六年的许可证更新具有一定的不确定性；（3）法律规定，丹麦商人禁止参与渔业生产。

直到垄断时期的最后几年，冰岛商人并没有属于自己的船只，仍然只是租用，部分船只也是用于生活或是在夏季用于储存物资。自然也不会有商人为了商品的国际营销而投入大量资金。他们进行贸易依靠的是中介，大部分中介是来自汉堡和阿姆斯特丹的商人。只有到了最后，当王室决定直接参与贸易垄断管理的时候，我们确实看到了大量的资金投资于船只、住房、贮藏设施和开拓市场（Gunnarsson，1987）。

然而，那些已经开化的当地社会精英为什么不去说服王室改变其统治政策呢？正如我在下一节中所猜测的那样，一部分冰岛居民希望有一个开放和现代化的经济环境，但他们仅仅是少数。19 世纪的一系列声明及决议可以说明当时大部分的冰岛居民还是支持各种对渔业发展采取限制的政策。[①] 我认为，那些社会精英只关注部分社会模式，并没有注意到潜在的一般均衡结果。我将这部分的讨论放在了本章的总结部分。

不完整的前现代时期的社会体系和独立的渔业产业演化过程都期待着王室在统治政策上的变革，这是一种足以打破冰岛传统社会均衡的推动力。制度变迁将引领现代社会的发展，这个话题涵盖的内容比较多，我将在下一部分中简要地阐述。 `118`

7.3　博弈的阐释

7.3.1　传统体系的瓦解

在 19 世纪的最后 25 年间，初始的城市化和现代渔业使得冰岛前现代时期的社会体系不能有效运行。而产生这一后果的种子，在几百年前就早已埋下。在 19 世纪前半个世纪，虽然降低进入壁垒和拓展冰岛渔业对丹麦王室和哥本哈根的经济发展有重要的意义，但它们并未尽全力去尝试。然而，冰岛处于偏远之地，而且王室采取有限的干预政策，使得王室的统治意志不能很好地传达给冰岛当地的社会精英。

在 1701 年，王室允许丹麦商人获得在冰岛冬季的贸易垄断权，但遭到冰岛当地管理者的坚决反对。结果，在 1706 年王室做出了让步，否决了这一提议。当年的贸易宪章申明，"商人在冰岛不允许拥有任何船只或者雇用任何劳动力从事渔业生产，也不允许进入沿海捕鱼区域中的任何航线"（Gunnarsson，1983，第 24 页）。在 1759 年，王室仅允许一个商队在冰岛过冬。1763 年的贸易宪章规定，允许商人在冰岛地区常年居住，但仍禁止雇

---

① 大部分的冰岛人并未直接从事渔业。在 1703 年，冰岛产业的独占性结构特征表明，69％的冰岛人仅从事农业，15％的冰岛人（大部分在东北地区）从事农业与渔业，但在干草丰收的夏季，渔业的发展会受到限制，而剩下的 16％的冰岛人从事农业，并且在冬季从事渔业（Magnússon，1985，第 37～39 页）。

用劳工进行渔业生产（Gunnarsson，1983，第 24 页）。根据 1762 年颁布的法令，哥本哈根可以任命驻冰岛的渔业特别观察员，为冰岛收集有关捕鱼数量的统计数据，内陆地区的农民不得向渔业基地购买鱼产品。冰岛的地方官员和其他一部分人从 1762 年开始就反对这一法令，于是王室在 1763 年取消了这种管制（Gustafsson，1981）。在这一实例中，这些措施是不切实际的，因为鱼是冰岛人日常饮食中的主食，但现实中许多农民连接近海洋的机会都没有。尽管有很多疑问存在，但证据还是反映在制度变迁之中。哥本哈根的管理者对冰岛的社会精英是相当敏感的，特别是对地方官员，而地方官员通常是那些冰岛富有的地主阶级（Gustafsson，1985）。

119　　大约在 1770 年，王室改变了自身的策略并且更加坚定地进行经济改革。由于孤立政策和垄断贸易的影响，事实上冰岛社会已处于崩溃状态，这是运用新方法进行解释的重要方面。哥本哈根非常清楚地认识到，冰岛社会被孤立政策和有限干预弱化了，缺乏抵御寒冷和自然灾害（特别是火山爆发和传染病）的物质储备，灾后恢复能力较弱，这是造成人口危机的主要原因之一。哥本哈根考虑的是将冰岛居民全部或者部分迁离冰岛（Kristjansson，1977）。

　　在 1770 年和 1785 年，王室两次授意王室代理人对冰岛经济进行一系列研究，以便对经济改革提出建议。王室代理人特别关注渔业，18 世纪后期一些重大的改革都是基于他们的建议进行的（Jóhannesson，1950）。1770 年，冰岛管理者的办公地点由哥本哈根移到了冰岛；1771—1772 年，王室为了获得挪威的船只建造工人和建造 80 艘船只所需的木材，对垄断贸易公司进行补贴；1776 年，王室正式接管了贸易的直接管理权，开始为船队更换甲板，以便冰岛渔民引进先进的捕鱼技术（Jóhannesson，1950，第 265～267 页）。在 1787 年，王室废除了贸易垄断，允许王国和冰岛进行全面的贸易活动，商人被允许雇用冰岛居民从事渔业生产，但是与其他各国的自由贸易到了 1855 年才被许可（Torteinsson，1991，第 256～260 页）。但贸易限制的取消使得鱼产品价格上升，进一步加剧了欧洲的食物短缺（Jóhannesson，1950，第 230 页）。最后，根据王室代理人的建议，王室在冰岛建立了一些城镇，并对选择居住在其中的商人及工匠提供补贴和免税待遇（Jóhannesson，1950，第 223 页）。

　　18 世纪的灾难不仅使得王室大为震惊，而且使得冰岛居民大为震动。一部分现代主义者，包括在哥本哈根殖民统治下成长起来的一些知识分子，

为冰岛经济的自由做出了不懈努力，并游说王室采取应对措施。然而，知 120
识分子中的现代主义者毕竟还是少数。例如早在 1757 年和 1767 年，冰岛知
识分子、企业家和王室事务秘书长苏库里·曼格努森（Skuli Magnusson）
就提出了结束冰岛的贸易垄断的建议，但并没有被当时的冰岛政要所采纳
（Jóhannesson，1950，第 209～211 页）。[①] 在 1781 年，人们支持经济自由化
的热情远没有鼓吹推行内部通行证的热情高涨，这种通行证可以使当地居
民拥有跨越地界的权利（Kristjansson，1980—1986，第 2 卷，第 393 页）。
两年之后，一项小范围、有限制、但对各类独立劳工构成威胁的举措出台，
要求他们在六个月之内找到一份务农的工作。这项禁令到了 1863 年一直发
挥着作用（Thoroddsen，1921，第 342～344 页）。让我们再回顾一下，那
些反对经济开放和另外一些改革措施的冰岛当地统治者被认为是不理性的，
同时也留下另一个问题：这种反对是自发形成的，还是丹麦统治者所强加
的？然而，有证据显示，那些统治者仅仅是出于自己的利益考虑而已。

7.3.2　人口压力和制度变迁的动态学

在冰岛的动态制度变迁中，从 18 世纪后期的改革一直到 100 年后的现
代渔业的出现是一个相当复杂的过程。在分析这一过程时，人口统计学起
到了相当大的作用。[②] 图 7-3 表明，18 世纪开始时，冰岛有 50 000 人口，
但到了 1789 年人口下降为不足 41 000 人。接下来，支持人口增长的因素开
始起作用。1801 年人口达到了 47 000 人，1859 年达到了 59 000 人，1880
年时已达到 72 000 人。生活条件的改善和快速的人口增长部分与各种国内
渔业改革有关。事实上，在 19 世纪的第一个 40 年间，冰岛鱼类产品的出口
量提高了近四倍。为了应对 18 世纪出现的崩溃局面，王室未将改革停留在
渔业上，还对农业进行了各种彻底的改革，比如设置围栏和对产权进行重
组，包括将教会和王室所有的土地出售给私人（Jóhannesson，1950；
G. Jónsson，1991）。这些农业改革帮助整个国家养活了如此众多的人，但
冰岛当局严重忽视了一点，那就是改革仍是在原有的制度框架中进行的， 121

---

① 在 18 世纪 50 年代，苏库里·曼格努森（Skúli Magnússon）从国王那里获得了金融资助，
企图在雷克雅维克开办轻工业，并采用有甲板的船只实施渔业操作。但是，这项活动最后还是落空
了，部分是由于遭到了垄断贸易商人的反对，因为他们认为自己的传统领域受到了侵犯。

② 20 世纪末，一些有意义的转型经济学新研究不断产生，比如 Magúnson（1985）、
Gunnlaugsson（1988）、A. Kristjánsson 和 Gunnlaugsson（1990）、Hálfdanarson（1991）、G. Jónsson
（1991）等。

并没有形成人力资源的自由流动。

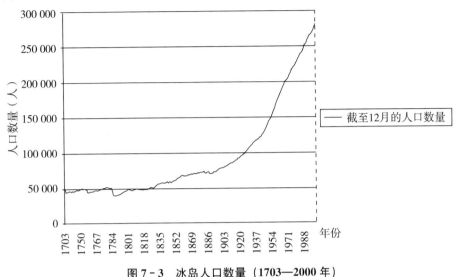

图 7 - 3 冰岛人口数量（1703—2000 年）

资料来源：冰岛统计局。

受到拿破仑战争的灾难性影响，哥本哈根并没有直接对冰岛地主为了自身利益而抵制改革的行为做出响应。比如，在 1808 年，哥本哈根的皇家金融局声称，"在未来，将不允许有人定居在海岸，除非他可以证明拥有自己的或租来的房子，并有足够养一头牛或者六只母羊"的土地（转引自Hálfdanarson，1991，第 67 页）。

直到 19 世纪最后几十年，农村劳动市场的束缚虽然减少得不是很多，但并没阻止其在沿海地区的城市社区的发展。例如，在 1801 年有 0.6% 的人口生活在雷克雅维克地区，它是整个国家的城市中心。但是，市区人口在 1850 年只增长了 2%，这一数据在 1880 年也只有 3.5%。然而，到了 1930 年，禁止城市化的规定被取消了，有四分之一的人口在雷克雅维克地区居住。19 世纪冰岛农业人口的快速增加对农业社区造成了很大的压力。管理者采取了分割现有的农地、在狭小的土地上建立农场，以及增加农仆在农业家庭中的比重等办法。劳动市场上的非正式制度禁止农仆通婚，这导致了未婚男女的数量大幅度上升（Gunnlaugsson，1988，第 108～118 页）。

在 19 世纪最后四分之一个世纪中，各种障碍因素都趋于瓦解。季节性的严寒交替对那些细分的小型农场是个灾难。不过，如今的冰岛人有了全新的选择：他们可以用自己的脚投票。就在那段时期内，有 15 000 人——大约占总人口的 20%——纷纷离开了该国，大部分都去了南美洲。其他一些无视禁止劳动力流动法规的人，也流向了城镇。虽然整个传统体系经历了巨变，但部分残余的正式制度结构仍然留存了下来。历史学家认为，冰岛的渔业大约出现在 1870 年，但冰岛国会最终取消劳动力限制是在 1894 年，而取消对农仆的限制则是在 1907 年。

本章强调了一个困惑：为什么一个存在了近千年并在其附近海域拥有世界上最丰富渔业资源的岛国，直到 19 世纪末还没有发展出独立的渔业，而仍然以低产出的亚北极区农业作为其优先发展对象，从而时常遭受极度贫困和饥荒灾害？从 1400 年开始，欧洲一些国家组织起庞大的捕鱼船队，冰岛居民却将渔业视为副业，主要用低劣的技术和小型船只捕鱼。冰岛相对落后，人口稀少且孤立无援，当地的企业家需要在国际市场上与外国商人和金融家进行合作开发，以获得高质量的要素投入和资金支持。整个国家是丹麦—挪威王国的一个属国，双方本应在这些方面进行广泛的合作。

本章的主要观点是冰岛长期处于不利的均衡陷阱之中，有着来自国内外的各种原因。进一步的探讨发现并不只是独立的国内原因造成了冰岛当时的状况。内部原因是与地主和农民自身的经济利益相关的。他们害怕他们发展出高产量的渔业之后会使得农业劳动力成本上升，降低土地的价值。因此，发展出一种折中的方式，将劳动力紧紧地与土地捆绑在一起，仅允许农民和农仆在农闲期（特别是在冬天）进行捕鱼活动。这样的制度安排，为防止农业的周期性倒退提供了一种适度的保障。但是仍有可能存在一些具有企业家精神的冰岛人会反对当地地主势力的利益，融入国外的势力，并进入特殊的捕鱼产业。然而，均衡陷阱的外部因素极大地制约了那些现有制度的潜在背离者。

丹麦王室采取的是孤立政策，以减弱外国势力对冰岛的影响。它对那些在冰岛和丹麦之间进行贸易的商人收税，并向王国中的各个城市出售贸易垄断权。参与垄断贸易的丹麦商人被禁止参与冰岛的捕鱼产业，他们甚至不具有在冰岛过冬的权利。丹麦在冰岛不投资建立永久的军事设施，依靠的仅仅是一小部分行政管理者，通常是当地的地主们。冰岛整个国家并没有军队或者警察势力存在。

丹麦王国对冰岛的有限干预和孤立的政策部分是基于 15—16 世纪的经验产生的。当时，丹麦对冰岛软弱的统治能力和有利可图的渔业使得英国

123

和后来的德国纷纷闯入冰岛。同样，即使在英国—德国时期，许多当地政策也企图让劳动力留在土地上，以阻止当时海岸渔业团体的发展。在贸易垄断体系中，冰岛的社会精英们从土地中获得了很多的利益。然而，王室从空闲期的渔业生产中获得了更多的利益（Gunnarsson，1987，第 47~49页）。相对于其他外国市场，鱼类产品的价格被人为地控制得很低，但农产品价格却相对公平。

王室追求两大相互矛盾的目标：最大化从渔业中（从殖民统治中）获得的利益与确保得到当地地主阶级的拥护。然而，地主阶级是反对生产率提高和渔业发展的。这样的结果造就了当时原始的、低产出的和非专业化的渔业。地主阶级反对高效发展的渔业是基于一个不完全竞争的局部均衡模型。他们关注的仅仅是由劳动力投入的预期机会成本上升所引起的不良供给效应，却没有考虑到由渔业发展和国民收入增加所带动的农产品需求上涨这一积极的需求效应。[①] 现代经济学家考察这个问题时往往会借助一般均衡模型进行分析。他们会考虑生产可能性边界的变化和农业部门的需求曲线的变化（有负的替代效应和正的收入效应）、冰岛新农地的稀缺性、对大多数农产品进口的自然保护。[②] 没有通过经验实证研究，现代分析是不敢对社会结构变动是否会影响地主的财富做出判断的。然而，正的需求效应相对于负的供给效应至少是减少了损失并增加了获得净利润的可能性。很显然，一般均衡模型不是冰岛地主分析问题的主要工具。

冰岛的经济参与人为规避前现代体系带来的各种负面影响的边际限制采取过各种措施，但收益甚微。特别是当欧洲大陆的战争使得丹麦忙于国内事务的时候，冰岛居民和外国渔民间的小规模非法交易确实存在。[③] 一些生活在主要捕鱼区的农民出于对家庭福利的考虑，在西南部建立了他们的家园，主要从事的是捕鱼业，而不再是农业。但是，较高的交易成本和孤

---

① 土地所有者曾认为渔业作为一个有效的出口产业，以及渔业所参与的国际契约，能够给垂死挣扎的农业带来新的投资和新的技术，但这一设想是不可能实现的。

② 举例来说，McCloskey（1985，第 167~170 页）运用一般均衡分析工具研究了 1730—1750年有利于英国农业生产的天气是如何影响生产者的产出的。其中所涉及的问题是农业生产力短暂性的上升，是促进还是阻碍工业变革。由于不能明确影响究竟如何，因此正式的分析并不能解决问题。经验研究表明，净效应是非常微弱的。

③ 举例来说，在 1740 年左右，为了阻止冰岛人与荷兰的非法贸易，丹麦海军调查了荷兰驶离冰岛的小船，发现荷兰在夏季向冰岛北方地区的农民购买了羊毛（Gunnarsson，1987，第 71~72页）。

立无援的局面阻碍了渔业的发展。[①]

　　18 世纪，丹麦决心对冰岛日益恶化的条件做出响应，修正孤立政策和贸易垄断政策。向新经济体系转型的缓慢过程是基于独立且具有专业劳动力的渔业的发展的基础之上，这种转变整整持续了一个世纪之久。经济力量逐渐克服了劳动力市场上的严格管制所带来的各种困难，这些困难只有当管制制度变得陈旧不堪时，才会被正式废除。那些破坏现状的经济行为人并不懂得结构变迁过程中的精巧社会模式。但是，他们会发现自己处在这样一个环境之中：追求个人所得的同时，也创造了长期的经济增长。

———————————

　　[①]　Á. Jónsson（1994）曾指出，受劳动力市场的约束，经营者用劳动力代替资金，小小的渔船承载了许多工作人员，使得渔业的劳动力相对价格较低（实际上，在冬季农场劳动力提供的是免费服务）。因此，价格结构促进了贫困陷阱的形成。但是，在 19 世纪，丹麦与冰岛进行自由贸易的时候，即使劳动力市场的限制大部分保持不变，冰岛渔业的现代化仍在逐步形成。

第三部分

制度性政策

第*8*章　社会技术的运用：来自旧经济政策理论的经验教训[*]

　　理论经济学家忽视社会制度的重要性的问题已经存在了长达几十年之久。直到 20 世纪 80 年代，他们才重新发现了这一问题，并且找到了能够分析这一问题的有效办法。在本书的第一部分，我已经回顾了相关的理论，这些理论已经在新制度经济学中得到了相当广泛的讨论。其中，特别引起我兴趣的是已为我们所知的不完美的制度和经济衰退。学术性的研究文献最初集中讨论制度的起源和功能，但可能由于改革者或者政策制定者所起的推动作用，同时再加上世界上不同国家、不同地区在转型过程中出现了众多始料未及的问题，因此研究者们近期已把注意力转移至制度性政策方面。罗兰

---

[*]　本章内容主要根据埃格特森（Eggertsson，1997a，1998a，1999）整理而成。

(Ronald) 在《转型和经济学：政府、市场和企业》（*Transition and Economics*：*Politics*，*Markets*，*and Firms*）一书中提供了一个非同凡响的典型例子。在这一研究中，他对制度转型做了一个非常严密的分析，从而挑战了所谓的"华盛顿共识"。同时，他还挑战了另一个传统信念：在价格管制被解除，并引入宏观经济稳定政策之后，市场制度总是会毫无例外地出现在非市场经济体中。

建立制度性政策方面的规范理论，其目的是设计各种战略来修复已经失调的制度环境。尽管不同的制度性政策在本质上有显著差异，但是在宏观经济政策和经济计划方面却有一个共同的特点：两者的研究领域关注的都是经济活动的一般环境（在制度性政策的案例中，不仅仅是国家或者国际环境，同样也包括不同地区的行业环境，甚至是组织环境）。无论是失业和通货膨胀，还是产业衰退和经济萧条，宏观经济学和制度经济学都有强烈的兴趣去解释这些经济现象。然而，与新制度主义不同，宏观经济学迅速发展了一个明确的政策观点。现代宏观经济学的崛起是以凯恩斯的《就业、利息和货币通论》（*General Theory of Employment*，*Interest*，*and Money*，以下简称《通论》）一书的出版为开端的，该书在本质上是凯恩斯对经济大萧条的一种尝试性理解。从此以后，凯恩斯主义者开始把政策问题推向理论前沿。

在本书第 1 章中，整个理论部分是从讨论现代经济增长理论及其演变开始时，经济增长理论的发展可以分为三个阶段；然后，在第 2 章中，我详细说明了制度增长理论所扮演的角色，并把它限制在一定的适用范围之内。相似地，我将通过讨论宏观经济计划以及三大理论分支——凯恩斯宏观经济学、理性选择宏观经济学和有限理性宏观经济学——如何为政策制定提供新视角，开始本书的政策章节。对宏观经济政策的批判性讨论，目的是从制度性政策中得出教训，并以此比较两种不同形式的政策。从这些关于经济政策的理论当中，宏观经济政策的先驱者们不断寻找并发展出相应的研究纲领。根据凯恩斯的宏观经济学，最初的经济政策理论试图使用数学决策理论的逻辑思路来设计宏观经济政策的战略。在本书接下来的章节中，我将介绍旧经济政策理论的基本成分和关注点，而随后的两部分将简要阐述宏观经济学的演化是如何在政策方面创造出新观点的，包括通过使用新的策略和缩小计划者的选择空间等。制度性政策实践者从半个多世纪的宏观经济计划中所学到了许多知识，本章将对这些知识进行一般性的概括分析，并最终得出相应的结论。

8.1 旧经济政策理论：基本要素

旧经济政策理论的主要代表是挪威经济学家拉格纳·弗里希（Ragnar Frisch）和荷兰经济学家简·丁伯根（Jan Tinbergen）的著作。他们都受到凯恩斯经济学的影响，并在该领域作出了重要贡献，从而获得了第一届诺贝尔经济学奖。[①] 丁伯根（Tinbergen，1956）的古典研究《经济政策：理论和设计》（*Economic Policy：Theory and Design*）一书大大地加深了经济学家对隐藏在他们著作中的政策含义的思考。大多数的学术文献和相关研究并没有提出新的经济理论，也没有很明显地去评价经济学学科的现状。但是，它们都在不同程度上作出了相应的贡献。丁伯根的决策模型对系统分析非常有帮助，而他提出该模型的目的则是为了描述经济学知识是如何被组织，进而用来规范和指导经济体系的。经济政策理论在经济体系结构方面运用了一般性假设，其目的是得出最优政策设计的不同规则，而为了描述方便，该理论同样引用了特定的经济理论。

经济政策理论出现于人们对社会工程学寄予极大预期的时代，它反映出了福利经济学（Bergson，1938；Samuelson，1947，第八章）、凯恩斯革命、发展经济学新领域（Kindleberger，1958）和中央计划文献（Johansen，1977）的希望所在。丁伯根、弗里希和其他早期理论的贡献者都意识到政策目标是由政策力量塑造的，而且政策通常受到不确定性因素的支配。因此，他们并不强调其他类似的复杂因素，同时经济学专业人员最初采纳的是丁伯根的机械主义理论框架。20 世纪五六十年代，不管是内生的还是外生的，主流政策研究通常会做出以下假设：

（1）经济政策的目标和对象（具体包括我们所说的对象偏好函数、目标函数和社会福利函数）已经确定，它们或者与经济理论中的效率标准相符，或者与伦理学以及其他相关领域中公认的公正概念相符。

（2）经济体系中的基本结构关系是可知的。结构可能被限定在政策范围内，并设立了无法达到的目标。但是，有限的知识和不正确的政策模型

129

---

① 丁伯根、弗里希的先驱性模型明确设定了计划和政策的目标。但相对而言，国际上出版的相关研究文献仍然比较少，可参见约翰森（Johansen，1977，第 22 页）。丁伯根在 1952 年也承认，他在研究决策模型时从弗里希的工作中得到了许多有益启示。

· 129 ·

通常并不会必然地导致政策失灵。

在 20 世纪的最后 25 年内，无论是微观层面上还是宏观层面上，在执行西方经济学理论体系时往往会出现很多预期不到的现实困难（Lucas，1976；Posner，1986）。更进一步地说，尽管早期就有类似的批评出现过，但目前有更多的主流经济学思想开始质疑在第三世界实施所谓的"中央管理与发展政策"的可行性，这些挫折逐渐削弱了早期的乐观主义。而且正如我接下去所要讨论的那样，正是这些批评帮助我们在经济政策方面提出了那些更为新颖和更富有怀疑精神的观点。但是，我将从简单阐述经济政策和计划方面的传统观点开始。

旧经济政策理论的核心思想是一个政策模型，该模型是根据两个重要的变量子集来构建经济体系结构、政策结构与政策目标。约翰森（Johansen，1977，第 55～64 页）对传统观点做出了一个完美和简洁的总结，并运用了阿罗（Arrow，1956，第 440 页）在任何决策问题上的四部分组成法①得出一个公式化的描述：

（1）一个政策模型，详细说明经验关系，$x = f(a, z)$。在这里，结果 x 取决于政策措施 a 和外生变量 z（例如，气候和出口市场的条件）。

（2）一组政策手段，A。

（3）一个目标函数，$W = W(x)$。

（4）可计算的方法，可以发现使目标函数最大化的政策手段的价值。

给出政策模型的结构，主流外生变量 z 说明的是一组结果，这些结果都在政策制定者预期的范围之内，他们计划运用最优政策措施 a^*，这个措施能最大化他们的目标函数——社会福利函数，使之达到 $W^* = f(x^*)$。在计划经济的世界里，经济学家或者分析专家的主要任务之一就是详细说明政策模型，并根据政策权威者的偏好 $W = W(x)$ 计算出最优的解决方法，反过来说，所采用的方法也要与公众意愿或者公共福利保持一致。

在经济学沉寂的年代，先驱们思考的是政策和信息问题会如何使整个计划过程变得错综复杂（Johansen，1977，第 104～109 页）。例如，弗里希就特别关心这么一个问题：分析专家可能会发现以一种对决策有用的形式来构建 $W(x)$ 是相当困难的，约翰森（Johansen，[1974] 1987，第 542～544 页）重新概述了对这一问题的研究。弗里希明确提出了获得政策偏好函

---

① 在以后的研究中，挪威人约翰森（Johansen，1977）超越了传统计划模式，把团队理论、博弈论和压力集团理论加入他对计划性过程的表述之中。

数信息的五种不同的方法：（1）专家直接要求决策制定者详细说明决策功能；（2）专家会晤决策制定者；（3）专家模拟想象与政治领导者洽谈的场景；（4）专家从政策偏好中得到一些推论；（5）专家从政策制定者的可观察行为中得到相应的显示性偏好。或许是因为策略（政治）原因，或许是因为计划实施过程中的要素存在很大的不确定性，弗里希同样意识到政治家有可能不愿意揭示他们自己的偏好。

经济学和政治学的分离最早出现于弗里希关于选择性分析和执行力的区别的研究，以及丁伯根（Tinbergen，1959）关于最优经济体系的概念之中。弗里希阐述了在一个完全没有政策限制的世界里，选择性分析可以作为一种能够找到最优结果 W^* 的方法。然而，在现实的世界中，政策限制通常会把 W^* 置于一定的范围之外。[1] 如果 W' 代表社会现实所能接受的 W 的最大值，那么 $W^* - W'$ 就能衡量出根据社会福利函数得到的政治限制成本。相似地，丁伯根（Tinbergen，1952，1959）指出，社会和政治力量通常都会支持次优的经济体系。他针对的是以把经济体系改革成一个"定性政策"体系，从而与基本结构已经完整的"定量政策"区别开来为目标的政策措施。对次要的定性政策和基本定性政策，约翰森（Johansen，1977，第147～148页）做出了如下区别：基本的定性政策意味着权力结构的快速变化，"原权力结构下的核心权威当局通常不会考虑做出这种改变"。在约翰森看来，与体制中的政策行为相比，次要定性政策中的一些措施更加符合著名的卢卡斯体制变革观点（1990），而布坎南（Buchanan，1975，1987）把政策制定限定于宪法相应的范围内。丁伯根坚信，就长期而言，政策制定者肯定会选择可比较的社会福利函数，并尽可能地使所有现存的制度（社会技术）达到完善。在如此的制度安排下，他们预测所有经济体系将会最终趋于一个共同的基本结构。丁伯根的收敛假说引起了全世界学术同仁的广泛关注。在本书的第2章，我们所讨论的新古典增长模型也包含了一个与丁伯根收敛假说相似的概念。

但是，让我们把这些推论暂时搁置在一旁，回到标准的定量宏观经济政策这一传统观点上，政策手段通常涉及一些变量，比如汇率、税率、基础货币、最高限价、进口限制和农产品限额等。政策模型结构能够详细说明政策实施可达到的目标是什么，也能明确为达到所预期的目标采取哪种

---

[1]　约翰森告诉我们，弗里希1994年在奥斯陆大学备忘录上首次对选择性分析和执行力之间的不同做了阐述（Johansen，[1974] 1987，第227-233页）。

政策手段最有效。政策目标可以面面俱到（政策的成功完全依赖每一个目标变量的特殊值），政策制定者可以把目标变量加入目标偏好函数中进行权衡。

当目标已经确定（有了全面的目标），或者在没有任何限制的条件下目标偏好函数就能达到最大化，那么其基本逻辑隐含着两条著名的经验法则：第一条经验法则是，通常而言，"政策手段的数量应该至少等于目标的数量"（Hansen，1963，第 7 页）。举例来说，不妨先考虑一个市场的情形，根据市场供给需求图的分析范式，数量和价格（P_1，Q_1）是由供给曲线（S）与需求曲线（D）的交点决定的。政府当局现在设置了一个新目标（P_2，Q_2），一种方法是移动其中一条曲线或者是沿固定方向同时移动两条曲线，这样或许碰巧能实现新目标（P_2，Q_2）。对于这些政策问题，通常的解决方法至少有两种，即移动供给和需求曲线中的任意一条。

第二条经验法则是反对分散化的政策制定方法。在分散化的政策制定中，每一个政策制定者控制一种手段，每种手段都分配给特定的目标变量。与之相反的是，人们企图协调所有可用的手段，并且直接共同针对同一组目标变量（Hansen，1963，第 7 页）。为了进一步扩展上述的例子，试想一下政策参与人 A 控制一种方法，以达到 P_2 为目标，而另一参与人 B 控制另一种不同的方法，以 Q_2 为目标。很显然，如果不进行协调，各方皆为达到各自不同的目标而努力，那么这两个参与人个人努力的成果会围绕整个目标（P_2，Q_2）波动，不会必然集中于一个共同目标。遵循这条推论，并将它作为一条规则，那么集中式的政策制定就会成为必然。

最后，从政策模型的结构中也能得到重要的政策启示。模型结构描述了 $x = f(a, z)$ 中各个变量间的相互关系，并决定了模型是否可以被切割成独立的部分，哪一部分会给政策带来重要的启示。在接下来的研究中，西蒙（Simon，1953）指出，一个政策模型中所有内生变量和手段都应该根据因果关系重新排序，从第 1 层到第 N 层，第 N 层的手段影响第 N 层的目标，但不会影响系统中低层次的目标。然而，第 1 层手段的使用不仅对第 1 层的目标变量有影响，而且对更高层次的目标变量也有影响，即会潜在地影响整个体系（Hansen，1963，第 18～22 页）。在一个体制中，与政策行为不同，结构性政策或体制的改变都必须依赖明显的制度理论和制度性变迁，而社会体系随机的顺序决定理论的复杂性，而且复杂措施的实施需要经济体系结构做出相应的改变。[1] 例如，如果"价格是完全自由决定的"，而且所需的市场制度能独立出现，那么在俄罗斯和东欧国家设计一种市场转型机制就是一项相对比较简单的任务。很多主流经济学家对这些国家最初的定位进行了深入研究，并且提出了他们设计的各种转型策略（Murrell，1995）。结构性排序变量概念暗示着在体系的另一个层面上，缺乏对社会结构了解的政策制定者可能会得到没有预期到的结果，而不是当初计划所设想能产生的影响。

133

8.2 私人政策模型和理性预期宏观经济学

有点夸张地说，旧经济政策理论相当于工程学，它运用了凯恩斯宏观经济学中的社会技术。而在凯恩斯宏观经济学中，所有个人行为都被综合成整个经济体系内部稳定的机理关系，因此看起来能够提供一个有利于集中控制的环境。然而，机理式的整体关系并不能真正代表大师级经济学家的想法。与他的众多弟子不同，凯恩斯将其毕生精力集中在对预期的改变以及个人对不确定经济环境如何做出反应的研究上（Skidelsky，1994）。通过简单展示经济体系的总体关系和稳定的结构性关系，凯恩斯《通论》一书中最初的数学模型（这部分工作主要是由他的同事完成的）把类似的模糊性抛到了一边。固定的总体关系并不意味着新的政策方法能进一步推断出公众的反应，而现实中公众的反应可以改变政策模型 $x = f(a, z)$ 中手段与目标之间的关系。并且，在一些情况下，公众的反应完全可以破坏实施的措施。由于意识到经济参与各方既有动机也有能力减轻新政策手段的负担，同时意识到参与人的反应也能够改变政策模型的结构，20 世纪 70 年代所兴起的理性预期革命（Rational Expectations Revolution）创造了一个全新的角度来思考这些问题（Lucas，1976，1990）。[2]

在最初的形式中，关于有效信息和知识对具有代表性的经济参与人所起的作用，理性预期范式做出了一个极端的假设，该理论假设经济代理人

---

① 丁伯根对定量、定性或结构性政策所做的区别可能比它所显示的要更加模糊，因为定量政策很明显具有主动性，例如租金控制、提高税率或者新的社会福利，很可能对社会体系带来最根本性的改变。迪克西特（Dixit，1966，第 144 页）详细阐述了这一观点，并论证了大部分政策法案都是介于定性和定量之间的。

② 其实，这并不是一个新的观点。1938 年，挪威经济学家弗里希批评丁伯根的静态政策模型时就已指出，当政策发生变化的时候，模型结构也应该发生变化（Heckman，1992）。

能根据正确的宏观经济学模型做出决策，并且还假设如果目标变量的预期值不同于它们的实际值，则经济代理人知道政治当局将如何做出反应。根据私人政策模型，由公共部门引入私人策略能够显著地缩减结果集 X，这对政策制定者是有帮助的。

8.3　作为独立变量的政策模型与有限理性宏观经济学

理论家建立社会体系模型的时候，首先必须决定有多少不同类型的参与人知道这一模型，什么是这些参与人不知道的，以及该如何学习（Sargent，1993，第 165 页）。理性预期宏观经济学以最单纯的形式对参与人应该知道多少信息量做出了一个强假设。从我们的角度来看，因为假设所有参与人都已经完成了他们的工作，并且知道相应的游戏规则，所以理论在本质上还是静止的。相关参与人共同分享一个可信赖的环境模型，并调整他们的行为以适应一致的规则和预期。正如萨金特（Sargent，1993，第 21 页）所指出的那样，这些模型将更多知识赋予了具有代表性的经济参与人。模型的建立者——经济学家或计量经济学家——必须进行统计估计，并推断出相关的政策模型信息，同时假设所有代理人都已经知道模型中包括的所有程序。

在理性选择宏观经济学中，早期的一个著名结论是经济代理人最明智的私人策略是保持中立，并设法排除政府政策的影响。政府在政策上总是试图利用所谓的菲利普斯曲线（Phillips curve）。[1] 结果往往是公共政策不能使失业率低于均衡失业率或自然失业率，也不能通过加大需求压力和提高通货膨胀率，使失业率保持在一定水平。令人困惑的是，为什么在 20 世纪 60 年代至 70 年代早期，世界上仍然有许多地方的政府和专家热衷于实施这种政策。一个可能的解释是，他们的行动具有讽刺性，试图愚弄公众。但是他们最终愚弄了谁？是体系中拥有完全信息的代理人吗？现代研究文献的一个分支对这一困惑提供了一个解释，他们宣称：在这一时期，私人代

---

① 菲利普斯曲线是以经济学家 A. W. 菲利普斯的名字命名的。他发现，英国在长期的现代经济发展过程中，通货膨胀和失业水平之间存在稳定的反向关系。"可转换"菲利普斯曲线的发现，意味着通过控制总需求水平，虽然要忍受高通货膨胀率（失业率），政府仍然可以选择其所偏好的低失业率（通货膨胀率）。而接下来的研究则表明，稳定的菲利普斯曲线并不存在。当政府试图以低（高）通货膨胀率来换取高（低）失业率时，它们之间的反向关系被打破了。

理人拥有正确的模型，而政府政策模型及相应专家却是根据错误的经济理论做出决策的（Sargent，1993，第 160 页）。[①]

严格的理性预期宏观经济学与微观经济学中的一般均衡理论是紧密地联系在一起的。在其简化版本中，所有理论都假设参与人拥有完全信息。但如果信息是不完全的，我们马上就会碰到一个问题：参与人到底拥有多少信息？当经济学家试图理解整个社会体系的时候，他们会构建理论，收集数据，然后再利用这些数据去检验那些理论。以一种相似的态度，萨金特（Sargent，1993，第 23 页）注意到一般经济参与人会构建他们共同的理论和模型，只有当参与人解决了他们的"科学问题"后，理性预期均衡才会流行起来。一个体制的改变会涉及政策模型的变化，但经济学仍然缺少一个被普遍接受的动态路径理论，以描述新旧体制之间的转换。有限理性宏观经济学研究的就是人们在适应新政策时的认知能力。如果要继续进行研究，一个比较有效的方法就是当社会代理人掌握新知识的时候，把自己想象成经济学家和科学家，用他们的思维方式来采取行动。但是，萨金特（Sargent，1993）同样意识到很少有人知道科学家是如何认知这个世界的。当然，他们的统计估计技术（例如经典的或者贝叶斯计量经济学）是可知的。

8.4　制度性政策的经验教训

半个世纪以来，经济学家从创立宏观经济干预理论的整个历史发展过程中得到了很多有效经验，这些经验为制定政策提供了很多有益的借鉴，而且在宏观经济发展的每个历史阶段，我们所得到的经验都是不一样的。从经典的宏观经济计划理论中可得出两个教训：（1）最重要的一点是，清楚地知道政策制定当局的偏好函数；（2）需要详细说明政策模型 $x = f(a, z)$，并且确认有用的政策手段 A。在本书第 5 章中，我已经讨论了政治科学家所做的不同尝试，并解释了为什么很多政治领导者的目标偏好函数（看

---

① 萨金特（Sargent，1993，第 160～165 页）列举了由西姆斯（Sims，1988）和张五常（1990）得出的吸引人的研究成果。在研究中，他们塑造了一个知道理性预期经济学的私人部门和一个"非理性"的政府，这个政府并不知道理性预期经济学，并且错误地相信了一条探索性的菲利普斯曲线。运用美国的数据，张五常建立了一个政府认知过程模型，在这个过程中政府将逐渐纠正其的政策模型。

起来似乎是理性的）并没有把经济增长放在首位。正如政治宏观经济学领域的理论所显示的那样（Alesina，1988，第 1995 页）[1]，近期经济学家培养了一种新兴趣，即从政治角度对经济改革进行分析。考虑到经济结果中的纯粹政治偏好，我们把政治价值产出加入目标偏好函数中，这样，目标偏好函数就变成 $W=G(g，x)$ 了，它暗示着经济学的选择有时对政策制定的影响很小，甚至根本不起作用[2]，这些政策的制定独立于政策偏好。新制度经济学中的许多研究对政治变量很敏感，但这一领域应该更多地关注制度改革政策所隐含的意义。

对于制度性政策而言，从理性选择宏观经济学中得到的主要教训就是获得了一种敏锐的洞察力，即公共政策的实施结果不仅依赖于政府的政策模型，而且也依赖于社会参与个体的私人政策模型。所有的社会均衡反映了个体参与人对环境的觉察能力，这种觉察能力也包含在参与人的政策模型中。相应地，在一个特殊模型中，个体运用的是主流的社会技术和政府决策规则，那么该模型就会限制公共政策的可选择范围。早期对不完善、不稳定的政策模型的重要性的认识，是在张五常（Steven Cheung，1975，1976）对香港租金控制情况的实证调查中发现的。在这一研究中，他提供了一个惊人的事实：不管是私人模型还是公共政策模型，对其进行任何程度的修正或更新，都是一个受到限制的过程，这便需要引入有限理性。

136

有限理性宏观经济学把注意力集中在公共和私人政策模型的质量，以及能更新模型的经验、学识和想象力所起的作用之上。真实的制度性变革需要不同类型的参与人适应新政策模型，而新政策模型也会引入新的政策制定的范围，试图通过目标参与人来影响人们的学习能力和解释能力。换言之，政策模型在政策实施过程中已经变成政策的中间目标。在当前的状况下，制度经济学通常把不完备知识作为一个问题，这一问题可能来源于数据的缺乏（由于测算成本），或者是因为人们对于快速变化的数据无能为力，而不是因为所包含的不完善的社会模型（心理路径依赖所导致的）限

---

① 政治宏观经济学是一门综合性的学科，包含很多可供讨论的话题，这些话题同时引起了经济学家和政治科学家的兴趣。Alesina（1995，第 145 页）列举了以下的研究话题：政治商业周期、政府预算政治学、增长政治经济学、通货膨胀政治学和稳定性政策、外债问题和不发达国家间的资金转移、经济政策上不同选举体系的结果、联盟的表现和相对于执政党而言少数政党的表现。

② 公式 $W=G(g，x)$ 假设，政策制定者追求普遍被认可的经济性目标和政治上有依据的目标。很多政治经济学家把所有的经济决策看成是由政治因素决定的。因而，在他们的模型中，目标偏好函数采取的形式是 $W=G(g)$。

制了选择和解释数据的能力。

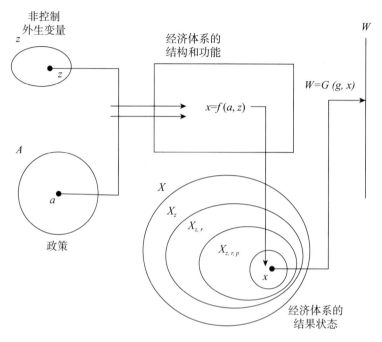

图 8-1　政策过程

资料来源：根据约翰森（Johansen，1977，第 58 页）的相关资料整理而成。

图 8-1 通过扩展约翰森（Johansen，1977，第 58 页）的一张相关的图总 *137*
结了本章的讨论，把理性预期、政策结果和政治限制合并在一起。图 8-1 显
示了理性预期 r 是怎样从传统的（凯恩斯）政策模型（在这里，一组外生变
量 z 限制了可能的结果）X_z 中缩小可选择的集合，使之成为包含着私人策
略性反应的模型 $X_{z,r}$ 的。政治限制能够通过设置特定产出 p 来进一步限制
政府的选择集合，从而能剔除一些限制条件。在图 8-1 中，则表现为可选
择的产出（选择集）变为 $X_{z,r,p}$。经济结果 x 同样有一个政治附加结果 g
(x)。如果特定的经济结果依然更加偏好于经济原因（而不是政治原因），
那么政策偏好函数现在就会变成 $W=G(x,g)$，这将进一步限制经济学家
和其他专家影响公共政策目标的能力。

通过对宏观经济政策和计划理论文献的回顾，我们发现两个关键问题
被提上了议事日程：作为独立变量的政策模型概念和内生政策概念。当我
们着手研究限制性条件的时候，内生政策的概念明显暗示存在一种政策决

定机制，而没有给改革者留下任何空间。改革者在现实世界中所做出的任何决策都由利益最大化的经济参与人做出。在接下来的章节中，我们将讨论制度性改革的限制，并用一个案例来说明政策确定性思维中实际上隐含了稳定的政策模型。尽管不是必须要放弃社会均衡概念，但如果政策模型是不完全的、可变的和内生的，那么政策决定机制也必然是不完善的。

第*9*章　制度性改革的自由度

在这一章中，我将阐述关于制度性政策的三个基本观点。在9.1节中，我将论证最优体制或最优经济体系的概念在实际应用时是令人难以捉摸的。然而，在新古典经济学中，习惯上把低效率定义为对最优状态的偏离，例如对完全竞争状态的偏离等。在9.2节中，我将介绍两个相关的"不完美的制度"定义，其中一个定义是外生的，另一个则是内生的，这两个定义能够经得起比较制度分析理论的考验。我所关注的第三个论题是制度改革的限制，政治家、建议者和其他人总结出特定的社会制度是不完美的，尽管他们主张进行改革，但通常都会发现这些制度改革的自由度是非常小的。如博弈过程中的均衡产出涉及决策制定者在最大化他们的效用函数的同时要考虑经济、政治和社会

利益，改革的限制直接来自对社会制度的现代解释。当社会体系处于均衡状态的时候，社会均衡理论的一般假设是制度性改革没有自由度。在 9.3 节中，我将论证改革的局限性是真实存在的，然而，这种完全的确定性只停留在理论框架上，而不应该逐字地去理解。在 9.4 节和 9.5 节中，我将讨论大规模制度性改革的两个来源：第一个来源是未预期到的外生冲击，它通常会改变相对价格和其他一些变量，从而动摇整个体系的平衡，同时也为改革打开突破口。第二个来源则是政策模型的调整或者新模型的出现。通过边干边学和社会体系中各方的相互作用，参与人将改变他们的社会模式，以响应并化解市场中的各种阻力。我个人还是比较偏好运用经济合作与发展组织（Organization for Economic Cooperation and Development，OECD)在 20 世纪 70 年代早期提出的政策模型来描述市场经济中各种思潮之间的斗争，并且使用欧洲福利状态的动态变化过程来解释私人和公共政策模型的各种调整。

9.1 难以探求的最优体制

139在这一节中，我将论证在不完善的社会模式中，政策制定者缺少必需的知识来建立经济体制，而这一体制对于达到他们特定的经济目标来说是最优的。他们不能系统地执行弗里希提出的选择性分析法和丁伯根所说的最优体制选择法（见本书第 8 章）。从概念上讲，一个最优体系的转型要求政策制定者完成两个异乎寻常的任务，我将会对其进行描述。为了简化讨论，我假设政策偏好函数只包括经济增长。

第一个任务是讨论最优经济体制，通过比较最优管理下每一个经济体系是如何运作的，改革者能够确定不同经济体系下最终的潜在增长能力。对于所有可知的经济体系，这一任务要求他们执行最优政策 $x_j^* = f_j(a^*, z)$，$j \in J$。例如，如果政府当局一开始使用的是最优管理政策，而不是苏联改革者所说的方法，那么政策制定者必须确定苏联类型的市场体系是否优于其他所有类型的市场体系。当然，为了使每一类经济体制能够完全发挥增长潜力，这一过程同样包括找到相关的法律、社会和政治基础。换句话说，为了保证经济体系内部的合作、协调，以及经济体系集合 J 中 j 之间的交流，改革者必须确认最有效的社会技术。

第二个任务则与转型有关，目标是把当前的政策体制 $f_j(a, z)$ 改革成可选择的最优政策体制 $f^*(a, z)$。当做好相关准备后，改革者首先要做的工作是确认转型在当前主流的政治和文化条件下是否可行。如果可行的转型路径并不存在，那么改革者就被迫使用次优的解决方法来处理问题。[①] 当转型可行的时候，计划者必须找到最优或最低成本的转型路径，并且要考虑相关的社会、政治和经济因素。第二个任务中，有一部分与弗里希计划过程中的执行期相一致（见本书第 8 章）。当对计划做出大规模结构调整时，通常不可能一次性完成所有的变革，需要逐步进行。然而，即使是逐步进行，经济改革仍然是有风险的。因为在一些转型的路径中会出现过渡期，使得原本就不完善的经济系统出现严重的故障。因此，改革者必须发现最优次序，例如，检验在 X（成熟的国内证券市场）之前引入 Y（国际资本的自由流入）是否有利于恢复系统的正常运行等（McKinnon，1991；Roland，2000）。设计最优的转型路径，同样必须认识到政治上的制约因素。在东欧国家的市场化转型中，有以下三种方法：（1）"大爆炸"方式；（2）渐进式改革的导入模式，（3）混合策略（Dewatripont and Roland，1995；Roland，2000）。选择一个最优顺序，同时也要考虑社会学因素。在一个低收入国家，它的文化可能比较容易接受西方法律法规中的一些选择性成分。相似地，格雷夫（1994）运用了这一观点，他认为特殊的经济改革在"集体主义"社会中很可能失效，但是在"个人主义"社会中却运作良好。

最后，学者们发现研究长期的社会动态性问题是一项困难的任务。马克思、熊彼特和其他一些社会科学的先驱者都曾经专注于这一问题。理论上，对最优经济体系的研究不能忽视长期动态均衡问题，包括创造和使用新知识的系统性倾向，或者整个研究工作从一开始就暗含一种使系统重新开始或倒退回去的趋势。以增长为导向的独裁体制 Y，是否一开始就种下了自我毁灭的种子？寻租和经济硬化是否将最终扼杀类型 Z 的市场体系。

显然，大规模的选择性分析——寻找最优政策体制的成功方法——超过了任何一个政策制定者的界限。制定一项综合性制度政策通常是在黑暗中摸索，或者说至少是在很差的清晰度下进行，现代社会科学还远未形成一个可靠的社会转换理论。20 世纪 90 年代早期，针对东欧国家的市场转型，许多经济学家提出了相应的建议。对这些最初提出的建议，一个合适的描述就是在黑暗中前进。顾问们选择了其中一部分转型问题，对于这些问题，他们的策略显然是合适的。然而，他们所设计的这些工具主要被用

---

① 与最理想的方案相比较，次优的解决方案通常包括一个次优经济体系或者次优执行经济政策，或者同时包括两者。

来分析转型成功之后的市场体系的操作特性。

贝纳姆（Benham，1995）、贝纳姆和梅里修（Benham and Merithew，1995）已经总结了关于欧亚大陆市场转型的各种研究成果，这些成果发表在1989—1994年的经济学杂志上。[①] 在这些研究中，作者们都认为是宏观经济学的观点（稳定性政策）支配了这一理论分支。这些研究通常把标准的宏观经济学分析方法直接运用到转型经济的稳定性问题上。当1989—1994年的研究文献都非常关注结构转型的时候，出售公共资产给私人所有者成为当时最流行的办法。这可能与西方世界近期对国有企业私有化的关注有关系。最后，早期关于转型的文献无一例外地都包含一个很强烈但又缺乏科学支持的观点：关注的仍然是改革的时序，特别是激进式方法（大爆炸）和渐进式改革方法的优点。

早些年，研究文献很少会关注关于现代市场体系制度基础的理论与实证研究，比如法律改革经济组织和公共行政部门等话题（Murrell，1995）。但是，目前这种情况已经有所改变。近年来，经济转型的新理论框架已经出现。这些研究不仅有趣，而且比以往更加关注各经济参与方之间的相互作用，以及所涉及的广泛的社会系统（Roland，2000）。因而，当碰到经济学家对这些问题做出深层次的研究时，人们也不必再感到惊讶。通常而言，这些研究的话题包括私人规则对正式法律制度的替代，私人规则如何影响公司操作等（McMillan and Woodruff，2000）。针对结构性和制度性改革，一个新的涉及多个学科的方法——比如，商业管理和公共管理原则等——正在出现。可以毫不夸张地说，一种关于制度性改革的统一理论呼之欲出。[②]

9.2 定义"不完美的制度"

新古典福利经济学并没有提供一种帮助政策制定者考虑如何制定制度

---

① 贝纳姆的调查很可能低估了经济学家对非传统转型的数量研究，很多主流杂志都拒绝发表这类研究成果，迫使作者把他们的成果提交给其他杂志。

② 人们只能推测制度改革的可靠政策是怎么样的。如果这种理论出现了，那么它将会影响贫穷国家的经济发展前景，所带来的纯效应可能是正，也可能是负的。从正的效应来看，一个可靠的和普遍受到信任的理论，首先应该在技术方面获得共识，以减少为达到特殊目标而出现的不同意见。进一步地说，新的理论见解可能会给政策制定者提供一个有用的工具——例如能够提高对投资者做出可置信承诺的能力，以保障他们资产的未来权益。从负的效应来看，一个强有力的新理论可能会阻碍改革，把罗尔斯无知的形而上学面纱放到一边，同时还可以使改革所导致的潜在失败者（包括那些也许算是政治精英的成员）清楚地知道，在新制度体制中他们的前景十分黯淡。

性政策的工具。我们已经看到，最优经济体系的概念在实践中并不能提供任何帮助。如果缺少帕累托改进（或者，确实是结构性改变）的机会，那么低效率制度的概念同样没有任何现实意义。通过假设包括政策制定者在内的所有参与人都能最大化他们的效用，而且还能做出他们认为是最好、最合适的选择。如果一些经济学家在这个领域找到了改进的空间，那么肯定是因为他们做了一些简化处理，忽视了一些相关的限制、成本或利益条件（Eggertsson，1990，第 1 章）。[①] 然而，制度化政策理论同样无法避免研究低效率或者不完美的制度，这是本书的主要论题。因此，我们必须找到一种超出新古典经济学帕累托标准的新定义。

根据比较制度分析（Comparative Institutional Analysis）的方法，我将提出一种不完美的制度的定义。根据这一定义，制度要么是内生意义上的不完美，要么就是外生意义上的不完美。如果他或她相信在一组可选择的制度中能够产生一个更优的结果，那么，在观察者眼中，这一组制度就是外生不完美（或低效率）的。当然，这一定义是根据观察者的绩效标准（或者目标偏好函数）所下的。举例来说，对那些以财富为标准的个人来说，如果他得出一组制度所产生的每单位资本财富要少于另一组制度，而这一制度无论是在理论还是在实践上都已被我们所知（如其他一些国家的制度），那么这组制度就是不完美的。

当参与者贬低最初他们认为有效率的制度，并且得出两选一的制度集（包括改革过的制度）将会产生更优的结果的时候，该制度就被认为是内生不完美的。当参与人调整他们的政策模式时，诋毁制度的情况也会随之发生。不同的因素会导致这种调整，包括在新信息上的投资、劝说、未经预期的制度性变化的逐渐出现与社会体系的随机动摇等。

这些定义避免了以往通用的最优化概念所导致的复杂性和改革不完美的制度时的适宜自由度问题。不管是正确的还是错误的，观察者都相信，正如他们定义的那样，当新制度确立的时候，可选择的制度集合可以带来更好的结果。但是，他们未必知道社会力量能够阻碍改革。

---

① 在新古典福利经济学中，如果存在一种状态 A，其中至少有一个参与人好于或没有一个人差于状态 B 中的参与人，那么状态 B 就是低效率的。如果所有参与人都达到最优，包括政府领导人，那么理性参与人将总是会选择状态 A 而不是 B，除非有一些成本，例如集体行动成本，阻碍转向状态 A。见赫蒂奇和韦纳（Hettich and Weiner，1993）。

9.3 确定性悖论（The Determinacy Paradox）

如果所有类型的参与人都要最大化他们的目标函数，那么对于社会体系而言，正式制度政策就是内生的，没有给外部专家留下任何影响政策的空间。[①] 正如贝茨（Bates，1981）解释的那样，在这个世界，即使是破坏性的政策也反映了理性参与人的选择。[②] 通过消除政治和社会领域内个人效用函数的精确最优化，并把经济参与人的行为限制在经济领域，旧经济政策理论（见本书第 8 章）为改革和专家建议提供了施加影响的空间。

在一个已经存在的政策体制中，出于敏感的政治洞察力，政府领导人很可能会反对定性制度政策而不是定量制度政策。比较这两种政策可知，定量制度政策对结构改变起着更重要的作用，很可能会扰乱整个政治平衡。[③] 定量政策通常涉及对体制进行边际调整，而权力和财富的分配将保持基本不变。在一个固定的政策模型中，一些人控制并协调各种定量政策，他们的职能通常被详细划分并明确规定。中央银行、财政内阁、环境保护机构或者是中央计划办事处的工作人员，他们的政策变动空间很少是不确定的。一组被允许实施且政治上会持续一段时间的政策，往往已经被制度化了。同样，每一个工作人员自由发挥的工作空间已经被确定了，每一个代理人违背职能也是社会均衡的一部分。[④]

基础性结构变革不同于定量政策，它通常发生在政治不稳定或重大制度失败时期。在这个时期，现状的维持者要么被推翻，要么在激进改革之前就已经陷入灾难深重的种种危机之中。改革倡导者如果提议进行大的制度改革，那么在采取行动前，他们必须等待有利于解决社会均衡问题的最佳时机。同时，他们必须认真调整所采用的措施，使之适应社会和政治

[①] 为了保持一致性，我们把专家塑造成自私的利益最大化追求者，他们总是忙于自己的私人事务。在接下来的章节中，当讨论 OECD 政策指导者的偏好时，还将会涉及这些问题。

[②] 如果某一理论来源于参与人行为的社会结果，而参与人最大化他们的效用，那么评论家们有时会宣称这一理论正在告诉我们结果是完美或最优的。但事实上，这些都是错误的信念。受到限制的最大化理论将会导致所有领域的最优只会出现在狭隘的"受到限制的最优选择"技术层面上，例如，有时候对待受伤的腿，最好治疗是切断它，尽管从整体上看，截去一条腿并不是最优的。

[③] 定性政策和定量政策是由丁伯根引入的术语，参见本书第 8 章。

[④] 即使是定性政策措施也不一定能威胁一个稳定的政府组织，政治性偏好和政治上的不确定性可能会严格地限制定性政策，包括在不稳定的政策环境中所采用的常规性财政政策和货币政策。

环境。

就理论而言，学者很早就已经认识到改革是受到限制的，巴格瓦蒂（Bhagwati，1978）指出，内生政策的隐含意义为"确定性悖论"。而约翰森（Johansen，1979）在一本评论性论文集的相关章节中，也很鲜明地强调了这个问题。[①] 约翰森回顾了英国一个官方政府机构的报告，该报告指出，政府已经采取了一些行动，任命工作人员检验把最优控制技术运用到宏观计划经济领域是否会改善英国经济的总体表现。意识到优化政策委员会总是在为过去英国政策制定者的表现道歉，约翰森（［1979］1987，569）做出了以下评论：

> 当问及委员会在实施改革措施时有多大自由度的时候，似乎就已经包含了可供选择的政策间的比较。如果所有类型的限制不仅严格地针对经济方面，而且还要引入信息问题、政治压力等，那么很显然，经济理论很可能会演变成整体社会理论。在这个社会理论中，政府被认为是一个内生因素，而不是独立的决策制定者。并且，我们不会从很多方面假设性地讨论，如果政府行为不同，那么将会产生怎样不同的结果。换而言之，人们可能会把政府想象成一个在可选择的事物中有广阔的选择空间、相当自由的决策制定者。

制度方面的最新研究文献已很明显地更加紧密依赖约翰森的确定性结论，而不是迪克西特（Dixit，1996，第 2 页）在交易成本政治学研究中所明确提出的自由选择结果。迪克西特拒绝了一个普遍的观点，即经济学家有责任做出完美的经济学判断，同时把从政治角度进行思考的任务留给别人。他认为，"这一观点所暗含的意思是假设经济和政治方面的结果是可以分开的——可以分别分析每个方面的结果，并通过计算来得出总效应"。当然，不是所有的经济学家都赞同迪克西特这一观点。在经济独立于其他部门这一观点下，还是有很多经济学家依然支持社会体系部分分析法。例如，我们这一时代最伟大的经济学家之一卢卡斯（Lucas，1986，第 405 页）认为，"在科学意义上，控制通货膨胀的问题已经被成功地解决了"。后来，卢卡斯针对人们对此问题的疑问，做了进一步的解释："显然，很少存在一

144

---

① 确定性悖论又被称为巴格瓦蒂悖论（Bhagwati Paradox）。

个社会能够在政治意义上解决通货膨胀问题。我并不认为这一事实能证实我在本文中的观点，至多只会把当前神造论的流行看做证明进化论科学性的一种状态"。

在本书的第一部分，我们已经验证在关于制度研究的最新研究文献中，各个不同学派都无一例外地支持改革会受到限制这一观点，无论理论把焦点集中于利益集团，还是政府，抑或文化。现在，让我们总结性地论述一下那些隐含在各种观点之间的、对制度改革有所帮助的启示。

利益集团理论和寻租理论都阐述了不完整信息、理性忽视、搭便车现象和昂贵的集体行动如何使得那些有良好组织的小利益集团做出行动。即使是在民主国家，小利益集团也有可能强迫政府创造制度，从而使财富转移到它们自身，尽管它们也意识到这些措施将明显地减少社会总财富。[①] 然而，利益集团理论并没有清楚地告诉我们，什么样的社会结构能够从特殊利益的束缚中解脱出来，并且避免采取消极的策略。奥尔森（Olson，1982）建议，当有力的外生冲击出现时，比如发生战争，利益集团行动很可能会减弱，因为这些外生冲击将会扰乱社会均衡，并有可能暂时解散那些团体。

另一组理论认为政府而非利益集团是非完美的制度背后的力量。政府被塑造成一个拥有自己代理人的企业参与者（Almond，1988）。无论是美国民主党，还是独裁政府，政治领导者都会形成自己的支持者联盟，并设计相关制度，以成立新的委托人集团（Bates，1990）。如果其他所有条件都相同，那么政府领导人会偏好建立一个支持经济增长的政策联盟。但是，正如本书第 5 章所解释的那样，外部环境通常会创造出不完美的制度、坏的经济与好的政治（就领导者的生存而言）（Bates，1981；Fernandez and Rodrik，1991；Weingast，1994）。在这里，还存在一个关键的问题：在实际中，政治联盟理论通常并不能从一项受到破坏的政治性活动中分离出来[②]，参与者往

[①] 奥尔森（Olson，1965，1982）在微观政治方法领域作出了开创性贡献。这一方法将主动权赋予了利益集团，而不是政府。大量使用不同分类标准的相关文献已经出现，例如寻租理论和管制经济学（Stigler，1971；Buchanan，Tollison and Tullock，1980；Tollision，1982；Becker，1983）。

[②] 在权力平衡脆弱的国家，改革受到的限制同样会扩展到标准的宏观经济政策（属于我们所说的定量政策）。主流经济学家在谴责特定的经济现象方面表现得相当一致，例如汇率的过高估计、进口替代、货币的过量供应和信贷配额（Krueger，1993）。经济学家过去常常把这类政策的采用归咎于政治家的无知，但是，现在更有可能把对"达不到预期目标"的宏观经济政策的追求解释为理性政治参与人的策略性行为。

往被锁定在一般社会均衡理论中。

根据文化因素解释不完美的制度的起源所形成的理论同样只能对改革者提供微不足道的帮助。反文化因素将会阻碍经济增长，其中一种方式是在社会交换的不同领域提高"良好行为"的强制实施成本。关于国家应该如何建立"商业道德"，以及其他能够加强专业化分工、促进交换与经济增长的制度，博弈论提供的解释典型地运用了社会结构，社会结构是重复博弈中的焦点。尽管各个国家的社会结构都显著不同，但是社会结构通常都包括理念和共享的信念（Weingast，1995）、文化（Kreps，1990）、民族网络（Landa，1994；Grief，1995）或者意识形态（Hinich，1992；Bawn，1996）。它们有一个共同的特征：都不会成为政府的政策手段。如果政府能够根据它们的政策需要，找到一种重塑文化变量的方法，那么我们很可能就会询问：反对增长偏好的制度文化是否会消失？答案是不会。如果政府能够通过宣传来创造规则、文化和意识形态，那么那些非正式制度将等同于法律和规则。同时，政府也会使用特殊标准去取悦利益集团和支持者联盟。只有当那些利益寻找到了经济上的有效产权时才会产生增长性结果。

9.4　自由度：非均衡和背道而驰的政策模型

很多经济学家和政治家都已经发现了政策性限制和社会性限制，这些限制加大了改革的难度。然而，这些限制并非像研究文献所显示的那般绝对，正如本书第 10 章讨论的那样，使社会不安定的因素有时同样能创造出制度改革的机会。这一节中我将检验不完善的政策模型如何从"确定性悖论"中分离出来。

正如内生不完美的制度概念所定义的那样，政策模型中的不确定性将逐渐破坏确定性悖论，一些学者也已经意识到了这一点。当迪克西特（Dixit，1996，第 30 页）指出"人们应该承认，在任何时候都存在政策制定的自由度，一些时候要比另一些时候更大"时，他强调了动荡因素和不完美的模型所扮演的角色。尤其是可行的体制改革机会"通常会出现在原体系遭到破坏的时候，或者是以前安排中出现明显的重大错误的时候"。除此之外，没有一项公共政策能够直接从具体的运作事项跨越到体制问题上来。迪克西特论证指出，政治家应该在宪法规则而不是低等级的规则上，更加开诚布公地对待专家建议。显然，宪法规则包括更大的不确定性，但

146

正是这种不确定性减轻了政策决定机制的负担。

接下来，我将讨论政策模型的五个特征（从这个模型中可以推导出社会模式），而政策模型与制度政策是相关的。这五个特征如下：

（1）政策模型是典型不完善的。

（2）对公共政策措施做出反应的时候，企业、家庭和其他参与人依靠的都是其私人政策模型。

（3）参与者由于不同的原因调整其私人政策模型，这些调整将会改变社会制度的性质和有效性。

（4）对私人政策模型的处理是一种公共政策手段。

（5）在各种竞争性政策模型中，相互间的竞争是政策实施过程的一个常规特征。

专家可以通过两种方式影响制度性政策和促进改革：一是通过说服当权者改变政府目标偏好函数 $W = G(g, x)$；二是建立更有效的政策模型 $x = f(a, z)$，并得到当权者的支持。在后一种方法中，专家充当的是有特殊社会技能的销售人员的角色。他们提出一个针对宏观经济管理的竞争性模型。就这一模型，公众会展开讨论，有时候讨论会很激烈，比如，一个减少联邦税收的提议是使美国经济得到加强，还是会使整个经济陷于瘫痪。

在"国家政策模式之战"中获胜的一方，有时候会接管或暂时支配制定政策的组织，甚至包括其学术机构。在一项大胆的研究中，为了验证该观点并制定政策，弗拉蒂亚尼和帕蒂森（Fratianni and Pattison，1976，第78页）试图细致深入地探讨 OECD 使用的一个政策模型。为了发现1976年之前 OECD 的政策模型，作者收集了该组织已经发表和未发表的文件。弗拉蒂亚尼和帕蒂森（Fratianni and Pattison）发现英国凯恩斯宏观稳定政策方法支配了 OECD 所采用的措施。[①] 在对他们的研究进行评论的时候，汉森（Hansen，1976，第142页）对其使用的方法和得出的结论持保留意见。但是，他赞同 OECD 的经济和统计部门是被英国凯恩斯思想所支配的，并且 OECD 总是"紧密地盯住英国制度，并且倾向于认为对英国有益的政策同样有

_147_

[①] 货币主义是20世纪70年代宏观经济领域中一个强有力的理论学派，该流派的许多组成部分在21世纪初作为新凯恩斯的学科的组成部分被保留下来。货币主义的主要倡导者是米尔顿·弗里德曼、卡尔·布伦纳与阿兰·梅尔策，他们的主要区别在于运用了不同的主要技术。布伦纳与梅尔策明显拒绝了所谓的 IS-LM 模型，并提出了一个货币影响整个经济的可选择正式模型。参见博尔多和施瓦茨（Bordo and Schwartz，2003）。

益于其他国家"。

反思 OECD 委员会那些已经正式使用的财政政策后,汉森(Hansen,1976,第 152 页)表示,"在此情况下,把 OECD 刻画成一个试图改革欧洲大陆政策、宣传英国凯恩斯主义的海外机构,很难说是错误的"。为此,在脚注中他增加了以下这句话:"我记得曾经在 OECD 的内部报告中,见到把法国和德国称为'海外国家'。"当然,不同政策模型的拥护者之间的斗争不应该仅仅局限于宏观经济领域。为了改革低收入国家的经济体系,罗德里克(Rodrik,1996)系统阐述了各种相互矛盾的政策模型。

现代经济史上涌现出了很多国家突然改变体制的例子,有些是针对整个经济系统,而有些则只针对其中的某一个部门。有时,这些变化的方向与整个世界的经济发展相关联。西格蒙德(Siegmund,1996)提供的实证经验表明,1990—1995 年这一时期,欧洲及一些亚洲和拉丁美洲国家出现了在国有化和私有化之间进行选择的浪潮。这些例子和其他一些例子都暗示着,或许有时这些国家会改变它们的指导思想。正如我在第 3 章所讨论的那样,已经明确了新政策的三个来源:新的政策模型、重新分配(通常包含政治权力的转移)和系统的修复(例如外生冲击之后)。

为了说明这个问题,我必须加入对新的政策模型的介绍,或者继续支持有时会包含知识造假的旧的政策模型(Kuran,1995)。在针对 OECD 的研究中,对于 OECD 的专家为什么会宣传英国凯恩斯主义而不是其他如作者所支持的布伦纳-梅尔策货币主义,弗拉蒂亚尼和帕蒂森(Fratianni and Pattison,1976)有两种见解。一方面,正如作者所说,OECD 的专家是真正忠实于凯恩斯观点的;另一方面,他们的政策模式中有明显的知识造假。后一结论来自一个假设:在自我保护的基本目标下,OECD 专家们的个人效用函数是建立在组织的官僚偏好函数之上的。尤其是作者认为 OECD 总是倾向于折中主义,并且避免做出错误的假设,他们把这称为自我保护策略(Fratianni and Pattison,1976,第 122~124 页)。弗拉蒂亚尼和帕蒂森指出,OECD 实行了体制改革,这一行为可以简单理解为官僚机构为扩大自己的生存空间所做的决定。同时,这些决定是随政治和意识形态的改变而改变的。沿着这一思路,有证据表明,尤其是在后期,在欧洲前苏维埃国家,知识造假在政策制定者和政策建议者中间是很普遍的现象(Kuran,1995,第 16 章;Hollander,1999)。

9.5 私人政策模型

前文已经讨论了不同类型的公共政策模型，同时也讨论了制度政策是如何发生改变的，这些改变有时会出现在不同模型的竞争过程中。现在，我将转而讨论私人政策模型所扮演的角色，它们是个人活动参与者行为的向导。首先，我讨论人们的一般倾向，即在简单的条件下建立复杂事物的模型。其次，我将检验生活在新制度初步执行的领域内的参与人的倾向，对他们的政策模型，通常会伴随着一个有难度的、渐进的和相互作用的调整。一段时间以后，对私人政策模型的调整以及相应的行为的改变有时候会破坏原本正常运行的社会制度，从而使制度变得内生不完美。随着社会各方不满意情绪的增强，专家所倡导的可选择模型将获得更广泛的支持者，包括制定政策的权威机构。我以西北欧的现代福利国家为例来说明制度性体制的内生动态性。

所有个人都不可避免地面临着信息、知识、智力和时间的缺乏问题，这迫使他们有效地利用有限的资源。在学术领域进行的一些研究中，已经发现人们是根据一系列的图表做出反应的，这样在他们解释社会和物质环境时，可以简化模型。[①] 大量的实证证据支持了这一观点：专家和普通人都依靠图表模型做出判断。德纳多（Denardo，1995）关于核时代美国模型的制约因素如何发挥作用的重要研究，就是近期这一研究领域的最好例证。德纳多检验了每一个普通人（初学者）和专家（航空与保卫产业的公司经理、专业的保卫分析家、资深的政府官员和学术专家）之间的模型和信念是否存在本质差别。尽管观察到了初学者和专家间的显著不同，例如后一个团体思考得更加抽象，并且掌握了更多有关武器的知识，但德纳多得出的结论是："专家信赖的启发式经验法则，同样也是新手所使用的经验法则，并且他们以一种相同的直觉、非标准化和非程序化的方式把这些经验

---

① 见登泽和诺斯（Denzau and North，1994）。人们依靠一系列用图表描述的模型做出判断，这一想法得到了认知心理学与进化生物学学者的支持。他们没有把人类思维看成一个过程性数据合成体系，或者一个带有一般目的性的计算机，而是认为人类思维是"一个大的、庞杂的、职能上专用的计算装置网络"（Cosmides and Tooby，1994，第329页）。主流经济学家通常把偏好看成是外生的，但是科斯米迪和图比（Cosmides and Tooby）则认为进化生物学和经济学的结合在"创造出偏好科学"方面是有希望的。

法则结合起来"①。

20 世纪，现代福利国家的引入是一个很大的社会性试验，它反映了新 149
的社会模式和未经检验的社会技术。林德贝克（Lindbeck，1995a，第 9 页）
把福利国家描述为"西方文明的伟大胜利"。在一系列的文章中，他分析得
出结论，认为对福利国家制度进行动态调整有时候是有益的，但在另一些
案例中，同样表现出了风险性（Lindbeck，1994，1995a，1997；Lindbeck，
Nyberg and Weibull，2003）。在这里，我将集中分析有风险的改革动机。

林德贝克做了以下论证。一个持续向公民发放丰厚福利的国家，必须
以有效的经济体系为先决条件，在这一体系中，有大量的劳动力能参加工
作。同时，这个体系必须能进行有效的控制，以使纳税人和受益者在面临
很高的税率和丰厚的福利时不会出现很强的经济性欺骗动机。有效的执行
力不仅需要严格的行政控制，而且也需要高度的自我强制力，通过社会制
度克服有风险的经济动机。在福利国家出现前，每一个工作岗位上，经济
激励和社会规范间都存在一个相对紧密的配对。在过去，任何一个决策得
不到正常的执行，都会导致严重的经济困难。而在当时，由于边际税率非
常低，因此在税收上进行欺骗也就不那么吸引人了。

不同的社会机制能够用来解释为什么有风险的调整总是滞后而不会立
即发生。在整个过程中，当所做的调整与强大的经济激励所起的基础性作
用相矛盾时，社会规范就逐渐被侵蚀了。② 同时，执行方面的弱化是另一个
原因。社会福利接受者的数量不断上升，税收不断增加，而行政控制力却
没有得到相应的提高，由于执行上的滞后，欺骗行为就会变得更加容易和
更加普遍。尤其是在一个社会群体里，其中传统的社会规则的影响力已经
相对被弱化了。随着时间的流逝，同时新生代进入工作领域，对旧体系没
有直接记忆的新参与者对传统规范的敏感度很可能要低于前一代。大的宏
观经济冲击在突然提高社会福利接受者的数量的同时，也充当了破坏整个
系统的催化剂。随着社会规范违背者人数的增加，潜在的违背者会感到社

---

① 为强调政治经济心理学的运用，德纳多提供了一个关于心智模式中认知心理学方法的调查。
他意识到，让正式理论家感到不满意的是不完善的模型，或者是理论已经揭示的信念体系。康弗斯
（Converse，1964）对大众信念体系的研究，是该领域的一个重要贡献。几十年来，他控制了这场
关于政治信念体系的争论的范围。相反的观点则强调，我们缺少的是系统性的思考。近期理论家已
经通过引入图表模型将次序引入了该研究领域。

② 鉴于调整成本的出现会导致个人行为的惰性，这一观点同样很重要。调整成本包括理解怎
样使用或开发新体系所需要的时间，或是做出类似改变工作之类的调整所需的时间。

会约束力的威胁变弱了。

用我们的术语来说，林德贝克所描述的有风险的改革动机反映出私人和公共政策模型面临着一系列更新。若私人参与者改变他们的模型和行为，那么最后的总产出将会发生变化。在福利国家，这些调整很可能会导致私人储蓄下降和相应的国民财富减少。这些行为所导致的经济困难能够促进权威当局改进它们的模型，或者是引入制度改革。另一个使福利国家产生危机的原因很可能是政治上的竞争。为了增强竞争优势，在每一轮选举中，政治家不是以长期可维持的福利和税收水平为目标，而是做出承诺，会提供给他们的选民更高水平的福利（暗含着更高的税收），从而会导致整个国民经济体系崩溃。[①]

如果有风险的改革动机失去控制，并且实际上已经对经济产生了负面影响（例如通过减少储蓄和劳动力供给），那么政府很可能会降低社会福利水平，从而不同的居民团体，例如老年人，马上就会面临政治风险。当出现经济风险时，私人保险计划不充分或者根本不解决任何问题，福利国家形式最初被认为是保障公众对抗经济风险的有效方式。但是，如果福利国家碰到国内经济大萧条，并且税收收入出现实质性降低的时候，政府就会降低社会福利水平，公众就会经历一个未预期到的社会福利水平的改变。对于普通家庭来说，一个没有预期到的公共服务的缩减，可以被理解为另一类新的风险，因为大多数人并没有为处理意外事故而做出相应的计划，这使得政治风险的损失变得更加惨重。

林德贝克并不是唯一研究社会体系中风险性改革动机的经济学家。现有理论包含了无数私人模型和公共模型相互作用的例子。在开创性的研究中，克鲁格（Krueger，1978，1993）和巴格瓦蒂（Bhagwati，1978）分析发现有风险的调整会损害外贸领域。在产业方面，维托尔（Vietor，1994）对美国商业航线产业的联邦政府管制进行了调查，航线管制最初产生于管制者和产业间一系列的行为反应，正是这些行为反应导致了低效率运作和成本的不断增加。希格斯（Higgs，1982）展示了美国西南部地区鲑鱼产业

[①] 林德贝克（Lindbeck，1995a，第12～13页）指出，即使是能实质性地减少不公平的收入分配的政策，也不会降低人们对重新分配的需求。不断增强的不公正意识在选举者之间引起了很大的争议，他们会持续要求得到更多平等的权利。即使市场力量能以有效的贡献回报给参与人，但如果公众得出结论，认为收入的重新分配依靠的是政治上的决策，而不是市场力量，那么，对重新进行分配的要求同样会增加。

动态管制的一幅生动画面,现在,这一产业已经陷入了技术倒退和萧条的境地。举最后一个例子,克鲁格(Krueger,1990)对美国糖果业长期的制度性动态做了一个吸引人的研究。

在这一章中,我强调一个显著的结论:当社会科学假设理性行为和以目标为导向的行为超出市场范围并扩展到所有社会领域时,经济和社会体系结构就是内生的。这一结论暗示着专家和改革者很少或几乎没有机会去推行制度改革(除了已经计划好的变革)。第二个主要观点是我们忽视了不完备知识在社会变革中所起的作用。我引入了"不完美的制度"的主观定义,它是与比较制度分析方法相一致的。进一步地,我论证了对制度变革的解释如果忽视了不完备知识所起的作用,而只是单一地从国家财政状况和改变政治均衡的角度来解释,那么将是很不完整的。如果我们假设人们关于社会和经济体系性质的认识是静止或不改变的,或者假设在制度改革中,无论是公共社会模型还是私人社会模型的改变都不是一种相互依赖的力量,那么这些假设就是不合理的。

为引起人们对改革受到的限制的注意,一般社会均衡概念扮演了一个有用的角色。我论证得出创造改革机会有三种方式:第一,由破坏政治平衡的现实要素创造;第二,通过真实的冲击和外生的推动,导致参与人修改他们的模型;第三,更一般的方式是推广新社会理念和新模型。这些要素通常能相互作用,进一步地,一个社会的历史背景对选择新的社会均衡起着关键性作用,新的社会均衡会出现在改革过程中。

151

第10章　逃离贫困陷阱，逃离历史

10.1　引言：历史的力量和少数英雄

　　正如在本书第 1 章所提及的那样，现代经济增长理论将世界知识视为经济增长最基本的源泉。依照新增长理论或内生增长理论，发达国家通过新生产技术的发明和创新性应用而不断地向前发展，发展中国家则因不能适应或者应用已存在的知识而不断落后。但是，本书却认为，在复制和应用新生产技术的时候，发展中国家遇到的科技问题和财政问题并不是阻碍发展其进步的主要因素。De Long（2000）与本书的观点是非常相近的。他的研究已不太严格地证明了，穷国所需的只是少量的工程学毕业生，通过他们复制国外先进生产技术即可实现进步。我的观点则是穷国所缺乏的是作为现代生产技术的必要补充的社会制度。

上一章我们讨论了政策持续性（policy determinacy）这一重要概念，也介绍了如下的主要观点：内部性动态（internal dynamics）、内卷性政策（involving policy）与外部冲击有时会打破社会均衡，为制度的改革创造新的机会。本章将进一步讨论打破社会均衡及引发制度改革的各种催化剂。但是，我认为改革者并不一定从一开始就能抓住这样的机会，因为历史会限制这些具有可行性的选择。

引发主要制度改革——例如引进新的产权制度等——的能力，通常掌握在政府领导者与政权当局手中。国家制定法律和法规，将社会中的各种实践经验抽象成法典，并对警察和其他司法机关进行监管。依照本书第 8 章所介绍的相关概念，以下四类政治因素的存在将阻碍政府引进经济增长所必需的制度：

（1）领导者认为，增长偏好型的社会制度会威胁到自身的财富和权力。因此，其目标偏好函数 $W=G(g, x)$ 对这些社会制度评价很低。 153

（2）领导者缺乏足够的政治权力，因而未能引进经济增长所必需的制度。政治方面的限制将这些制度排除在领导者的选择集之外。[①]

（3）领导者的政策模型 $x=f(a, z)$ 缺乏经济增长所必需的政策工具 a_j。举个例子来说，可能缺乏替代某些社会规范的工具。

（4）领导者所信赖的政策模式 $x=f(a, z)$ 扭曲了制度和增长之间的关系。

我们可以用本书第 7 章的历史案例来阐明政府为什么会容忍不完美的制度。在案例分析中，我认为如果冰岛的领导人引进了渔业方面的新科技和制度，那么冰岛前工业化时期就可以摆脱可怕的贫困和饥饿。但是事实却恰恰相反，冰岛依赖中世纪的原始农业技术，并长期处于低收入的社会均衡之中。冰岛本来可以与欧洲发达的农业国合作，但是因素（1）的存在阻止了其与德国、英国、法国与荷兰合作，全方位发展出口产业。丹麦政府正确地意识到，外商直接投资会威胁丹麦对殖民地的统治。冰岛的地主也认识到，高生产率的渔业会损害他们的财富和相对地位，因为他们的财富

---

① 图 8-4 中我们可以看到，最内层的循环并不包含经济增长所必需的制度。$X_{z,r,p}$ 通常被定义为"经济体系的结果状态"。我们在这里所研究的是制度政策，而不是宏观经济政策。"经济体系的结果状态"指的也恰恰就是制度环境。

和社会地位是建立在原始农业基础之上的。因素（2）存在于 18 世纪的冰岛，那时的丹麦国王渐渐倾向于改革，但却不能忽视冰岛精英所提出的反对意见。因素（3）在冰岛的历史上是次要的。在保护产权方面，冰岛有着古老的法律传统，其传统法律规范与现代法典在本质上并非相互抵触。19世纪晚期的发展证明，反对新工业和社会变革的传统主义只能延缓改革进程，而不能从根本上阻止改革。最后，误导性的政策模式〔即因素（4）〕在阻碍改革的过程中发挥了重要作用。历史事实表明，冰岛地主在解释国家发展战略时用的是局部均衡模型，而不是一般均衡模型，局部均衡模型会夸大独立渔业对农业与地主的威胁。地主们害怕繁荣起来的渔业会使他们破产，因为渔业的繁荣会提高渔业工人的工资，从而减少在家的务农者。但是，他们的这一分析却忽视了上涨的工资对需求的影响。上涨的工资与人们对农产品更大的需求会使土地的价格重新上涨，更高的生活标准又会带来劳动力供给的持续增加。更进一步地说，在劳动力市场上，农业和渔业的一般工资率本可以与其劳动边际产品相等。换而言之，只要使渔业工人的工资与农业部门工人的报酬相等，渔业部门就可以吸引到劳动力。①

当不利的内生因素和外部冲击为制度改革创造了突破口的时候，改革倡导者和专家们在推进改革和影响改革的方向等方面发挥了重要的作用。许多评论者都认为，改革的机会是现成的，所需的仅仅是狂热的改革者，这些改革者愿意使自己成为公众所熟知的人物。关于改革的限制，哈伯格（Harberger，1993）有一个非常著名的论断。他论述了"少数英雄"和他们在成功的改革中所起的巨大作用。哈伯格利用自己的亲身经历对拉美国家的经济政策改革提出了相关的政策建议。他详尽地描述了一小部分高度集权的专家是如何深刻地影响该地区的经济政策的，并声称"本文认为发展中国家成功的经济政策绝不是纯粹历史力量的产物，这些国家经济建设大获成功，绝不仅仅是因为成功的时机到了。就我所熟知的案例而言，要不是关键人物或某些杰出领导人的努力，经济政策多半会在实施之前就已经夭折"。

从职业性质上看，这些改革者和专家通常是中央银行管理者、经济协

---

① 地主们的担忧并不是完全没有道理的。回顾历史，如果在 17 世纪丹麦国王鼓励冰岛在外国人的帮助下建立起完整的渔业，那么就连现代社会科学也不能准确地预测到可能产生的政治经济后果。如果这些努力取得成功，那么从渔业中聚集财富的国内外投资者就极有可能成为这个国家的实际掌权者。

会领导人、内阁大臣，特别是计划和财政部门的官员。他们一般在国外的大学接受严格的教育，且与国外有着紧密的联系。他们运用超凡的技巧、个人魅力与充沛的精力成功地说服政府引进更好的宏观经济政策，放松管制，使贸易和支付自由化，而完全置某些人的强烈反对于不顾。那些人之所以强烈反对改革，是因为他们不相信改革会带来高效率，并认为改革会使自身的利益受损。[1]

人们普遍认为，只有专家和改革者才能策划、促进、引入并实施制度改革。如果没有人们的努力，那么就不会有结构性的变化。尽管如此，我认为在政治方面的新特征、未预期的经济冲击或者旧社会模式的消亡使执政党改变其策略之前，恶性的社会均衡会一直破坏所有善意的改革努力。即使政治精英支持改革，一国的传统文化仍有可能与新制度相抵触。但通常来讲，那些拥有实用知识和强烈改革意愿的积极进取的改革者，在推进改革的进程中还是会发挥重要的作用。在很多情况下，人们都没有实施制度改革。其中有一个非常重要的原因就是新的政策是大部分关键人物所能接受的临界点（tipping point）。又因为社会模型的主观性和不可直接观察性，这些临界点通常是未知的或不确定的。正如库兰（Kuran，1995）所描述的那样，人们通常会误以为自己能够适应社会压力。[2] 其结果则是，那些孜孜不倦的改革者有时会取得成功。并且，当改革者及其他人成功地将社会观点推向临界点，进而引发全面改革的时候，改革所带来的结果就连改革者本身都是始料未及的。

让我们再回顾一下冰岛前工业化时期这一例子。外部冲击打破了冰岛低收入的社会均衡，并使该国最终意识到制度改革的有效性。于是，冰岛从 1787 年开始有步骤地引进国际自由贸易。到 1855 年，冰岛已与全球各国进行自由贸易，从而把自由贸易推向最高点。自由贸易会出现在冰岛，是因为丹麦在拿破仑战争中被征服，丹麦海军遭到了毁灭性的打击，同时也因为英国统治了北大西洋，欧洲无论在意识形态领域，还是在政治领域都

155

---

① 　与施蒂格勒（Stigler）以及芝加哥大学其他合作者的观点完全相反，哈伯格（Harberger，1993）认为，历史英雄纯粹只为公众谋福利，并不谋求任何类型的个人利益。不管如何，历史英雄在改革中充当的角色都不会威胁到政策制定者的事业，他们在改革结束后都有很好的发展，而且还有可能成为总统。

② 　与最近的政治经济学研究有所不同的是，这一观点认为，政府的一些战略涉及中途的政策循环，这些战略由理性的、向前看的政治家设计。当他们规划政策的时候，会进行政策模式转换。具体可参见 Sturzenegger 和 Tommasi（1998）。

倾向于自由贸易。虽然"历史力量"为改革创造了各种条件，但类似哈伯格类型的各种领导者——从商人到政治家、诗人——确实在为新的社会技术而斗争，引进新的社会技术，并将国家推向一个新的发展方向。

本章和接下来的第 11 章将用相当大的篇幅来说明，当打破低收入均衡陷阱的各种因素开始出现的时候，制度改革的进程就开始了。如果制度改革进展顺利，那么就会带来经济的可持续增长。本章首先介绍打破均衡陷阱的各种因素，着重强调这些因素的外生特性，然后用三个实例阐明历史是如何限制国家政策制定者的选择的。接下来的第 11 章首先研究经济增长所需的最小产权，然后分析法律移植及其"移植效应"。

10.2 逃离贫困陷阱

阿西莫格鲁、约翰逊和鲁宾逊（Acemoglu，Johnson and Robinson，2000）在一项饶有趣味的研究中令人信服地证明了低收入社会均衡与无效社会技术的长期存在性。他们认为，现存的社会制度反映了殖民制度的最初特征。利用这一理论假设，可以解释以前的殖民地国家人均收入的四分之三左右的变化。[①] 在一些殖民地，欧洲殖民者建立了掠夺性国家；在另外一些殖民地，殖民者试图复制欧洲产权。他们的研究表明，现有制度一般反映了在殖民地背景下的最初路径选择。人们利用殖民地和欧洲租界定居的士兵、牧师和水手的死亡率方面的历史数据作为统计指标，进行了计量经济学方面的统计研究。以上的那些发现，就是建立在这一计量经济学的统计研究的基础之上。作者们"经验性地认为，殖民者死亡率是殖民地的一个主要决定因素，殖民地是早期制度的主要决定因素；他们同时也指出，早期制度和现有制度间存在很强的联系，而现有制度对现今的经济绩效具有决定性的影响"。

作者们声称，他们的"发现并非表明现今的制度是由殖民政策预先决定，而且不可改变的"（Acemoglu，Johnson and Robinson，2000，第 29 页）。制度是可以改进的。而且，这一研究也表明，改进制度的收益颇丰，但同样也强烈地支持制度的路径依赖观点——在许多国家中，之前描述过的四个阻碍改革的政治因素会过早地阻止制度改革。德姆塞茨（Demsetz，

---

① 该研究并没有检验前殖民地时期制度的作用。

1967）认为，所有社会都会通过引进或发展专有产权对新经济机会做出反应，因为人们期望以此增加总的净财富。我认为，严厉的社会限制通常会阻碍力图使财富最大化的生产者、消费者和政治家的积极行动，进而使这些国家变得更加落后，这些国家也由此错失了改革的机会。并非所有的国家都相信德姆赛茨的这一理论，其产权理论不是一般性的理论，而只是一个特例。[①] 接下去，我将讨论有关放松限制的各种问题。德姆赛茨认为，这些限制阻碍了产权的演进。我认为，区分最初引发改革的因素和形成改革进程本身的外部因素，是相当有效的。这一部分将主要讨论最初引发改革的因素，下一部分则会分析改革路径的决定因素。

研究"西方如何变富"的许多学者（North and Thomas，1971；North，1981；Gosenberg and Birdzell，1986；Mokyr，1990）都同意增长进程这一观点，认为内部因素和历史力量发挥了重要的作用。举例而言，这些作者有的强调国家间竞争的结果，有的重视国内新政治力量的演进，这些政治力量对之前专制的统治者提出挑战，逐渐使权力与民主限制相互分离，因而提高了剥削政策的机会成本。对于打破低收入社会均衡、动摇原有政体的六种因素，接下来我会一一予以说明。

10.2.1 外部政治

国外政治限制的增加和减少能打破一个国家原有的社会均衡，并为改革创造突破口。这一点，从长期看，人们既有可能意识到，也有可能忽视掉。国外政治限制的增加和减少的例子可谓数不胜数，比如结束殖民地统治、颠覆国内独裁者政权及其联盟、实施新的法典和其他社会制度等。尽管如此，国外势力的介入和撤出对制度改革的影响是不确定的。殖民统治的结束，并不一定能使这些国家走上改革的道路。国内政治领导人很有可能延续之前殖民统治者所实施的剥削政策。[②] 与此同时，有些学者也提出了这样的命题：国外援助（比如，世界银行对贫困的非洲国家所做的债务方面的结构性调整）有时只会支持低收入的政治均衡，而不会打破这一均衡，

---

① 德姆赛茨的次优产权理论要比其最优产权理论更具有普遍性。按照次优产权理论，在给定的外生制度环境下，处于不完美的政治制度和文化制度环境中的人，所创造的社会结构通常会带来自身共同财富的最大化。假定人都是理性的财富追求者，他们会期望在许多领域中找到次优制度安排，尤其是在某些领域中，产权结构并不取决于反映不同利益的复杂政治进程。

② 在阿西莫格鲁、约翰逊和鲁宾逊（Acemoglu，Johnson and Robinson，2000）的一些例子中，殖民地制度成为一国经济增长的基础。

同时也使得独裁政体更加趋于稳定化（Ndulu and Van de Walle，1996）。

10.2.2 国内政治

重要人物既没有动机也没有能力去反抗低收入的社会均衡。对于维持这一均衡的社会力量，社会科学已做出了各种令人信服的说明。为了解释人们未能摆脱贫困陷阱的原因，社会科学已提出了以诸如囚徒困境、自由竞争或者自由进退之类为基础的理论机制，并利用这些理论机制解释破坏性因素所引起的后果，这些破坏性因素包括敌对的伦理组织、不能完全控制其领土的弱国、执政时间短且缺乏政权基础的统治者（参见本书第5章），以及精心组织的特殊利益集团等。尽管如此，但恶性的社会均衡这一概念并不同于"动态路径"这一概念。在这里，"动态路径"是指从恶性均衡点到良性均衡点转换的过程。

历史记载表明，从恶性社会均衡到良性社会均衡的转换，常常伴随着各种自发的内部和外部变化，这些变化改变了保持社会均衡的力量。各种内外部因素的变化包括新地区或新政治意识形态的逐渐增强、利益集团之间敌对性的减弱、新社会阶级的出现，还包括不在政府政策直接控制下的相关变化。主要政策制定者所处的环境变化使他们可以轻而易举地解决之前相当棘手的问题。比如，确立民主限制及实行三权分立，促使种族集团之间达成适当的承诺以增强合作，在全国范围内巩固政权，调整主要社会集团的意识形态，以使得它们的意识形态与合法的政府行为交相呼应。[1]

在这里，我们还可列出以下四个因素，即自然资源的发现、突发的经济危机、相对经济地位的下降以及新的社会模式，它们与前述的两个因素并无明显的不同。不过，我还是将这四个因素分开来论述，这是因为它们在社会科学中都有其独特的生命力。

10.2.3 自然资源

我们在这里力图得出的结论是，不经意间发现的丰富自然资源——比如，丰裕的钻石矿产或石油储备——将使国家对其产权结构进行调整。[2] 新的资源可以缓解先前阻碍改革的财政方面的压力，或是启动德姆赛茨的成

---

① 例如，可参见诺斯和温加斯特（North and Weingast，1989）对17世纪英国社会改革进行了详尽的分析。他们认为，当时英国创造了增长偏好型的制度环境。

② 还有其他类似的观点，比如发现自然资源可为本国创造有价值的新市场等。

本一收益过程，从而使得引进、推广与实施产权方面的昂贵投资趋于合理化。尽管如此，自然资源与经济增长之间的关系仍是相当复杂且非常模糊不清的。丰富的自然资源能够使一个国家在继续依赖低效社会制度的同时，达到相当高的人均收入水平。换而言之，丰富的自然资源取代了社会技术，这种情况经常发生在世界上的大多数产油国。举个例子来说，对于提炼、处理和出售原材料的外资企业，以及为宗主国提供专业知识的少数外来人员，政府很有可能与他们共同分享资源租金。以自然资源为基础，同时又 *159* 依赖低效社会制度的繁荣是短暂的，不可能带来可持续的长期经济增长。最初的经济增长也不会持续下去，因为国家往往会缺乏处理恶性变化的能力，比如资源耗尽，或是国际市场上出现了替代品而导致人们对该资源的需求下降，抑或是围绕资源租金的分配而引发了激烈的国内斗争。如果以资源为基础的经济体缺乏培育支持现代产业的社会制度的能力，那么该经济体最终一定会走下坡路。

如果"资源的诅咒"这一术语表示发现丰富的自然资源必然会阻碍社会进步，使得原本有发展潜力的国家偏离其增长路径（Sachs and Warner，1995；Gylfason，Hebertsson and Zoega，1999），那么我并不一定会支持这一流行概念。[1] 我只是认为，丰富的自然资源有可能为那些缺乏引进和应用现代生产技术能力的国家带来经济上的短暂繁荣。与此同时，还存在其他两种可能性：（1）丰富的自然资源所引起的"资源的诅咒"破坏了一国现有的政治与社会能力，从而阻碍了该国未来的发展。（2）在德姆赛茨的例子中，发现丰富的自然资源为创造有效的社会制度提供了动力。历史实践的例子，有可能支持以上假说。比如，北美的经济史就比较吻合德姆赛茨这一关于有效产权起源的理论。

总而言之，发现丰富的自然资源通常会打破原有的社会均衡，但是我们并不能由此概括出丰富的资源对经济增长的长期影响。

10.2.4　突发的经济危机

在归纳政策逆转（policy reversal）的各种动力时，致力于研究宏观经

---

[1]　"资源的诅咒"这一术语，指的是发现丰富的自然资源却带来了阻碍经济增长的一切因素，其中包括所谓的"荷兰病"（the Dutch disease）。这一称谓最初源于荷兰在北海发现了丰富的天然气。在发现丰富的自然资源之后，荷兰人将这一资源用于出口，结果提升了本国货币的价值，使得本国商品与世界市场上其他国家的同类商品相比缺乏竞争力。从某种意义上说，自然资源产业阻碍了荷兰国内其他产业的发展。

济政策改进而非主要制度变迁的政治经济学文献重点探讨了诸如恶性通货膨胀、大量失业、出口市场的瓦解以及国际收支失衡之类的突发性经济衰退或经济危机。在一份以八个相关国家为研究对象所进行的调查研究中，贝茨和克鲁格（Bates and Krueger，1993）发现，改革通常是在经济条件已经恶化的情况下进行的。经济冲击有时会引发政策逆转，伴随着改革局面的突变和一系列导致危机的政策。而这些政策逆转，则会引起长时间的经济停滞。反过来，严重的经济衰退会使人们对现有的政策和制度产生强烈的不满，进而引发一系列有效的改革运动。本书第4章阐述了人们对经济危机的不同反应。我们曾提及过罗德里克（Rodrik，1998）所做的一项经验性调查研究。在这一调查中，他运用国家间在潜在的社会冲突和管理冲突的有效制度方面存在着的各种区别来解释人们对经济冲击的不同反应。最初的条件会再一次决定国家如何对外部条件的变化做出反应。

10.2.5 相对经济地位的下降

对于个人、家庭与国家来说，很少有其他社会因素会比相对于其他个人、家庭和国家自身经济地位的下降所带来的心理影响来得更为强烈。对于国家而言，相对地位的下降所带来的不只是屈辱感，还有来自对其他国家政治与军事侵略的恐惧。在社会科学中，相对财富效应的最好表达方式是格申克龙（Gerschenkron，1962）的相对落后性命题：相对的落后通过引发改革对后发国家的经济发展产生正面的积极影响。格申克龙的相对落后性命题是建立在俄国、德国、法国、意大利与保加利亚的发展经历基础之上的。他认为，一个国家越是落后，那么该国在为经济增长创造条件方面所起的作用就越大。Fishlow（1989，第146页）公正地评价了格申克龙的相对落后性论题。他认为，格申克龙对政治限制的关注不够，并声称格申克龙也"没有注意到国内的阶级和集团的潜在影响，干预主义者认为，如果要发挥重要作用，这些阶级和集团的利益就必须充分地结合在一起"。

在我们看来，关于相对经济地位下降的解释有着司空见惯的缺点。它没有明确地告诉我们，究竟在何种条件下才会使落后国家最终对其下降的地位做出响应。在格申克龙的样本国家中，欧洲国家要比第三世界国家能够更为迅速地对其相对地位的下降做出反应。相对财富的推动力无疑是很重要的，但如果没有更好地了解潜在的社会结构，那么这种影响仍然是未定的。

10.2.6　新的社会模式

社会模式会阻碍有关社会技术的新思想和新知识，因此通过改变从家庭到国家政府各社会层次的策略和行为，社会模式就能打破低收入社会均衡。马克斯·韦伯（Marx Weber）认为，"新教伦理"是现代经济增长背后的推动力。对于这一观点，绝大多数学者都表示怀疑[①]，西方国家经济增长的根源绝不是宗教改革。但是，早期宗教力量为之后欧洲的经济增长作出贡献的观点仍有其可取之处。此外，反现代主义的宗教运动的消亡还可以为经济增长创造各种有利条件。

除了存在有关家庭和工作的道德模式和行为模式之外，还存在其他主要政策模式。这些政策模式力图抓住经济制度和政治制度的那些最基本的特征。对社会制度性质的意外的冲击和不确定，使得人们会普遍抵制现有社会模式，接受新模式，并从根本上去修正政府的政策。即便是在基本政策目标保持不变的条件下，这种情况也有可能发生（具体可以参见本书第3章、第8章）。

各个国家之所以未采用促进经济增长的社会技术，有时则是因为对社会制度性质的不确定。温加斯特与其合作者在他们的论文中提出的所谓的维护市场型联邦制（marker-perserving federalism），则进一步佐证了我的上述观点。[②] 温加斯特等人认为，在过去的300年间，维护市场型联邦制显示了每一时期内经济最发达的国家——从18世纪的荷兰到19世纪的英国，再到20世纪的美国——政治制度的特点。除此之外，这些学者还认为，引入这一制度安排极有可能使印度与墨西哥等国家成为当今世界的经济巨人。

维护市场型联邦制这一理论建立在蒂布特模型（Tiebout，1956）的基础之上。在蒂布特模型中，对现有制度不满的相关人士将会离开本地，用脚投票。在温加斯特（Weingast，1995）构建的理论环境下，初级政府间有关产值和税收的竞争阻碍了它们提供增长偏好型的环境，并使得它们不能实施最优的社会技术。

---

① 可参见 Landes（1999，第175～181页）。作者对马克斯·韦伯的观点表示赞同，认为"新教伦理"确实是早期资本主义制度的一个推动因素。

② 参见温加斯特（Weingast，1993，1995，1996，1997），蒙提诺拉、钱和温加斯特（Montinola，Qian and Weingast，1995），帕里克和温加斯特（Parikh and Weingast，1997），卡里嘉和温加斯特（Careaga and Weingast，2000）。有关美国联邦制的另一个观点，可参见奥斯特罗姆（Ostrom，1987）。

162　　根据我之前提及的主要政策模型，对特定社会技术下的国家发展方式来说，维护市场型联邦制是一个完美的例子。但是，在据我所知的绝大多数例子中，维护市场型联邦制的出现并非因为领导者已充分意识到这一制度的经济特征——他们并没有打算通过引进清晰的社会模式来建立一系列的新制度。① 再看看工业革命时期的英国吧！那时，英国在理论上还不是联邦制国家，但事实上它已经满足维护市场型联邦制的所有条件。② 考虑到印度与墨西哥等国家在 20 世纪末期的政治变化，偶然因素所起到的重要作用是极为明显的，发生在这几个国家的政治变化可能表明了向完全成熟的维护市场型联邦制演化的最初步骤（Montinola，Qian and Weingast，1995；Parikh and Weingast，1997；Careaga and Weingast，2000）。在印度与墨西哥等国家，地方政府领导人认为他们可以比中央政府做得更好，因此他们会采取各种主动的行动对地方产权结构进行改革。虽然这些地方行政单位并不属于联邦市场，也不满足温加斯特的条件，但是它们通过在世界市场上的贸易弥补了这一条件的缺失。

帕里克和温加斯特（Parikh and Weingast，1997）认为，印度少数地方政府已经开始利用自身微弱的优势和新联邦政府在政治上的劣势（新联邦政府取代了长期执政的国民大会党），声称要对地方经济进行改革。在联邦制中，实施改革的地方政府所取得的显著经济成就可以通过联邦制来激励改革者。③ 但是，改革的这种波及效应只是其中的一种可能的结果。对于维护市场型联邦制的可置信承诺的由来以及如何维持承诺，人们知之甚少。例如，什么力量才能阻止联邦政府通过补贴或实施贸易壁垒的方式保护失败的地方经济？地方政府迟早会联合起来要求联邦政府对它们实施保护政策，保护政策的出现会威胁到温加斯特式的联邦体制。

接下来，我将重新讨论六种推动力及其影响，这并不表明任何结果都会发生。历史的作用仍是不容忽视的。比较制度分析（Aoki，2001；Greif，Forthcoming）和历史制度分析（North，1981）都强调先前存在的制度结

---

① 正如温加斯特及其合作者所描述的那样，如果人们早在 300 年前就了解维护市场型联邦制的经济产权，那么学者们就不会在 20 世纪 90 年代还会如此关注这一问题，以至于在专业的学术期刊中还列出经济产权的各种特征。

② 英国工业革命时期的企业家并没有在伦敦和南部地区发现有利的环境，所以选择从英国北部开始他们的改革之路（Weingast，1995）。

③ 只要独立的国家间允许跨国进行无限制的投入品贸易和产出贸易，那么伴随这些国家的相互影响，与维护市场型联邦制相似的变化就会出现。

构影响对社会均衡的选择，并限制一个国家可行的选择集。社会制度随着
不同的历史制度不断演进，因此相似的事件和外部冲击在不同国家所产生
的结果也是不尽相同的。各国历史的不同使得我们用社会科学归纳社会变
化的结果也变得异常困难。当然，在特定的结构中，我们还是能够做出一
些正确的预测的。

10.3　政治历史和改革路径

本部分将使用三个例子阐明在改革压力已存在的情况下，一个国家的
政治历史是如何影响体制改革的方向和速度的。

10.3.1　中国

中国经历了两次巨大的经济倒退——1958—1960 年的"大跃进"和
1966—1976 年的"文化大革命"。此后，始于 1979[①] 年的彻底改革不仅使得
中国在接下来的 20 年成为世界上经济增长最快的国家之一——其人均收入
年均增长率超过 9%，而且还使得该国从贫困国家一跃成为中等收入水平国
家（Qian，2000a，2000b，2002；Roland，2000）。虽然我们可以用很多方
法来解释中国改革的重要性和复杂性，但在这里我们只关注一个方面，即
改革进程背后的基本政治力量（Henning and Lu，2000）。

继"大跃进"之后，"文化大革命"使中国陷入了"维持现状"和"深
化改革"之间的两难选择。没有体制改革，中国势必会在经济和军事上相
对落后，所以改革的总体压力已经出现。中国经济发展的经验和其他国家
的改革教训表明，有效的改革需要的是经济动力和竞争压力。

中国国土辽阔，人口众多。20 世纪 70 年代，中国仍处于农业发展阶
段。中国于 1958 年开始了地方分权化改革。这些基本国情使得地方政府享
有广泛的行政权（Granik，1990；Qian and Xu，1993）。中国的改革大体上
开始于 1979 年，包括农民、工人、管理者与地方党政领导人在内的几乎所
有人都采取了大胆的改革措施。针对经济组织的地方自发性激励调整首先
发生在中国的农业部门。在改革开始的十几年内，人们着手对土地实施经
济改革，地方性试验和重组迅速而显著地提高了实施改革的那些农业地区

---

① 原文如此。——译者注

的生产率。这些地方生产率的提高对其他地区产生了极大的影响。① 此后，地方政府在制造业方面进行有步骤的改革，同样产生了深远的影响。中央政府开始意识到其最优选择是使这些改革合法化，并决定推动其他新的改革（Qian，2000b）。

　　虽然"文化大革命"打破了传统中国一贯的社会均衡，并为结构变化创造了突破口，但各种力量还是会阻碍促进增长的制度。尤其是在产权的重大重组方面，潜在的失败者有着强烈的破坏改革的冲动。当潜在的失败者掌握权力或者在社会中占据重要战略位置的时候，除非改革者和潜在的失败者达成协议，在不完全消除促进经济增长的因素的同时使新的产权结构符合失败者的利益，否则改革很有可能会遭遇失败。有些经济学家将这些次优选择与政治因素分开评价，最终得出了截然不同的结论。但是，其他的改革路径却是不可行的。在某种意义上，可将中国复杂的改革视为一系列成功的让步，这些让步在维持增长的同时保护了那些潜在的失败者。在一系列的研究论文中，钱（Qian，2000a，2000b，2002）描述了这些让步的细节。在地方和企业层面上，新制度对经济激励和市场力量的依赖使得旧体制下的政府官员的作用弱化，他们也因此失去得更多。但是，中国改革的渐进性质为这些潜在的失败者提供了一个保护自我利益的机会。在中国的经济增长奇迹中，乡镇企业（township-village enterprise，TVE）首先出现在农业部门，然后扩展到制造业与其他部门之中。乡镇企业是中国经济增长的一个重要媒介。乡镇企业有着非传统的所有权形式：既非私有，又非国有，而是集体所有。乡镇企业为中央集权体制下的政府官员提供了获得应有报酬的机会。

　　而且，中国的法律体系也已经向传统观念提出严峻的挑战。由计划经济向市场经济的转变发生在一个尚未对私有制契约关系进行充分界定和保护的制度环境之中，中国在支持私有财产和私有企业方面的态度一直都很含糊，直到现在才有缓慢的发展。在这样的制度环境下，蓬勃发展的乡镇企业一直依赖当地政府和权力机构的保护。但是，随着近些年私有企业的发展，中国开始意识到需要引进现代法律。

　　在中国，所谓的"双轨制"模式对潜在的失败者给予了暂时的保

---

　　① "在安徽省凤阳县小岗村开始了一场著名的试验，小岗村农民与当地政府签订合同，用固定额度的小麦换取农户个体耕作。这一举措后来为其他许多地区所模仿，也为中央政府所促进。到1984年为止，中国几乎所有农户都采取这一方式"（Roland，2000，第63页）。

护——允许在以市场为基础的企业中实施为计划经济设计的制度，并不对其进行改革。依照“双轨制”模式，经济代理商首先必须履行计划部门规定的基本职责，然后再以市场价格自由地为市场生产所需的产品。这一制度安排在保护计划部门潜在的失败者的同时，提高了所有部门的效率和收入。中央政府与地方政府之间的关系有一个类似的结构：地方政府——乡镇企业的所有者——负责征税和提供地方性的公共产品，然后将固定的税额交给中央政府，而剩余部分则留为己用。①

中国选择的是渐进的“双轨制”模式，而不是像东欧前社会主义国家那样的更迅速、更激进的改革方式。Sachs 和 Woo（1997）认为，中国保留低效 166
的国有企业，使其与高效的非公有部门并存的做法妨碍了经济的快速发展。从经济学的角度来看，这种观点的逻辑非常鲜明，但恰恰忽略了这一改革过程中存在的各种社会障碍。中央政府已做了相当大的努力，比如调节地方政府行为并使地方政府行为合法化，改善国家制度环境以使其适应改革，等等，改革的基本动力仍是向心力。我们不能忽视历史政治背景，认为中国采取激进式的改革可能会取得更大的改革成果的观点是不切实际的臆想而已。

虽然 21 世纪中国未来的经济和政治方向非常重要，但我们对此仍然知 167
之甚少。的确，中国在 20 世纪最后 25 年时间里的快速经济增长使绝大多数经济学家为之震惊，其中包括产权经济学方面的那些专家，而我们预测主要社会变化的能力仍没有得到显著的提高。不过，我们所能预见到的未来中国最有可能的变化是快速的经济增长以及共产党的稳定领导。

10.3.2　苏联

当人们因渐进式改革而褒贬中国的时候，似乎忘记了苏联和东欧前社
会主义国家的改革持续了几十年，最终却遭遇惨痛的失败的历史事实。许 168
多人认为，计划经济的内在逻辑使得这些国家的体制无可挽救（Nove，1986，1992；Kornai，1992）。从这一角度讲，计划指令、行政指令没能与价格机制的部分自由化相融合。Winiecki（1990［1996］）认为，由于中间层的官员与改革中潜在的失败者总是可以找到隐秘的方法保持自身对生产进程的控制，因此，苏联和东欧前社会主义国家未能成功地用市场力量替代政府计划。

---

① 钱（Qian，2002）详细分析了中国财政制度所诱发的正效应，还解释了财政制度是如何在不减少税收的基础上限制这些地方政府的行为的。

苏维埃国家的经济滑坡是存在危险的内部动力学的一个经典例子。危险的内部动力学过程使得苏维埃式经济相对于以市场为基础的经济而言变得越来越没有效率（Nove，1986；Winiecki，1986）。随着时间的不断推移，中央计划经济体制在科技日新月异的时代下，开始显得格格不入。企业开发和应用新科技，必然会暂时性地中断产品的正常生产流程，从而引起人们对放松管制和打破计划体制的怀疑。而且，实际上制度本身并不会创造新科技。原因很简单，新工业和高科技产业相比采煤和钢铁之类的传统工业，生产关系更为复杂。因此，随着时间的不断推移，高度集中的计划经济体制的任务就越来越难以完成。这些问题再加上其他相关问题，使苏维埃国家的经济走上了一条长期滑坡的不归之路，从而产生了不利的影响。下降的经济增长率，甚至负增长率削弱了公众对领导者的支持，使国内竞争者有机会挑战领导者，从而削弱国家防御和地缘政治上的野心。因此，苏维埃领导者热切地寻求能提高工业生产率和经济增长率的改革道路。为了避免经济瓦解，实行集权统治的苏维埃领导人极有可能愿意放弃国有制，实施私有制和以市场为基础的经济体制。在以市场为导向的专政政权下，最高领导层的某一部分仍会比较成功，但与此同时可能会存在沦为潜在失败者的重要利益集团。

尽管存在着其他方面的相似性，但苏联及其东欧追随者的经济体制比中国的经济体制更加集中，等级制度更为森严。为了使经济体制能正常运行，苏维埃领导人依靠上至最高政府机关，下至企业层的两班人马：一班人马是行政官员和管理者，另一班是对管理者实施监督的工作人员。为了规范高度集中的计划经济体制，同时也为了实现其他方面的目的，苏维埃体制以计划短缺为特征，包括消费品的短缺。在短缺和配额的背景下，官方通过非正式渠道为特权集团提供稀缺商品和服务，这一途径逐渐演变成特权的主要源头。向市场体制的过渡会逐渐消除苏维埃党政工作人员的监督和管理作用，剥夺其特权（Winiecki，1990［1996］）。当最高领导人有很好的机会实施新制度的时候，中间层领导人却没有这样的机会，他们因此成为潜在的失败者。这些中间层的党政工作人员是从一小部分人中选拔出来的，他们除了声称自己对这一体制的无限忠诚外已没有任何技术可言。这一体制所特有的人力资本在市场经济的环境下迅速贬值，这使得他们有着很强的动机去破坏良好的意愿。

在苏联和东欧前社会主义国家中，经济改革源于最高领导层，他们向

中间层领导者下达命令，中间层领导者对命令加以调整并实施。如果命令
得到成功实施，那么中间层领导者必将是潜在的失败者。早在 20 世纪 50 年
代，这些国家就已经开始进行一些小范围的改革试验。Winiecki（1990
［1996］）详细地叙述了政府官员如何调整改革措施，以便在生产过程中仍
能保持有力的控制。因而，改革的性质发生了根本性的改变。通常，改革
在起步阶段就已经失败了，但政府官员仍会装出改革成功的模样。抵制改
革的另一个策略，就是隐蔽地、故意地产生内部的不一致，使各种改革措
施陷于失败的境地，从而为放弃改革提供各种借口。如果改革之初就获得
成功，那么政府官员就会出来阻挠这些改革，并声称这些改革措施已走得
太远，很容易使经济陷入混乱之中。

人们通常要求政府实施大规模的制度改革，但不同的政府实施相似的
政策所带来的经济绩效并不是完全一致的，甚至会走上相反的历史路径。
分裂的利益集团、不同部门间的冲突对制度改革通常会产生极大的影响。
政府的改革绝不能以"乱打乱撞"开始。政府必须处理好政治上的派系斗
争问题，协调处于变化中的各派的利益诉求。

170

10.3.3   博茨瓦纳

20 世纪末，非洲撒哈拉以南地区的人均收入比 20 世纪 60 年代中期的人
均收入还要低。这一地区的绝大多数国家缺乏更新生产方式和应用新技术的
社会能力，而且这一问题与世界上其他国家相比而言更为严重。[1] 对此，第一
种解释认为，非洲的经济衰退不是因为其低效的社会制度，而是自然因素或
地理因素所造成的，比如，气候、疾病、资源等（Bloom and Sachs，1998；
Gallup，Mellinger and Sachs，1998；Sachs，2001）。第二种解释则认为，自然
环境会影响农业生产率和人力资源的质量，从而间接地影响收入水平。第三
种解释将贸易视为经济增长的发动机，用一国融入国际贸易网络的程度有限
来解释其糟糕的经济增长绩效（Frankel and Romer，1999）。虽然在这里我得
出的结论是经验性的，但我仍然坚信制度才是其根本原因。罗德里克等
（Rodrik et al.，2002）检验了制度、地理和贸易对全世界范围内收入水平的相
对影响。他们使用新近发展的统计工具来区别这三个解释变量对收入水平的

---

① 就非洲地区的经济衰退这一事实而言，伊斯特利和莱文（Easterly and Levine，1997）已提供
了各种经验数据。

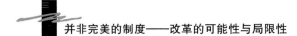

直接影响和间接影响，他们还考虑了反向的因果关系。① 他们发现，当制度保持不变的时候，地理和贸易对收入的直接影响最小，但制度的质量对收入的影响很大。② 尽管如此，地理和贸易通过影响制度的质量进而对收入水平产生极大的间接影响。

　　如果我们不赞同用地理和贸易因素来解释非洲经济落后的观点，那么就要证明政治和历史条件是如何阻碍穷国提高其社会技术的。为什么非洲国家领导人没有建立有利于经济增长的产权呢？中央政府之所以没有成功地实施有效的改革，是因为它们缺乏必要的动力和政治权力吗？那么，地方政府呢？为什么它们没有迫使中央政府进行改革呢？③ 用制度因素来解释非洲撒哈拉以南地区经济停滞，就必须强调这些国家的政治历史重要性。非洲国家的国土边界通常是由欧洲殖民势力在 19 世纪人为划定的，这一做法使得之前没有凝聚力、政治上独立自主的不同民族被拼凑成一个国家（Easterly and Levine，1997）。④ 中央政府引进现代产权制度的做法，对传统地方利益集团的财富和领导地位提出了严重的挑战。于是，它们强烈地抵制改革措施。为了使后殖民主义时期建立的高效管理制度和现代化进程更加复杂，它们会通过依赖最高领袖之类的传统领导者，来提高反对新制度的传统权力者的地位，这就是所谓的"殖民地间接规则"。因此，一旦等到国家独立到来的那一刻，非洲的许多国家都陷于可怕的困境之中：它们缺乏基础设施和人力资本，但是又对西方国家及其生产方式极度不信任，这使得它们不愿意引进西方知识，拒绝使用西方的政策建议。⑤

---

　　① 罗德里克等（Rodrik et al.，2002）讨论了反向因果关系，同时分析了直接影响与间接影响。地理因素能直接影响收入水平，也可以通过制度或贸易间接影响收入水平。收入水平不能影响地理，即便是一个国家变得富有，该国的地理也不会有所改变。我们完全不用担心收入和地理之间会存在反向因果关系。但是，收入水平会影响制度的质量，这一事实的存在向我们的研究提出了新的问题：我们所测量到的制度对经济增长的影响，其中一部分实际上是经济增长对制度质量的影响。尽管如此，仍存在相应的统计方法控制这种反向的因果关系。

　　② 为了测量制度质量，这一研究开展了一项考察投资者反馈的调查。在调查中，投资者被要求回答他们的资产是否会免于被征用等问题。

　　③ 参见阿西莫格鲁和鲁宾逊（Acemoglu and Robinson，2000），该文主要论述了经济发展中政治失败者所起的作用。

　　④ 赫布斯特（Herbst，2000）认为，国家只有控制了边界内的全部领土后，才能够继续生存。一些因素的存在限制了历届美国政府完全控制其领土的能力，赫布斯特仔细研究了这些因素。赫布斯特认为，建立国家的问题先于殖民地主义，并声称"理解国家统一能持续好几个世纪是极为关键的"。

　　⑤ 对西欧国家的不信任还使得非洲一些新独立的国家反对前任统治者的政治和经济体制，反而实施计划经济体制。

按照贝茨（Bates，1981）的观点，在非洲许多新独立的地区，最有效的夺取政权和执掌政权的政治策略就是形成一个城市精英的政治联盟，包括行政机构、军队、最初城市工业部门的领袖。这一政权基础在数量上不多，统治者不是用公共品而是用半私用物品、私用物品来奖励其支持者。这一做法不仅行得通，而且还非常奏效。奖励方式，要么是直接地给予资源，要么是间接地赋予支持者各种垄断权力。[①] 在这些原始的农业经济体中，农业部门成了国家破坏性掠夺首当其冲的目标，国家的破坏性掠夺严重地抑制了生产者的生产积极性。没有被完全忽略的基础设施工程被用做清偿政治委托人、分割和管理农村的筹码。在这种环境下，制度结构对滥用职权的限制少之又少。再加之缺乏民主限制，这两者都增加了参与政治游戏的收益。

关于非洲政治经济衰退的这些描述，并非表明这些地区的领导人都是无能的，或是不道德的。他们只是特定历史条件的特定产物，他们所处的历史环境不允许他们形成那些合法的、有成就的、以经济增长为目标的政治联盟。处于这一增长悲剧背景下的博茨瓦纳——在其独立的 1966 年就处于这种悲惨的困境之中——却成为了非洲地区的一大例外。在 20 世纪最后三分之一的时间里，博茨瓦纳经历了世界上最快的人均收入增长率——年均增长率超过 7%。[②] 对于"博茨瓦纳是如何做到的"这一问题，阿西莫格鲁、约翰逊和鲁宾逊（Acemoglu，Johnson and Robinson，2001）的研究论文中，既有精辟的个人分析，又有丰富的历史文献调查。他们认为，博茨瓦纳独立时的政治历史，使其领导人建立了引致经济增长的社会基础。博茨瓦纳的经济发展恰恰就得益于此。

实际上，并没有学者会认为博茨瓦纳的成功是领导人探索和尝试非传统新经济政策的结果（Acemoglu，Johnson and Robinson，2001）。相反，博茨瓦纳确立了安全的现代产权体系和运行良好的市场体系，并对宏观经济管理加以规范和限制。博茨瓦纳的成功秘诀在于领导者政策选择的社会基础和政治基础。尽管如此，阿西莫格鲁、约翰逊和鲁宾逊（Acemoglu，Johnson and Robinson，2001）所做的相关历史事实回顾却表明，有利的背景因素是如此之多，以至于有关博茨瓦纳高增长率的解释总显得有点以偏概全。在这里，我的目的不是为"博茨瓦纳增长奇迹"提供新的解释——这已经成为相关学科的一大主题，而是强调其成功的基本原因，包括博茨

172

---

① 具体可参见本书第 5 章。
② 最近艾滋病狠狠打击了博茨瓦纳，该国在 21 世纪是否能维持长期的经济增长，目前尚无定论。

瓦纳独立时社会环境中一些尚未说明的特征。不妨考虑以下几个背景因素：

（1）因为博茨瓦纳只是殖民地时代次要的利益所在地，英国并没有运用其"间接规则"，也没有采取其他提高传统领导者地位的措施。因此，当英国殖民者撤出博茨瓦纳的时候，传统领导者的地位相对而言依然是比较低的。独立之后新执政的中央政府能够轻易地巩固其对国家的统治。博茨瓦纳为现代化所做的各种努力，并没有遭遇强大的地方性抵制（Acemoglu，Johnson and Robinson，2001）。

（2）博茨瓦纳在伦理道德和语言方面是相对统一的，而对于非洲许多国家来说是非常严重的问题——地方存在敌对势力和不协调的利益集团之间缺乏合作——在博茨瓦纳并不存在。

（3）博茨瓦纳的传统政治结构包括了一个由成年男子组成的顾问委员会。顾问委员会并不是非洲前殖民主义时期的社会特征。就顾问委员会到底是橡皮图章（rubber stamp），还是民主的初级形式这一问题，学者们已展开了相当激烈的争论。但是，顾问委员会似乎对博茨瓦纳独立时的政治稳定性和民主作出过相当大的贡献（Acemoglu，Johnson and Robinson，2001，第23页）。[1]

（4）博茨瓦纳既不存在传统的城市—农村政治分裂的问题，也没有像非洲其他国家那样实施剥削农业部门的政治策略。农业利益集团是胜利政治联盟的决定力量，家畜所有者占了国会三分之二的席位（Acemoglu，Johnson and Robinson，2001，第22页）。

以上这些因素再加上其他因素，使得独立的博茨瓦纳政府在建立促进经济增长的制度的同时得以继续存在。博茨瓦纳独立时的正式教育水平是出奇地低。[2] 面对人力资源匮乏这一问题，政府开始寻求有技能且出生于国外的公务员，并在优先投资国内教育的同时，还从国外获取科学技术发展方面的各种专家建议。为了发展本国的制造业，博茨瓦纳主要依靠外商直

---

① 我们需要进一步了解顾问委员会，以便理解它对现代化的影响。传统社会的顾问委员会——比如印度的村务委员会（Panchayats）、阿拉伯国家的SHURA——通常是保守党政策的源泉。

② "除艾滋病因素之外，博茨瓦纳的经济发展速度在人类发展史上同样是引人注目的。在提供基础教育和基本医疗保险方面，博茨瓦纳政府已经在全国范围内采取了许多重点措施。小学入学人数已经从1966年的66 100人上升到1995年的319 000人，年平均增长率为5.4%。而且，在最近几十年，入学方面的性别比例也逐渐协调，女子入学人数超过总人数的50%。同时，中学和大学入学人数也在相当低的基础上多了起来，年增长率呈双位数"（World Bank Group，Africa Region Findings，NO.161，"2000：Botswana：An Example of Prudent Economic Policy and Growth，"1，http：www.worldbank.org/afr/findings/english/find161.htm）。

接投资，这意味着需要保护的国内制造商不可能成为该国政治舞台上的重要角色。

最后，博茨瓦纳的例子与其有利的政治条件，使我们能够反对"资源的诅咒"的假设，至少"资源的诅咒"不再是一个通则。独立后，发现异常丰富的矿产资源并没有使博茨瓦纳偏离其经济增长路径。占社会总产品40％的矿产被用来支持经济增长，而与此同时，非洲其他地方的自然资源只会引发国内战争而无法带来真正的经济增长。

博茨瓦纳的经济增长经历似乎表明，应该把经济政策与促进经济增长的产权适当融合，这一传统观点在非洲撒哈拉以南地区也是适用的。但是，这一例子对非洲其他国家并没有借鉴作用，因为其他国家并不可能重塑历史。在追求经济增长的过程中，博茨瓦纳的政治结构很有可能帮助其他国家优化其政治发展目标。尽管如此，这些国家有意识地改革其基本政治结构的能力在短期内似乎相当有限。当然，这并不是说这些国家的改革者应该放弃。最后，博茨瓦纳这一案例强调人们创造经济增长偏好型的社会条件和预测制度改革会在何处成功的能力也是相当有限的。例如，在 20 世纪60 年代，许多发展经济学家对尼日利亚之类的非洲国家抱着相当乐观的态度，而对韩国这样的国家却不抱太大的希望。不论如何，不可否认的是，我们的社会模型仍是相当不完善的。

第11章 最小产权和法律移植

　　在改革措施已经通过正式的政治程序这一假设条件下，本章将集中讨论改革措施的实施问题，并从法律移植的角度分析改革失败的原因。

　　将甲国的法律制度移植到乙国，有时会大获成功，有时却会遭遇惨痛的失败，这表明生产技术比社会技术更容易传播。归根结底，移植法律是在尝试移植特定的行为模式。移植法律要想获得成功，一方面，目标国的国民必须对自身的政策模式做出适当的调整，以适应新的制度环境；另一方面，政府当局必须为"法律生产"分配足够的资源，换言之，政府当局要为法律制度提供必要的基础设施和投入。本章首先讨论法律移植失败的原因；然后，关注维持增长所需的最小产权问题——其中，既包括正式产权，又包括非正式产权。在讨论维持增长所需的最小产权时，我提出了以下几个问题：强大的国家、弱小的国家，究竟哪个才是经济增长的更大威胁呢？难道只存在唯一适合的促进增长的产权结构吗？当一个低收入国家试图提供维持增长所需的最小产权时，能走一条成本递减的"终南捷径"吗？

11.1　对制度改革的普遍反对

早在本书第 1 章中我就已提及，一些国家贫困、不能使用国外生产技术的根本原因在于它们不能应用新的社会技术，而这些新的社会技术对支撑现代经济来说却又是必不可少的。这些国家之所以没有建立维持经济增长的制度，要么是因为它们的领导人缺乏进行改革的动力或政治支持，要么是因为政府尝试改革的时候，改革措施就已失败了。导致制度改革失败的原因有很多，不完善的社会模式则是其中最重要的原因之一。在这里，我们重点讨论的是人们对制度改革的普遍抵制，这一抵制源于新旧社会技术的不可兼容性。

在社会科学中，关于不相容的社会技术，最为著名的经验性案例当属罗伯特·帕特南、罗伯特·莱奥纳尔迪和拉法埃拉·纳内蒂（Putnam, Leonardi and Nanetti, 1993）的研究。在其研究中，他们集中讨论了 1970 年意大利的区域管制改革，意大利的改革并没有使南北地区的行政绩效达到均衡。这一研究将南部的失败归因于南部缺乏社会资本或自治权，主要是利用社团公共传统和民间参与这两个指标进行测度。[①]　罗伯特·帕特南等人的研究虽然广为人知，但也极富争议。在一篇评论论文中，悉尼·塔罗（Tarrow, 1996）在高度赞扬这一研究的同时，认为罗伯特·帕特南等人的基本模型过分强调了经济因素和文化因素，而忽视了政治因素，尤其是中央和地方政府间的关系（可参见本书第 10 章）。

在分析人们对新的法律法规的抵制方面，共存在三种模式：第一种模式在标准的政治经济体中普遍存在，它把焦点放在理性人的战略选择上。理性人总是依赖那些反映政治经济体真实特征的政策模型，他们的目标是使自身财富最大化，而将新的社会规则视为达到目标的工具。只有当新规

_175_

---

①　通过调查体育俱乐部、合唱团及其他团体的密度，这一研究测量了团体发展水平。民间参与（civic engagement）用报纸读者总数和参与投票的总人数反映。

则与其目标相冲突的时候，人们才会抵制以经济增长为导向的法律和法规，例如，人们不能从新的经济繁荣中获利或者不能收到令人满意的补偿金。

第二种模式保留了第一种模式的全部基本特征，除了人们在如何评价社会结构方面表现不同之外。人们对社会结构的认识有着不确定性，继而可能会反对、拒绝运行新规则，因为他们不相信这些规则将会产生预想的结果。第二种模式所强调的是，人们对导致相同结果的不同方式存在一定的争论。

在第三种模式下，人们仍然以目标为导向，但他们从自身利益出发，重视某些规则，而不只是将其视为达到特定目标的工具。受重视的规则反映了普遍的观点和道德准则，比普通的社会规则更严格。当由于未知的原因而导致规则没有产生预期中的理想结果时，人们很容易反对普通的社会规则。[①] 但是，受重视的规则并不会永远受重视。如果获得规则的机会成本变得很高时，那么绝大多数人就会停止依赖受重视的规则。例如，人们宁愿打破饮食规则，而不愿意被活活饿死。按照第三种模式，当法律和其他规则与社会价值体系相抵触的时候，人们就会普遍抵制这些法律和规则。

当政府引进新的社会规则促进经济增长时，人们的反应可能会基于纯经济策略、对相关方法和结果的不确定性、受重视的规则，这三者的相对重要性会随着实际情况而发生变化。更为复杂的是，整个国家在向新的社会均衡过渡的过程中，不仅会学习新知识，而且还会进一步调整个人期望。当个人从处于恶性社会均衡中的本国迁移到有着高效规则的外国时候，学习、回顾和协调的过程就变得简单得多。整个社会的均衡调整，类似于在一个存在多个潜在均衡的复杂博弈中人们相互之间做出的相应调整。同样，个人的社会均衡调整，类似于在竞争性市场中家庭和企业对固定参数所做的调整。相对而言，向社会均衡调整的任务是比较简单的。当个人迁移到新的社会的时候，原先的一整套重要规则在新的社会背景下就变得相对低效，而且具有一定的不确定性。如果遵循这些规则的成本极高，那么人们极有可能会逐渐忽视原有的规则。

---

① 致力于研究理性选择的学者，有时候会认为受重视的规则只不过是工具性的规则，这些工具性的规则是在以前的社会均衡中就已经存在的。之所以在现有背景下还可以存在，是因为人们在调整社会模式和战略方面行动迟缓。即使这些学者的观点属实，长期调整时滞也能使这些"非理性结论"成为一种重要的社会力量。

11.2 法律移植方面的问题

法律移植成功与失败的案例是社会技术国际化普及最基本的例子，透彻地理解法律移植成功或者失败的案例，有助于我们理解有关经济增长的社会壁垒问题。在法律已存在的情况下，移植国才会从他国复制法律体系。这里的关键问题是，决定法律移植成功与否的因素到底是什么呢？对此，我们依然缺乏一个强有力的理论的支持。对于产权保护和经济绩效之间的正相关性，我们已经拥有大量的证据——既有理论方面的，也有实证方面的。法和经济学文献深入地研究了修改现代法律制度所带来的经济影响，但这些经济影响仍然只是对原有稳定制度所做的边际调整。当制度低效的国家移植国外法律体系的时候，对于移植成功的条件，人们知之甚少。在一项以司法改革和经济发展为对象的研究中，理查德·梅西克（Messick，1999）解决了几个一直悬而未决的难题，其中包括[1]：究竟是公正的法律体系导致良好的经济绩效，还是存在其他诸如信念、社会资本之类的因素，既影响法律体系，又影响经济绩效的质量？司法改革的成功依赖于引进各种法律元素的次序吗？将发展中国家的司法改革与非正式的实施机制相结合这种做法是法律移植成功的关键吗？到底该怎么做呢？在讨论现有的美中法律移植行动（U. S.-China initiative）时，马修·斯藤芬森（Stephenson，2000）提出了相似的质疑，美中法律移植行动旨在促进中国"法律规则"体系完善，"法律规则"这一概念与西方国家法律的概念是相对应的。马修·斯藤芬森认为，差的理论基础是导致美中法律移植行动失败的原因之一。在讨论现今的法律改革措施时，学者们通常会回顾 20 世纪 60 年代遭遇失败的法律和发展运动（law and development movement）。那时候，美国做出了一系列坚持不懈的努力，为亚洲、非洲以及拉丁美洲一些国家提供法律援助，以支持这些国家的经济发展。[2] 就法律和发展运动失败的原因，学者们已经写了许多相关的研究文章。理查德·梅西克（Messick，1999，第126~127 页）提出了以下重要论题：法律改革并没有引起社会变化，而只

_177_

---

① 虽然司法改革和法律改革之间的界限是很模糊的，但司法改革项目的核心是由强化政府司法部门及相关实体——比如公共检察院、公共辩护事务所、法院协会及法律学校——等措施组成的。

② 美国国际发展机构、福特基金与美国其他捐赠机构都支持了这一运动。为了这一运动，还专门从美国最好的法学院聘请了相关的法律教授（Messick，1999，第 125 页）。

是适应了社会变化的要求——法律绝不是社会变化的发动机。缩小发展中国家法律理论和法律实践之间的差距，所需要的不仅仅是为国内律师提供更好的教育，还要进行其他方面的配套改革。事实上，发展中国家在移植法律的同时，并没有像美国那样发展引人注目的、独一无二的法律模式，比如，律师有独特的能力，可以通过法律手段来影响政府实施的政策。

事实上，法律移植的结果千差万别——从完全成功到基本失败。市场经济国家的现代综合法律秩序（modern comprehensive legal order），在 18 世纪晚期和 19 世纪早期最先出现在欧洲一些国家，最后变成欧洲最重要的出口项目之一（Berkowitz，Pistor and Richard，2000）。绝大多数国家都移植了英国普通法、法国法典和德国民法典。当代实施现代法律制度的国家，基本上都在 19 世纪晚期和 20 世纪早期移植了这三种法律制度中的一种，因而这三种法律制度构成了移植国法律体系的核心要件。[①] 除此之外，最近欧洲与亚洲一些国家也涌现出一股法律移植的改革浪潮。

对于法律体系、移植方法两者与法制水平（产权安全性）之间的关系，贝尔科维茨、皮斯托和理查德（Berkowitz，Pistor and Richard，2000）做出了精确的估计。这些作者还用统计数据衡量了法制水平与经济发展水平之间的关系，其中经济发展水平是用人均收入来测度的。贝尔科维茨及其合作者使用了一个包括 49 个国家的样本——其中有 10 个国家是法律母国，剩下 39 个国家是法律移植国。首先，他们按照移植的性质对法律移植进行分类。[②] 接着，他们用计量经济学方法估算移植效应（transplant effect）。移植效应测量的是将法律这一社会技术从母国应用于移植国的成功程度。贝尔科维茨比较了母国和移植国的法制性指数——法律安全或者法制机构的效率，得出了关于移植效应的经验性估计。法律移植的负效应表明，移植特定的社会技术并不一定会取得成功。这一研究表明，移植效应降低了移植国的平均法制性水平，使移植国的法制性水平与母国相比降低了三分

178

---

① 贝尔科维茨、皮斯托和理查德仅仅确认了 10 个母国——也就是那些内生发展现代法律秩序的国家。这些国家依次为英国、法国、德国、澳大利亚、瑞士、美国、丹麦、芬兰、挪威和瑞典。虽然美国建立了自己的法律秩序，但是，英国普通法起初还是影响了美国。澳大利亚法与瑞士法虽然存在明显不同，但两者都属于德国法系。

② 研究样本中的移植国都在 1769—1945 年间接受了移植的法律制度。

之一左右，这反过来又进一步降低了 GNP。[1] 计量实证研究表明，"移植效应能解释大约 69％的法制性变化，进而能解释 GNP 方面 83％的变化"（Berkowitz，Pistor and Richard，1999，第 3 页）。[2] 在贝尔科维茨的研究中，法律制度的质量主要由五个因素决定，法制性变量是其中的一个加权指标。[3]

移植国的法制水平在某种程度上是由引入和实施国外法律制度的方式决定的，相对而言，实际的源头法系——英国法律、法国法律和德国法律——就显得无关紧要了。在贝尔科维茨等人的这一研究中，对于衡量法律是如何得以移植和实施的复杂指标，作者们做了一定的改进工作。同时，他们也认为，可接受移植和不可接受移植之间的差别才是这里的最根本的区别。法律移植负效应仅仅与不可接受的移植相关，而与可接受的移植无关。在这里，最基本的一个假设是，国内对新法律秩序的要求使得新的法律体系变得有效率。在通常情况下，国家只有在作为殖民地的时候，才会不自觉地接受法律移植。除非由于历史和文化的原因，目标国的居民对移植的法律很熟悉，否则不自觉的法律移植通常都是不可接受的。对于自觉的法律移植来说，只有当目标国的居民对新法律非常熟悉的时候，或是目标国对移植的法律做了重大调整，使得移植的法律能够适应本国原有的正式和非正式的法律秩序时，自觉的法律移植才是可接受的，否则就是不可接受的。[4]

让我们不妨暂停，再来研究一下关键概念。考虑一下自觉的不可接受的移植——比如土耳其法律移植的例子。土耳其的法律移植在法制性指标上已达到 11.84，而瑞士则达到最高分 21.92。从 1850—1927 年，虽然土耳其移植了法国法律，但是，土耳其人民对其法律传统缺乏必要的了解，又

179

---

① 这些学者在控制法系类别的同时，也对移植效应进行了精确的估计。德国民法典抵消了一部分移植效应，将移植效应降到原来的 24％，英国的普通法和法国的民法对移植效应没有任何抵消作用。贝尔科维茨、皮斯托和理查德发现，产权质量与人均收入之间存在显著的正相关关系。这一观点也在其他众多研究中得到了证实，如 Knack 和 Keefer（1995）。

② 作者们发现，移植效应并不直接影响经济发展，只是通过影响法律水平间接地影响经济发展。"线性回归分析表明，法律水平每提高 1％，就会引起人均 GNP 增加 4.75％"（Berkowitz，Pistor and Richard，2000，第 1 页）。

③ 这五个指数依次是司法制度的效率、法律规则、腐败、肆意没收的风险及违反合同的风险。

④ 除了包括 10 个法律母国之外，样本还包括"11 个可接受移植的例子和 28 个不可接受移植的例子"，"11 个可接受移植的例子中 6 个是自愿移植，28 个不可接受移植的例子中 14 个是自愿移植"（Berkowitz，Pistor and Richard，2000，第 12~13 页）。

没有对移植的法律做出适当调整以适应土耳其传统。[①] 要是新的法律不能产生极高的法制水平，那么许多国家在引进新的法律后就只能将其存留在书本上，而不能付诸实施，这类现象比比皆是。对此，贝尔科维茨专门解释了其中的可能原因。很明显，土耳其在产权结构方面所做的深层次改革，与该国的社会均衡是格格不入的。但是，究竟是什么原因使得自觉的但不可接受的法律移植在土耳其能持续存在下去呢？对此，我们依然没有比较明确的解释。一个可能的答案就是，领导者希望这些法律终有一日会成为社会变化的发动机，因此允许这些低效率的法律继续存在。这在理论上仍是可能的。

最后，这一研究的统计系数，使得作者们可以粗略地检验各种与事实相违背的假说。比如，1831—1881 年，厄瓜多尔不加调整地复制了法国的法律，同时，厄瓜多尔人民对法国的法律却又缺乏必要的了解。如果厄瓜多尔在国内发展自己的法律制度，或是对移植的法律做出调整以更好地适应该国国情，那么按照以上两种条件计算的结果就变成共同的愿望：1994 年，厄瓜多尔的人均 GNP 可从 1 200 美元增长到爱尔兰的水平——13 000 美元（Berkowitz，Pistor and Richard，2000，第 3 页）。[②]

贝尔科维茨等人的研究表明，不可接受的法律移植也可变成可接受的法律移植。有些国家能够将负的移植效应转变成正的移植效应，这表明经济计量模型低估了这些国家的法律移植绩效。在相关的数据库中，新加坡、西班牙与葡萄牙等国家的法制移植水平比模型预测的要高得多（Berkowitz，Pistor and Richard，2000，第 27 页）。

11.3 移植效应分析

贝尔科维茨、皮斯托和理查德（Berkowitz，Pistor and Richard，2000）试图估计这些移植效应——社会技术的不完全转移。为什么落后国家不能从世界知识的增长中获益呢？移植效应是落后国家中一系列令人困惑的行

---

① 在参考库兰的观点之后，作者认为，在 1850 年，土耳其已经完全采用了法国商法。土耳其移植法国商法并没有花 77 年的时间。更确切地说，土耳其所进行的调整是缓慢又有适应性的，而不是"没有调整"。与之相反的观点则认为，土耳其进行了大量的调整。

② 厄瓜多尔从另外两个移植国——西班牙和委内瑞拉——自愿地移植了法国法律（Berkowitz，Pistor and Richard，2000，第 21 页）。

为的关键因素。作为理论上的估算，贝尔科维茨等人的这一研究表明，认知因素和需求因素能解释这些移植效应。人们运行某一特定法律的同时，必须了解和接受这一特定法律赖以生存的准则。从某种意义上讲，就是还要对这一法律制度有内在的需求。[①]

相对而言，本部分强调的是抵制法律改革的政治策略和文化因素（分别属于本章前面所讨论的第一种和第三种抵制模式），基本上没有强调理解新制度方面的问题（属于第二种抵制模式）。对三种模式区别对待，有着非常重要的实际意义。如果第三种反应模式——保卫受重视的传统准则——是主要移植效应背后的基本力量，那么致力于提高社会技术、赶上高收入国家的经济落后国家，其前景会是非常惨淡的。因为当人们由于新的法律与传统的价值准则相冲突而转向普遍反对法律改革时，中央政府要引进现代法律制度就不会有太多可行的政策选择。相反，如果对新法律体系的抵制主要来自政治方面，并且建立在物质利益基础上，那么政府至少可以在政治、经济和法律方面做出相应的补偿。对于第二种抵制模式，政府可以发动教育运动，试着让公众相信新的法律秩序不仅是性能良好的，而且还是有效的。

我们究竟应该如何解释移植效应呢？有些国家的法律移植失败，与这些国家的传统价值体系和认知模式有关吗？关于移植效应，还存在更彻底的物质方面和政治方面的解释吗？认知因素和实践因素之间，究竟存在着怎么样的联系呢？当物质条件和政治条件得到满足的时候，是否要从意识方面来调整相关的标准和策略呢？让我们首先解释一下物质因素和政治因素的概念。

法律制度不仅仅是留存在书本上的法律知识，而且还是一个产业，一个"生产"法律强制力的服务行业。像其他产业一样，性能良好的法律制度需要起步阶段的投资、熟练工人的服务、其他各种高质量的投入以及拥有完全信息的消费者等。如果移植国仅仅只是移植新的法律，而没有适当地进行基础投资（比如建筑物、录音系统和法律知识的普及等），或者没有为当前的法律运作提供高质量投入，那么移植国就不可能达到相对高的法

① "我们的基本观点是，要使法律有效运转，对法律的内在需求就必须存在。只有存在对法律的内在需求，书本上的法律知识才会真正用到实践中，负责发展法律的中间人才会对这一内在需求做出反应。如果移植国可以使移植的法律适应本国国情，或者是国民对移植的法律的基本准则已经相当熟悉，移植的法律就会付诸实施。法律一旦付诸实施，对法律强烈的需求就会为法律改革提供丰富的资源。当所有这些条件出现的时候，我们就可以期望移植的法律能够有效地运行，发挥的效率也就很像在法律内生发展的母国那样"（Berkowitz，Pistor and Richard，2000，第2～3页）。

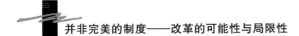
制水平。由上述情况导致的法律制度失败，有点类似于企业因忽视工厂和设备、投入品的质量和营销而导致的失败。

181   这里的政治因素指的是反映社会权力结构的法律体系与作为权力斗争工具的法律变更。对于处于现代化建设进程中的发展中国家，当中央政府引进西方法律体系的时候，所实施的政策必然会削弱甚至摧毁原有的权力基础，最终还会毁灭地方精英的重要财富源头。全新的法律制度还会改变地区和各个利益集团的相对财富与权力分配。为了便于分析，我们考虑这样的法律制度，该制度赋予宗族至高无上的权力和法律权威，不允许妇女继承财产，并限制将土地转让给特定的社会集团。在这一背景下，如果政府引入西方法律和司法制度，允许土地自由买卖，那么在新的法律制度下农民就会遭受更大的利益损失。新的法律对传统社会的权力基础提出了强烈的挑战。在新的制度下，利益受损的人往往会有很强的动机从自身利益出发，使用一切可能的方式对新制度加以抵制和破坏。有时候，他们甚至会对他人进行恐吓，目的是阻止人们将案件移交官方法院，或者是诱导人们将案件交给传统的宗族会议处理。他们破坏新制度的另一个策略，就是使得那些人员不足、尚无经验的官方法院系统近乎瘫痪。他们采用的方式通常是先以各种新案件充斥法院，然后在法院做出判决之前撤销案件。地方掌权者总是使法院穷于应付或是使用命令来制造时滞，然后单方面实施仲裁，他们的做法足以击垮弱势的反抗者——包括那些试图通过新制度行使财产继承权的寡妇。这样的情形使得人们很难区分重要准则的单独角色、纯粹的物质利益以及关于新法律制度的真正性质的困惑。

    现代法律的选择性引入，是使得社会分裂和社会抵制最小化的重要方式之一，也是保护统治者利益的重要策略之一。在非洲或其他地区，欧洲的殖民者很早就意识到，欧洲法律有可能会和殖民地的传统物质利益及价值观念相冲突。所以，在某些情况下，欧洲殖民者只对欧洲移民实施现代法律制度，对殖民地的本土居民则继续实施原有法律制度。如果某些法律和殖民地的传统价值观念相抵触，给殖民者带来的经济利益又是相当有限的，那么对于这样的法律制度，殖民主义者采取的往往是回避的态度（Stephenson，2000）。现代法律选择性引入的典型做法就是殖民者在引进西方

182   商业法典的同时不干预传统法律。① 佛朗哥时期的西班牙当局也意识到了类

---

    ① 除了殖民地宗主国之外，所有统治者均遵循保护传统法律的战略。土耳其早在1850年就采用了法国民法，但是直到1926年才开始改革。以上这些观点均来自库兰。

似策略的优点。于是，他们给予司法部门很大的独立权。与此同时，确保法院只处理那些政治上无关痛痒的案件（Stephenson，2000，第 18~19 页）。第三世界国家的民主政府在向现代化转型的过程中，为了使政府行为与传统部门之间的冲突最小化，只引进经济增长所必需的法律制度，而使传统法律的其他方面保持不变。[①] 这一策略的目标是使政治冲突最小化。因此，这也就提出了经济增长所需的最小产权问题。这一问题将是我们接下来要讨论的主题。

如果在引入新的法律之前，政府并没有完全控制其领土，使其国内保持和平状态，或是政府内部相互冲突的利益集团众多，那么新的法律就可能得不到恰当地运行。同样，如果政府统治下犯罪团伙横行，国家不能解决朋党之争，缺乏广泛的政治基础，政治生涯短暂，也不能降低政治博弈风险以使欺骗失去诱惑力，那么新的法律制度就不可能是有效率的。一些学者和改革者将这一因果关系倒转过来，认为现代法律制度是首要的政策工具，能影响社会体系中的目标变量（见本书第 8 章）。依照这一观点，新的法律能形成社会规范，协调物质利益，巩固无组织的弱国或压制掠夺性国家，进而引发经济增长。对于这一观点，我并不表示赞同，新的正式法律本身并不能完成这些转变。

11.4 维持增长的最低法制性水平

维持经济增长的最低法制性水平问题，包括法律内容和法律实施水平两个方面。首先，我们要问的是，什么样的法律和产权形式最有可能为经济增长创造动力，并由此带来长期的经济增长。只要经营得当，那么大规模的市场安排就是增长偏好型的。其次，是专有性产权的安全性问题。产权之所以是不安全的，是因为国家会掠夺人民，并剥夺人民的所有权；或

---

① 在改革的时候，政府必须避免用低效的新制度取代运行良好的传统产权。奥斯特罗姆（Ostrom，1997）认为，许多新独立的国家废除了支配自然资源的传统产权制度，使资产国有化的同时又没有提供有效的管理措施。这些行为有时会带来自由进入和资源浪费。依照奥斯特罗姆的观点，中央政府改革者对监管问题通常缺乏正确的评估，也缺乏成熟的传统权力。传统产权制度拥有复杂的结构，分布在不同的社会层次中，其规则和实施机制可以用来阻止外部人进入，并对内部人实施监督。当资产处于完全界定的产权制度下时，内部人控制了资源的使用和管理，掌握了专有使用权，使得外部人不得分享。虽然在传统社会中，不同集团的权利有时仅仅是建立在当地传统法律和社会规范基础之上的，但是通常，内部人权利是由国家正式界定的。

因为私有部门之间相互掠夺，国家必须提供充分的保护。本章余下的部分将主要讨论以下四个问题：首先，阐述经济增长的不同制度基础，经济增长偏好的市场制度通常有悖于规范经济学的理想标准。其次，我将简要地讨论究竟是弱国更适合增长，还是强国更适合经济增长。再次，我将讨论在保护产权和履行合同方面，公共部门和私有组织之间的人员分配问题——假设政府是弱势的，或是无能的，但不是掠夺性的。如果政府在保护产权方面几乎是不作为的，那么私有组织界定和保护的产权还能够维持经济增长吗？最后，本章要介绍的是，如何使穷国提供安全产权的成本最小化，这一论题经常被人们所忽视。快速地引进现代法律制度，将给缺乏人力资本和物质资本的穷国带来沉重的负担，因此，成本最小化的策略通常是，最初引进维持经济增长的最小产权，然后再对最小产权加以修正。

11.4.1　增长的不同制度基础

当主流经济学家评价产权的不同体制时，所依赖的理论通常是新古典经济学的一般均衡模型和福利经济学的相关理论。在一个稳定的经济体系中，人们拥有完全的信息，产权也被完全界定。在传统的完美经济模型中，人们假定资源能够得到最优分配，因此忽视了现实世界中资源分配的真实情况。而在真实的世界，市场是不完善的，也存在普遍的不确定性。知识和科技都处于不断变化之中，社会限制和政治限制都会影响人们的选择和产出。例如，对于那些导致发展中国家重要产业部门垄断化的经济政策，或是用政府控制的金融系统资金来奖励垄断者的经济政策，经济学家都能预计到会出现可怕的结果，因此绝大多数人都会表示不赞成。但是，韩国在20世纪70年代用类似的政策对重工业和化工产业实施改革，帮助韩国创造了由大财阀推动的韩国经济增长奇迹（Woo-Cumings，2001）[①]。

当政策制定者舍弃自由主义，开始鼓励垄断、干涉市场、管制企业的时候，如何抓住改革的机会就显得非常重要。在韩国的这一例子中，那些严重地损害政府政策效果的机构性问题，是强大的政府从一开始就没有预料到的，而政府支持的垄断是其实施的一般经济增长政策的重要组成部分。在其他许多国家，当国家偏爱有垄断权的企业，直接干涉企业的生产计划，对企业债务进行补贴的时候，政府所采取的措施与促进经济增长的制度策

---

① 韩国的这一经济增长奇迹，又被称为"汉江奇迹"。——译者注

略无关，而仅仅与奖赏政府的政治支持者有关。

韩国的经济增长奇迹不仅告诉我们抓住改革的机遇很重要，而且还告诉我们经济制度绝不是静止的，就如同生物体通过与周遭的环境相互影响而不断成长和发展一样，经济体也会发生变化。在韩国，政府和财阀之间彻底的合作战略逐渐显得机能失调，因而就需要进行大刀阔斧的改革（Woo-Cumings，2001）。从韩国经济增长奇迹中可得到两个结论：其一，改革的内容很重要；其二，内生动态性会逐渐改变经济制度——有着普遍的合理性。正如斯蒂格利茨和尤素福（Stiglitz and Yusuf，2001）所述，经济增长的奇迹（economic miracles）同时也是经济增长之谜（economic mysteries）。他们还证明了，人们经常会不自觉地混淆经济增长奇迹的原因及其变化的趋势。[1]

由此，我们可得出的第一个结论是，所有增长奇迹的解释变量都有一个共同点，即增长偏好的政治均衡。如果一个国家内部，从中央到地方的所有政府都支持增长偏好的策略，那么不管实施策略的方式是自上而下的，还是自下而上的，该国都有可能在经历几次失败和探索之后，找到适合本国特殊国情的经济改革方式。按照标准经济理论的观点，这些以市场为导向的混合策略通常是非正式的。但是，标准经济理论并没有解决结构改革方面的问题。同时，我们可以得出的第二个结论是，在组织增长偏好的产权方面，并没有找到最终的解决方式。所有的制度除了外部冲击之外，还包含内生动态性。内生动态性是危害各种各样经济增长奇迹的主要因素。没有任何一个制度性组织可将危害经济增长奇迹的因素排除在外。毫无疑问，英国产业革命、金本位、苏联早期的增长奇迹、第二次世界大战后德国的增长奇迹、20 世纪 60—70 年代少数欧洲国家旨在稳定物价和遏制通胀的收入政策、斯堪的纳维亚的福利制度及 21 世纪的一些增长奇迹等，所有支持这些增长奇迹的制度都包含着危害经济增长奇迹的因素。只有那些有能力更新产权结构，使自身适应新科技、外部冲击和内生动态性的国家，才能维持无限的经济增长。当政府不能使本国制度适应新的经济变化时，或者当新的政治力量使本国制度恶化时，该国的制度环境也就失去了有效性。在这里，新变化包括新科技的产生、诸如对外贸易之类的新经济机会的出现与社会机制的逐渐恶化。忽略对新变化做出适当的反应，固然是其

185

---

[1]　同样可参见 McMillan 和 Naughton（1996）。

中的一个原因，但分裂的利益同样会阻碍人们对新形势做出必要的调整。随着经济增长所带来的各种变化——包括地区的差异、产业的崛起与衰退、人口方面的变化，新的政治均衡有可能出现。其中，一些政治力量强调以经济增长为代价进行重新分配，这些政治力量也许会取代之前以经济增长为导向的政治联盟。

11.4.2 强大的国家与弱小的国家，究竟哪一种国家才是经济增长更大的威胁呢？

讨论维持经济增长的最小产权，不可避免地要提到国家本身对增长可能构成的威胁。在这一方面，学者们已经发表了大量讨论强国与弱国的相对优劣问题的研究文献。本部分的主要观点是：不能简单地说强国是增长偏好的，而弱国就是不利于增长的；也不能说弱国是增长偏好的，而强国是不利于增长的。我们必须考虑其他方面的因素，再来区分以增长为导向的国家与掠夺性的国家。

政府掠夺本国人民，会降低私人投资的期望报酬率。掠夺性的政府行为，通常包括肆意没收人民的财产或任意征税，在必要的商业许可证交易和垄断权交易中接受贿赂，以及向法院行贿等。全国范围内的经济衰退表明，当测量产权质量的指标充斥着各种腐败因素和不确定因素的时候，不健全的产权保护就会对经济增长产生负面影响（Svensson，1998）。近些年来，约翰逊、麦克米伦和伍德拉夫（Johnson，McMillan and Woodruff，1999）对东欧五个前社会主义国家及苏联的企业做了微观层面上的实证研究。研究表明，面对不健全的产权保护，即使是那些业已经营较长时间的企业也会减少投资，这一研究支持了全国范围内经济衰退的观点。他们还发现，同一国家内部不同行业的企业家，对产权的安全性期望并不相同。这也不难理解，不同的行业或企业所处的地理位置不同，物质特征也不尽相同，所有这些导致不同的行业或企业所受的剥削程度也不尽相同。当然，除此之外还存在其他因素。

强大而有序的国家或许是有利于经济增长的，也可能是不利于经济增长的，强国对经济增长的作用取决于政府的目标，具体而言，强大的掠夺性国家是不利于经济增长的。但是，如果政策制定者以低效的政策模式为指导，并且不能从失败中吸取教训，那么，以增长为目标的强国也不会对经济增长起促进作用。当政府的弱小引起政治上的骚乱和混乱的时候，增强国家的力量——不论是增长偏好的国家还是掠夺性的国家——都会有助于经济增长。究其原因，只要可以使自身的统治和税收免受私有掠夺者的侵害，即便是掠夺性的政府，也会对某些社会秩序加以维护。当政府相对弱小的时候，私人与私有组织就会弥补政府的空缺，创造私人秩序，建立一个相当有效的制度环境。因此，当弱国变得更加弱小的时候，我们就不能简单地评价其经济绩效是良好的或者糟糕的。

人类历史表明，即便是在革命时期，经济进步仍是有可能的。在仔细研究了墨西哥革命时期之后，哈伯、拉索和莫勒（Haber，Razo and Maurer，2003）发现，虽然 1918—1934 年间墨西哥政局不稳、社会动乱，但是新的投资和新企业的进入依旧存在。在这一期间，墨西哥的经济增长率与政治稳定、经济繁荣的 1890—1905 年相比，并无显著不同。哈伯、拉索和莫勒还发现，1914—1917 年墨西哥全面战争爆发期间，虽然厂房和设备等物质方面所受的损失要低于许多学者的估计，但战争还是阻碍了生产和新投资。相反，社会主义时期的阿尔巴尼亚则表明了强大而又稳定的掠夺性政府是如何阻碍经济发展的。阿尔巴尼亚虽然国土面积小，但资源禀赋相当丰富，有铬钢、镍、铜、天然气、煤、褐煤和石油等资源储备，且在地理上与世界上最发达的几个国家相邻。但是，在 1990 年，阿尔巴尼亚人均 GNP 只有 1 250 美元，是欧洲最贫困的国家之一。

11.4.3　私人秩序能够提供维持增长的最小产权吗？

本章前一部分讨论的问题是，当政府不能提供维持增长的最小产权的时候，私人和私有组织能否做到这一点。在历史上，不论是那些法律制度低效率的国家，还是那些根本不存在官方法律制度而只能依靠私人秩序的国家，都存在专业化生产和贸易。不仅如此，在那些公共秩序高度完善的国家，比如美国，私人秩序也占有一席之地。

存在一个带有经验性倾向的牢固的学科主体带，其分析的是私人秩序是如何实施所有权和合同权的。在一项使用博弈论方法的重要研究中，格雷夫（Greif，1994）分析了中世纪地中海贸易中的两种私人秩序组织形式——基于个体主义的私人秩序组织和基于集体主义的私人秩序组织。Landa（1994）考察了在 21 世纪亚洲国家的企业是如何依赖道德上的联系来维持正常业务的。米格罗姆、诺斯和温加斯特（Milgrom，North and Weingast，1990）研究了中世纪法律商人的角色，以及在保护远程贸易方面

存在的一些令人振奋的事件。埃里克森（Ellickson，1991）检验了私人秩序是怎样处理现代加利福尼亚大槟菊庄园主人之间的关系的，埃里克森的这一研究经常被其他研究者所引用。Bernstein（1992）考察了纽约砖石商人俱乐部，研究了私人秩序是如何维持商人之间的砖石贸易的。

在发达的市场经济体中，一些有进入门槛的集团依赖于私人秩序是相当普遍的，因为在这些集团内部，保护复杂交易的执行成本在私人秩序下要比在公共秩序下低得多。尽管如此，发达市场经济中的私人秩序仍然存在于有效的公共法律制度环境之中。有足够的资料显示，即使在发展中国家，在没有现代法律支持、完全依赖私人秩序的情况下，也能够度过现代化和工业化的早期阶段（见本书第10章）。这些国家的政府并不是掠夺性的，但它们的法律制度是过时的，甚至是低效的。

这一学科的研究一般依赖于非合作博弈理论和产权经济学，以此来分析私人秩序和私有化的实施。在产权经济学中，实施合同的成本取决于交易的复杂性、交易双方的特征、测量产品质量方面的问题以及交易的时间路径。当交易双方因转向其他交易者的成本太高而寻求长期合作关系的时候，私有化的实施就变得相对比较有效率了。当交易双方都认为未来交易的期望净收益现值超过在当前交易中欺骗所获得的得益时，合同的实施就有可能是自发性的。在一些集团内部，成员们联系密切，信息流通自由，那么在这些集团内部的个性化多边贸易中，也会出现合同的自我实施。除了上述集团，还有一些以伦理道德和区域为基础的集团，成员之间的信誉和社会规范会对交易加以保护；在完全建立在商业关系基础之上的集团中，不满和除名要比批准更有影响力（Landa，1994）。

在所有的社会中，以紧密联系的集团网内部的自发私人秩序为基础的双边贸易和多边贸易，都发挥了重要作用。但是，如果将私人秩序作为发达经济体中交易的一般社会技术，私人秩序就会变成低效的。专业化分工的加强、市场的扩大、对客观交易需求的增加、交易成本的上升等，这一系列变化都阻碍了交易的达成，因为在这一背景下，非正式交易网是不切实际的。在以信誉为基础的贸易中，新企业发现自身很难进入市场，当交易网外的企业提供了物美价廉的商品时，网内交易者都会因为害怕承担高风险而常常拒绝有益的交易（McMillan and Woodruff，2000）。

当经济发展和规模效应使非正式交易制度变得无效率时，私人贸易协会和其他商业组织有时候能有效地取代非正式交易制度（McMillan and

Woodruff，2000）。运行良好的私人贸易协会使得商业行为标准化，收集违反合同的信息，协调惩罚。在签订合同之前，对于潜在的贸易伙伴是否曾经在与其他贸易组织成员交易时违反合同，商业组织的成员会展开调查。对于那些不去查询贸易伙伴交易记录的成员，如果组织拒绝帮助其履行合同，那么成员就不会有欺骗组织的动力（Milgrom，North and Weingast，1990）。

通过私人商业组织执行合同存在一个明显的弊端，即商业组织都有一个共同的倾向，就是垄断市场，甚至阻碍技术进步。当商业组织仅仅代表市场卖方的时候，这一倾向尤其严重（Mokyr，1990）。依照麦克米伦和伍德拉夫的观点，保持中立的中间人包括中世纪的法律商人、纽约砖石商人协会等（McMillan and Woodruff，2000，第 43～44 页）。倒向一方的组织——通常是倒向卖方——包括中世纪互助会、日本银行票据交换所、美国皮毛协会等。在现代化的早期阶段，商业组织通常替代政府为所处的行业提供相当安全的产权。虽然商业组织会垄断贸易、限制技术进步，但是，诸如此类的问题在公共秩序下也有可能发生。国家变得更加强大的时候，很可能会反击私人组织，私人组织在提供产权方面一直充当着准政府的角色。政府为了保护自身的特权，会剥夺私人组织提供产权的权利，改进国家的法律基础设施，也有可能会废除私人秩序。

私人秩序和公共秩序之间的纯粹经济选择，基本上取决于两者的相对成本。要相当费心地去收集信息，才可以使私人秩序适当地运行。如果可以求助于高效的司法制度，这一情况就可以得到缓和，人们就不需要花费过多时间收集信息。在研究东欧前社会主义国家和苏联的转型企业时，麦克米伦和伍德拉夫发现，私人秩序和公共秩序是相互补充的。当两者是互补品的时候，私人秩序制度的边际价值就会随着正式法律制度的发展而增加，效率要求私人秩序和公共秩序共同发展（McMillan and Woodruff，2000）。麦克米伦和伍德拉夫还发现，私人秩序制度和正式法律制度同时也互为替代品。这表明，随着正式制度的成熟，通过私人秩序制度执行合同的重要性就会随之减弱。

11.4.4　法律制度的最低成本：净规则还是成熟的司法制度？

私人秩序制度和正式法律制度之间的互补关系表明，在经济发展到一定阶段之后，就会对现代法律制度——特别是产权法和合同法——提出需求。穷国要建立现代法律制度，需要投入大量的资源，特别是人力资源。在低收入国家，国家要储备大批高素质的大学毕业生才能建立完善的法律制度。在建立法律制度的过程中，穷国是否可以先走一条捷径，然后再去完善其法律制度呢？

有步骤地建立高效的法律制度，其最低成本策略主要是投机。波斯纳（Posner，1998）与海等（Hay et al.，1996）讨论了建立法律制度的规则优先战略。他们认为，贫困国家都面临着一个基本的选择——将稀缺的资源运用于昂贵的法律制度改革中，还是用于修改原有的法律规则，使其相对有效、清晰明了的低成本投资之中。在很多情况下，法律改革要求废除之前的低效率规则。波斯纳区分了规则的实际有效性和程序有效性，前者指的是规则的直接经济影响，即优化资源分配的程度，后者在很大程度上取决于规则是如何影响使用法律制度的成本的。

在法律制度中，开放式标准战略是简单净规则（clear and simple rule）中的一个选择。这里所指的标准，涉及诸如不好的信念、忽略、对贸易不合情理的限制之类的概念，以标准为基础的良好决议需要有经验的律师和法官，以及提供法律先例的完整案例史。当快速提升司法人员的素质所需要的成本极高时，投资净法则可能是最优选择。简单法则的缺点就是它们通常不能覆盖所有情况和全部案例。建立在不合理规则基础上的决议可能是低效的，但当这些决议是合理的时，稍有经验的法官就会发现，很容易找到违背的事例，并达成好决议，因为他们不需要复杂的法律推理。并且，外行人很容易判断法官是否遵循了法律。设计良好且有程序的规则能够提高司法制度的效率。有些规则要求有一些异议以约束判决，这些规则会降低司法工作负荷，鼓励贸易机构和其他商业组织的建立（Posner，1998）。

倡导以规则优先战略发展贫困国家法律制度的人，希望简单的开始可促进增长，引发经济增长对更好的法律提出新要求的良性循环。尽管如此，如果法官的素质从一开始就低于某一水平，那么不管规则多么有效，司法制度都有可能忽视简单规则。这又一次表明，概括维持增长的最小产权是如此地困难。

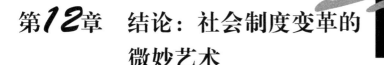

第12章 结论：社会制度变革的微妙艺术

在分析制度对经济绩效产生影响的过程中，新制度经济学派已经取得了较大的进步。但是，在某些重要领域内，特别是在形成明确的相关制度政策方面却没有重要的进展。[①] 遍及全球的改革者们坚信，制度对于经济增长而言是至关重要的。也有越来越多的改革者开始寻找各种各样的方式来改善制度环境。在本书中，我探讨了当经济发生倒退或不完美的制度仍旧维持着社会现有平衡时，那些主要的制度改革所能

[①] 在新千年开始之际，新制度经济学又重新受到了理论界的关注。通过检验殖民地比较发展理论的起源，阿西莫格鲁、约翰逊和鲁宾逊（Acemoglu, Johnson and Robinson，2000）已经发现了长期制度路径依赖方面的显著证据。罗德里克等（Rodrik et al.，2002）在控制逆向因果和间接影响因素的前提下，找到了统计学上的支持依据，表明制度的优越性已经超越了经济发展过程中地理环境和一体化的影响。参与国际经济改革的主要学者重新考虑了他们早期提出的观点，即在经济增长过程中，应该更多地关注制度所起的作用。然而，虽然人们对制度理论的研究兴趣持续增强，但对制度改革的机会与限制，现有文献并没有做出详尽的论述和概括。

带来的机遇以及改革中存在的缺陷。来自外部的冲击和新社会模式的形成，都会成为打破原有社会平衡的力量之源，而历史、政治、经济和不完美的信息都会束缚潜在的改革发展之路。在本书的分析中，主要创新之处就在于强调受到领导者决策和其他因素影响的社会模式具有非完美性和可变性的特征。我在本书中的社会模式这一概念上直接受诺斯的"心智模式"的启发。[①] 在先前的章节中，我解释了社会模式的意义，并尝试创造一个用于制度改革研究的新概念。

结论部分并非简单地重复先前章节的主要观点，而是利用一个经验案例来总结我的观点。我通过这一案例分析在海洋渔业管理方面为何难以引入有效制度这一问题。全世界无论是富有的国家还是贫穷的国家，在海洋渔业管理制度方面都存在着缺陷，从而导致了过度捕捞和鱼产品的贮藏等方面问题。而我的观点是，在海洋渔业管理问题上的进步通常取决于新生产技术和相应社会技术的共同进步。海洋渔业的共同经营特征意味着生产技术的进步和鱼产品需求的大量增加，而如果没能发展出与之相适应的社会技术，就可能导致灾难性的后果。在 20 世纪的最后 15 年中，冰岛在 200 海里捕鱼区域中引入了一项新的社会技术。这一过程形象地说明外部冲击、政治经济和非完美的社会模式是如何催生规模巨大的制度改革的。

12.1 一个模型化的世界观

制度改革就是一场博弈，而博弈参与者拥有的只是不完美的信息，并被要求在各种不同特性的不完善的社会模式下做出行为和策略选择。社会技术被用于解释——可能并不精确——不同社会制度因素是如何相互影响的，是如何在行为和大致的结果上形成一种特殊的规律的。同样，政策模式也属于社会模式的一个分支，描述的是公共政策或私人政策目标以及为了实现目标需要采用的工具。无论是公众还是个人，所有的参与者都是运用政策模型来做出他们的策略选择的。

正如先前章节所分析的那样，改革者将一个国家的社会制度移植到另一个国家，通常并不能使调整后的制度较好地发挥其应有的作用。对改革的失败和非完美的制度的盛行，现代政治经济学提供了多种解释。在实施

---

① 可参见登泽和诺斯（Denzau and North，1994）。

改革的国家中，占统治地位的政治联盟有时对新的制度会不适应。当强大的特权势力对新的社会技术不看好或感到不满意时，其会采取无组织性和非集中性的抵制措施，使得改革的所有努力付诸东流。为了解决这一问题，我在社会模式中引入了一个重要变量。社会模型根据实践经验从民族的视角观察社会究竟是如何运行的。在当权者或者公众对新的社会制度实践缺乏了解的时候，或者具有较大影响力的社会团体认为新的制度安排视不合理的时候，制度改革通常会失败。

对不完善的社会模式的认识，将使我们改变对改革进程的认知。当未预期到的结果出现，冲击产生非正式反应（不加思考地拒绝一项可行的体系），交互式学习、重大社会经历引发不良反馈效应以及引入陌生的制度时，我们无须过分惊讶。在政策决策中引入社会模式这一变量，可以引起人们对公众和私人在特定模式下的选择策略的更多关注。

12.2　不完美的制度和海洋渔业

现代工业国家通过在各个主要领域中设定明确的并受到保护的产权，来有效约束非生产性的浪费行为。但是，这种普遍趋势也有例外情况：产权引导着对环境资源和海洋渔业的利用。对世界上的所有地区来说，海洋渔业的开发都是一项花费相当巨大的工程。直到 1976 年海洋协议出台之后，才规定了沿海地区有 200 海里的排他性经济区域，还允许多个国家共同进入具有高捕鱼价值的海域。渔业国家不愿意或是没有能力对海洋渔业实施合作式的有效管理。除此之外，出于政治上的考虑，较高的交易成本和第三方的介入阻碍了当局者试图进行调整的过程。许多研究文献都分析了因能随意进入拥有丰富资源的区域而产生的不良后果，涉及过度使用资源、资源租金的损耗和为争夺资源而开展的浪费严重的不当竞争现象等（Gordon，1954）。最初的期望，是在 200 海里排他性经济区域内，那些渔业国能够有效地管理本国的渔业资源。但是，这种预期并没有实现。就当前的技术和高交易成本而言，针对会迁移的鱼群来界定排他性权利，并不现实。而就海

193

洋渔业传统的管理规定来说，其也不足以保护渔业资源和降低成本。[①]

布罗德和雷夫金（Broad and Revkin，2003），已经提到了深海渔业的不良现状。《纽约时报》认为，冰岛最近的关于新社会技术的实践可能指明了渔业管理制度的有效发展方向："专家认为，最为重要的恢复性策略是简单地降低捕鱼量。这可以通过多种手段来实现。捕捞限制可以以配额的形式分配给渔民，并允许他们自由交易。冰岛建立了一系列标准，有一些被美国的渔业产业所采用……环保组织也支持这种实践活动。"现在，我将紧扣动荡复杂的冰岛渔业制度改革史，强调政治经济和社会模式在改革过程中所起的重要作用。[②]

12.3　冰岛渔业：冲击、新社会模式和制度改革

在冰岛的现代化进程中，渔业是经济增长的重要润滑剂。尽管它的重要性日益下降，但渔业仍旧是影响经济绩效的重要因素，在总出口产品和服务中所占的比例高达 40%～50%。渔业的制度环境不仅影响着整个行业的效率，而且同时还影响着经济增长、财富的分配，还能改变国家宏观经济的特征。在成熟的民主国家，一个核心产业的关键作用体现在两个方面：政府当局对行业中无效制度的容忍具有高昂的代价，以及行业中的游说势力强大，但它们的利益倾向与国家利益基本相一致。[③]

冰岛曾发生了一系列预料之外的供给冲击，使得长期的社会均衡被打

---

① 对渔业进行管制是一项特别困难的工作。Gylfason 和 Weitzman（2002，第 25 页）列举了使这个领域的管制变得复杂的四种因素：（1）监管远离海岸的产业需要付出高额的费用；（2）需要共同调整和管理数量庞大的产出，并且与生产函数间具有高度的相互依赖性；（3）那些相互依赖的成本函数和生产函数具有严重的不稳定性；（4）渔民想要控制从捕捞到提供各种不同鱼类的"产品组合"这一产业流程，但在技术上还不过关。这四个因素充分描述了社会技术和生产技术间密切的相互依赖性，以及自然科学中的发现怎样才能转化为社会技术——例如通过开发新的衡量方法等。在管制深海渔业方面，Gylfason 和 Weitzman 提供了一种新的社会技术。在这一技术中，政府委员会将利用价格机制创造出所需要的产出。在该领域社会模型的竞争中，他们的建议提供了一个开创性视角。

② 关于新渔业管理体系的讨论，我的主要知识来源是冰岛政府委托编写的一些报告，尤其是自然资源委员会委托 Aulindanefnd（2000）所写的一个报告。这些报告只有在冰岛国内才能收集到。

③ 21 世纪初，冰岛的人均收入在世界上是最高的。虽然渔业在整个国民经济中起到至关重要的作用，但全国只有 11% 的劳动力受雇于渔业及相关产业，而且渔业对国内生产总值的贡献率也只有 15%。渔业及相关产业在国民经济中的份额每年都在变化，但由于其他部门的增长速度要快于渔业，因此从长期来看，渔业所占比例是处于下降趋势的。要想获得更多信息，参见冰岛统计局网站（www.hagstofa.is）。

破，为改革创造了良机。第一次冲击发生在 20 世纪 60 年代末期，当时的青鱼捕鱼业出现了崩溃。[①] 到了 20 世纪 70 年中期，科学家发布报告警告人们，那些不同种类的底栖鱼，特别是鳕鱼，均面临着灭绝的危险。在 20 世纪 80 年代，这种批评声越来越尖锐，并提出捕鱼量应适当减少。很显然，人们已认识到了无效率的不正当竞争正导致捕鱼期内管理成本的上升。总捕鱼量的下降、成本的增加和巨大的行业损失是冰岛所不能承受的。那些有影响力的产业管理者和公众逐步认识到渔业部门原有的管理制度并不是完美的，关键的决策者试图掌握与新行业管理制度相适应的社会技术。

改革者并没有太大的选择余地。奥斯特罗姆（Ostrom，1990）的研究文献列举了当地人们主动建立的共同分享资源的组织，这些组织为有效利用和管理资源而制定了内部具体的管理条例。但是，根据理论和奥斯特罗姆所提供的相关资料，冰岛的海洋渔业管理最为缺乏的是具有自发特征的自我管理机制。利贝卡普（Libecap，1989）致力于渔业规制的研究，同样也认同这种观点。特别是，某些行业有着很强的商业动机，经营者的不同特性和不同的生产方式，以及行业在整个冰岛的分散分布阻碍了自发组织的形成。最后，直接的政府管制也不令人满意。政府引入的 200 海里捕鱼区域的管制体制并没有起到应有的作用。一部分原因在于这个体制本身就存在内在的矛盾，从而造成了过度激励；另一部分是对政府对总捕鱼量和船只规模的规定执行不力。20 世纪 80 年代中期，改革已经变得不可行了。无论是政府官员还是行业管理者，都开始重新审视他们的模式。一项新的社会技术——个人可转让配额制（individual transferable quotas，ITQs）——走进了他们的视野，这种制度在共享的渔业体制之中引入了排他性的产权安排。

在 20 世纪 80 年代中期，个人可转让配额被国际上视为有效限制工业大气污染的创新工具之一，特别是在北美有着广泛的应用。能进行污染许可权交易的市场，可以帮助企业有效地以最低的成本完成整个工业生产过程。污染许可权交易卓有成效的实践，已经反映出这种方法（社会技术）可以用来解决公共资源引发的一系列问题。显然，在一个可进行捕鱼配额交易的无摩

195

---

① 1972—1975 年，冰岛实施了关于捕捞鲱鱼的全面禁止令，这项禁令在 1976 年正式生效。当年，也开始引入个人配额制，配额数量完全依赖于历史上用于鲱鱼捕鱼业的船只数量。1979 年，在整个产业的要求下，个人配额可以在个人间转移，若干年后，以同样的两步走方式，香鱼科小海鱼的个人可转让配额制正式被引入。

擦市场中，将自动地在各个捕鱼企业中进行权利分配。在冰岛，关于捕鱼配额制的实践在 1976 年恢复鲱鱼捕捞后开始进行，随后在 1980 年用于香鱼科的小海鱼捕捞之中。1985 年的法律将捕捞对象扩展到了底栖鱼类，如鳕鱼等，并在 1990 年进一步完善了该体制。除了一些管理较小的捕鱼船只的另行规定之外，个人可转让配额制自然也成为冰岛所有海洋渔业的主要管理制度。

12.4　改革的局限

　　政府当局担心渔业资源枯竭，重新审视了其管理渔业的方式，并制定了一个快速改革的方案，但是在刚开始发展时政策制定者并没有能力对个人可转让配额制进行有效管理。个人可转让配额体制结构发生了重大变化，随之在效率提高和财富分配上也有了较大的变化。冰岛的政策制定者在贯彻这一制度时面临多个重要的抉择，但他们做出选择时所面临的政治经济局势却是相当特殊。我在这里集中关注以下四个核心问题：

　　（1）个人可转让配额制可能并没有用于交易，或者有着各种不同的对交易这种配额的限制。禁止或限制交易在降低个人可转让配额制这一产权安排的有效性的同时提高了政治成本。

　　（2）政府可以从一开始就对配额进行分配。政府当局可以在自由配额和其他一些形式的捕鱼费用之间进行选择。

　　（3）政府必须在一开始就决定什么样的社会群体应当获得配额；在之后的阶段，什么样的社会群体才有资格购买或租赁配额。这些权利的可能拥有者包括了捕鱼船只许可证的所有者、渔民、发展中的行业、经济不发达地区、普通大众以及外国人。

　　（4）出于生态和经济上的考虑，海洋渔业需要引入一些生物学的观点。整个管理的具体责任可在产业和政府代理人之间被分为几个不同的类别。

　　面临这些选择，冰岛政策制定者做出了如下决策：在配额制的前提下，允许和鼓励交易，但对那些在国内拥有船只许可证的人仍采取限制措施。[①]在第一回合，政府以免费的方式向个人发放配额。初期的分配依赖于各种正在经营的捕鱼船只，并根据其历年的捕鱼量分配给其一定的捕鱼配额，

---

　　①　政府最初只把许可证核发给那些历史上就拥有捕鱼权的船只，那些船只在个人可转让配额制被引用前就已经被投入使用了。冰岛国家高级法院认为对贸易权利的限制都是无效的，所以现在冰岛国内船只要拥有符合规定的装备，政府就应向其颁发许可证。

捕鱼的权利也仅仅限于冰岛的当地居民。政府控制并管理着资源，对每种渔业资源设定捕鱼配额，监管捕鱼者，组织海洋生物研究，并采取有效的资源保护措施，比如在鱼类繁殖季节临时性地关闭渔场。现在，让我来关注一下这一措施及其重要性所在。

相较于其他的私人行业，冰岛政府在私人可交易的配额制中对渔业的管制更为严厉，而解决问题的关键则在于企业自身或者是行业协会。政府对渔业资源的管理和保护进行了全面的调整。政府还制定法规规定渔网规格和捕鱼设备，也划出了禁止渔民进入的敏感区域，规定了可以捕捉的鱼类的尺寸大小。进一步地，政府代理者管理着当地每一个居民和每一艘捕鱼船。这些因素影响着混合所有制结构的发展，这种所有制结构结合了私人和国家两部分的产权。在这样的制度安排下，私人可以获得明确定义的排他性产权，并拥有可交易的总许可捕鱼量（TAC）的一定份额，而国家在维护和保护资源等方面扮演着重要角色。法律进一步将所有制结构变得更为复杂，冰岛居民共同拥有 200 海里排他性海域内的所有资源，清楚地解释了在配额制下获得的捕鱼权利具有暂时性，在无补偿的条件下有可能被强行剥夺。

当政府出让有价权利的时候，比如污染配额、捕鱼配额或渔船许可证等，最初政府可以借此大发横财，但随后购买了这种权利的所有者的利润，相比原有的利润而言，必然会减少：在一个功能完善的二级市场中，购买配额或者许可证的价格，应该与获得相应权利后的未来净预期收益相等。① 在冰岛，免受限制的配额制和无偿出售权利都是常见的。然而，冰岛只是一个特例。一个以资源为基础的产业对于整个国家有着重要的意义，但在发达国家中，情况却恰好相反。

12.5　滞后的反应

在现代冰岛，政府很少采取"自由配额制"这种会引起公愤的公共政策。我们所感兴趣的是，政府为什么会采取免受限制的配额制和在初期无偿出售权力这种政策。更为准确地说，我们感兴趣的是，为什么对该政策表现出的不满情绪会出现滞后，何时会出现这种不满情绪，以及局外人难以理解为什么该政策会有如此大的影响。

---

① 更加术语化地表达，即价格等于资源预期未来净收入的现值。

1985 年和 1990 年建立的个人可转让配额体系并没有遭到特别的非议。同时，制度的失效开始对渔业产生破坏性的影响，造成了令人担忧以及众所周知的损失。在公众的意识中，渔业是衰落的产业之一。当决定如何分配个人配额时，政府面对的是一个对资源有着第一索取权和强大政治保障的产业，在政治上和实践中都会考虑取消对该产业征收使用费。

"自由配额制"滞后的负面效应的产生，是由不完善的社会模式所导致的。在经济学中，科斯（Coase，1960）的理论论证了为什么可交易配额的引入能逐渐增加整个产业的利润，并解释了为什么人们能对配额的市场价格形成合理的预期。根据科斯的观点，除了高交易成本阻碍交易进行之外，自由交易能将产权在各参与方之间做出最有效的配置。在捕鱼业中，配额交易事实上降低了成本曲线（通过产业重组），提高了产品的价格（通过更为有效的市场营销），增加了利润。直到多年之后，经济学家才完全意识到科斯对经济学所作出的巨大贡献，虽然至今仍存在着一定的争议。在1985—1990 年间，冰岛只有少数专家认识到了基于科斯模型的动态渔业配额制交易过程。[①] 大部分的人相信在恢复渔业资源后，特别是鳕鱼资源得到恢复后，即使最初没有引入配额制，未来渔业也将会在数以百万美元计的投资中得到发展。在本书写作的时期（2003 年），捕鱼业正在蓬勃发展，但恢复价值较高的底栖鱼资源的进程却仍旧步履缓慢。[②]

在讨论对自由配额制不满这一话题时，需要一些词专门用来描述对主要制度改革的评估问题。综合性改革的反馈通常具有不确定性，因为所有事物并不都是对等的。然而，源自社会尝试的复杂现象，导致了广泛的争论，并引发了"建模战争"。在冰岛，许多的争论源于这样一个事实，即主

---

① 同公众一样，专家们通常也会运用各种不同的"公共地悲剧"模型去解释储备资源的急剧下降。"可持续的渔业模式"是众多针对该问题的解释中相对较复杂的一种。根据该模式，在自由进入的捕鱼行业中，渔业部门会不断地开放渔业资源，这种努力会持续增加至可维持的渔业储备水平下降到某一点。在这一点上，任何进一步开放的努力都只能带来零租金——这也就是说，渔业部门所能产生的租金已经被消耗殆尽了。进一步地，当渔业资源储备达到一个很低的水平时，很可能整个渔业资源会由于生物原因而崩溃，从而至少暂时性地，整个渔业产业会走到尽头。可持续渔业模式同样可以解释如何最大化渔业部门的租金，一些团体（政府或者是一些垄断组织）必须控制整个行业的努力程度，防止过度开放，选择一个努力水平以及与之相适应的储备规模，使得净收入可以达到最大化——在这个模型中，总收益和总成本曲线是不同的（Scott，1995）。可持续渔业模式假设组织结构是不变的，并且不允许为了提高产业利润而改变产业结构，任何产业内利润的提高都可以通过调整产业内部固定团体的努力水平得到。

② 从其带来的正效应看，鲱鱼和香鱼科的小海鱼（两种海洋表层的物种）已经再一次被人们发现，冰岛成功地避免了这两个物种的灭绝，而在其他一些国家，鳕鱼基本上已经消失了。

要的经济利益来自个人可转让配额制引入后的产业重组，而不是来自对渔业资源的保护。使情况更为复杂的是，理论和经验数据都表明渔业利润的上升并非仅仅是由新的个人可转让配额制的引入带来的，还来自另外两个因素：生产技术的重大进步和金融体系的基本改革（另一种新社会技术）。新的生产技术包括有多种用途并能在甲板上处理鱼产品的大型捕鱼船只。在最近这些年，一些专业从事鱼产品处理的小型企业逐渐失去了它们原有的生存空间。[①] 这种影响通常被归咎于个人可转让配额制的引入。1990 年的金融改革是另一个转折点。在改革之前，政治上委任的官员控制着金融体系，贷款的实际利率是负的，这样贷款就相当于补贴。在这种制度环境下，信用承诺通常反映出政治动机或任用亲信等问题。金融改革剥夺了原本给予渔业部门的隐性补贴，禁止渔业部门进行合理化经营。作用于个人可转让配额制的因素在同一时间内互相影响，新生产技术和金融改革并不是相互分离的。不完善的社会模式和对影响因素的解释，使得关于配额制的争论变得复杂而漫长：一些批判性意见仅从保护渔业资源角度出发，并没有考虑对产业的保护。一旦考虑到行业的绩效或地区出现的混乱，相关观点通常只是立足于三个相关变量中的一个而已。

12.6　劳德·佩里（Lord Perry）的质疑与过度捕捞的管制

布罗德和雷夫金（Broad and Revkin，2003）认为，那些最为重要的恢复策略仅仅只是降低捕捞量，为了实施这种策略需要降低总的捕鱼许可量。基于对 200 海里捕鱼区域的认识，对那些价值较高的渔业，政府通常实施较为严厉的管制，但过度捕鱼意味着管制或调整的失败。在个人可转让配额制下，如果政府过分地设定捕鱼许可总量，或者不能很好地实施总许可捕鱼量的相关规定，或多或少会出现与在其他制度下相类似的过度捕捞渔业资源的现象。

伊格尔和汤普森（Eagle and Thompson，2003）也指出，1995 年议会举行了一系列关于英国捕鱼业不良发展状况的听证会。在商议过程中，沃尔顿地区的长官劳德·佩里提出了为什么大部分的渔业管理体系对过度捕鱼的限制都是无效的这一疑问。佩里认为，有三种因素应该受到谴责：来

199

---

① 面对竞争压力，冰岛渔业部门意识到在国际市场上新鲜鱼类的价值最高，而对鱼类进行加工处理通常都会降低它们的价值。

自科学家关于捕鱼总量的错误建议，政治家倾向于设定不科学的捕鱼量，捕鱼者不能很好地遵守相关规定。[1] "那些提出这些疑问的渔业大臣和渔业研究的代表都不会解决这些问题"。专家们对佩里提出的这个问题毫无准备。再一次，摆在我们面前的是一个不完善的社会模式和一系列的数据。在斯坦福渔业政策计划中心做研究的伊格尔和汤普森，向解答这一难题发出了挑战，他们对美国联邦两次管制过度捕鱼时的数据进行了研究。他们识别出了一个更为细小的研究问题："先前的研究集中于受管制的渔业中出现过度捕鱼现象的政治和社会原因……很少有研究涉及渔业管制中这些因素相互的影响"。换而言之，我们提出了一个涉及政治家行为、管理者行为和捕鱼者行为之间微妙关系的不确定和不完善的社会模式。[2] 在冰岛，许多专家认为个人可转让配额制受到了科学家、政府和捕鱼者三方行为的影响。而个人可转让配额制下的过度捕鱼现象，相对于以前的制度而言，显得并不是十分突出。但是，人们担心过度捕捞现象会随着时间推移而不断增多，并逐渐发展成为不受约束的独立行为。[3]

对海洋生物的认知不完全，同样不利于渔业管理。渔业管理的政策模型显得毫无意义，除非他们能掌握更多的关于渔业资源的知识。然而，海洋生物的不确定的动态变化，使得渔业管理更为复杂。渔业资源未预期到的发展，将促进其他关于海洋生物的理论的形成或者是更为合适的管理技术的出现。[4]

12.7 抵制"自由配额制"

在 20 世纪 90 年代的冰岛，关于配额制的争论逐渐升温并主宰了当时的社会学领域。个人可转让配额体系有着自己的支持者，但反对的呼声也越

---

[1] 劳德·佩里的第三个解释同样可以被看成是政府行政人员在实施规则时出现了失误。

[2] 伊格尔和汤普森（Eagle and Thompson，2003）虽然得到了科学建议和管理决策方面的更多数据，但他们并没有提供一个结论性的答案，而且他们相信，对于劳德·佩里的问题，不存在答案。

[3] 从 1990 年开始，冰岛渔业管制中最严重的失误就是让小型渔船在复杂的管制体系下运作，而没有把它们纳入个人可转让配额制。小型船主及其整个团体为了得到个人可转让配额制的支持，必须支付额外的费用，这是管制失败的典型案例。小型船主以及其整个团体向议会提出了强烈的抗议。

[4] 这一理论宣称鱼类资源的减少是鱼类过度拥挤所导致的，因此在管理上的适当反应是允许进行更大范围的捕捞。这一理论在全世界范围内的渔业圈相当流行。

来越大。反对者主要可分为两个派别：第一个派别认为，小集团的经济生活受到了个人可转让配额体系的不利影响，他们抱怨某些区域的产业过于集中。① 这些批评目的明确，是想将该体系完全废除，以其他形式的直接管制取代原有的体系，比如对捕鱼期的管制。② 其最大特点是强调保护个人的物质利益。从我们的观点出发，第二个派别的反对意见主要是理论上的。这个反对意见比较有意义，因为它来自意识形态并具有一定的合理性，其核心观点是，渔业是冰岛居民的所有财产，当向产业提供自由配额时，国会事实上已成为盗取这种财产的窃贼。纯道德观点的提倡者是那些知识分子，无论是左派还是右派都是如此。这些争论主要来自意识形态，批评者所说的物质环境没有改善是由于政府并没有注意到他们提出的建议。③ 他们所采取的行为代表着社会模式之间的竞争之战已经开始了。

　　为了颠覆现存的个人可转让配额系统，反对者需要获得议会中的大部分选票。因此，常规的企业家涌现出来并制造公众暴行，将观念之争演变成政治运动。④ 通常情况下，普通大众对受规制的行业组织或竞争形式并不感兴趣，但政府的严重违法行为却是另一种情况。为了说明自由配额是一种行窃行为，反对个人可转让配额运动的领导人建立了一个合法所有权模型，在这个模型中，他们将历史背景与熟悉的文化标志紧密联系起来。这个论断的主要思想就是"国家共和"或者说是"国家财产"。他们还尝试着将海洋资源的国家所有权与公社的牧场地联系起来。⑤ 各种道德实践争论铺

① 在冰岛这个只有 30 万人口的国家的大部分产业中，供不应求的市场状况是非常普通的，但这些产业并不包括渔业部门。尽管近期渔业的产业集中度已经大大提高了，然而，基本可以确定的一点是，冰岛大多数的渔业公司在竞争性的国际市场上出售它们的产品，而在国际市场上，相对于它们的主要国际竞争对手而言，即使是冰岛国内最大的企业，其相对规模仍然是比较小的。在评估竞争条件时，第一步首先应该确定的是合适的市场条件。

② 在对捕鱼期进行管制的情况下，很多评论家都认为本地社团能获得相对优势。

③ 标准经济学理论通常都是根据效率原则来评价整个社会制度安排的，而在比较两种财富分配方式时，则缺少相应的评价标准。在冰岛，一些经济学家批评了个人可转让配额系统，根据经济学界对事物模型化的传统，这些经济学家建立了一个正式的数学模型。该模型表明，如果在一个体系内部配额一开始就被允许出售或转租，那么该体系将会比当前的个人可转让配额系统更有效率，因为配额贸易已经运行得相当完善，并不存在高额的交易成本。

④ 2003 年，政府支持当前的个人可转让配额系统，而大部分的反对党成员则想要改变这一系统。若这一系统的反对者能在下一届国民选举中当选为执政党，组建自己的政府，那么改变这一体系是完全有可能的。

⑤ 就我的观点看来，历史上公共地放牧同当前的个人可转让配额系统非常相似。根据农场的大小，每一个农场主都能获得一个配额，这个配额决定了他在牧场上能放养的牲畜数量，配额同样可以被转租出去，而农场主不需要为使用牧场而支付任何费用（Eggertsson，1992）。

天盖地。在祷告日，神职人员鼓吹在捕捉之前就买卖海鱼是不道德的。

国家所有权的社会模式，在 20 世纪关于私有产权和国有产权的那场经典争论中有着核心的地位，现在却有了新的形式和模式：从关注企业所有权向关注自然资源的所有权转变。2000 年，冰岛一份由高级官员和专家共同起草的国会报告建议当前其国内所有资源的私人排他性产权向法定的国家所有权转变（包括冰岛中部的大部分高地和海洋）（Auðlindanefnd，Álitsgerð，2000）。这份报告进一步指出，政府将未被私人占有的丰富的自然资源置于国家的管理之下，以避免再被私人占为己有。它指出，应通过修改国家宪法来更清楚地区别财产的两种形式。这份报告认为，风能将由国家管理，风在冰岛是臭名昭著地丰裕，并且令人厌恶。冰岛的风能绝不可能是稀缺资源，所以这份报告论及的是有关所有权的道德规范。如果私有企业决定投资于风车发电，那么它们仍需向所有者（国家）支付费用，免费使用将是一种盗窃行为。[①]

在 21 世纪初，外部观察者可能很难理解为何有关自由配额制的争论依旧如此活跃。最初的针对底栖鱼的配额发生在 1985 年和 1990 年之间。很多最早获得配额的个人会通过出售而获利，但当前大部分的所有者不可能再发这样的横财。此外，行业组织已经发生了极大的变化，很多大公司被大型集团所拥有。对外部人而言，取消配额的提议就是尝试着改写历史。然而，冰岛最大的反对党社会民主党提议取消配额，并把捕鱼费作为中心议题。该党不是主张批量地取消权利，而是主张每年的总配额按一个固定的比例降低。最后，政府将出租的个人配额全部回购给行业组织。[②]

之前，我提到了劳德·佩里有关过度捕鱼以及控制过度捕捞的不同管理方案。渔业经济学家安东尼·斯科特（Anthony Scott）推测嵌入个人配额系统的独占权利可能会逐渐地向渔民们灌输一种所有权的观念，同时由行业产生自我实现型管理。在同一种处境下，新西兰政府是除冰岛之外唯一一个使用个人可转让配额系统来管理渔业的国家，并且已逐渐发展起商业储备基金保管机构。这些组织通常由个人可转让配额的所有者组成，他们负责管理商业性捕渔业（Yandle，2003）。在 21 世纪初，这种管理责任转换仍然有效，并

---

① 这份报告明确区分了三种类型的公共财产：可以出售的政府财产（例如银行）、国家财产和受到国家管制在法律上不允许出售的自然资源。

② 为了得到议会对现有体系做出重大调整的支持，那些完全反对配额自由转让的人可能不得不做出一些承诺，这些承诺包括对配额转让设置新的限制，以此来保护贫困地区。

且弥补了政府规制的缺陷。政府官员也注意到了世界范围内恢复渔业资源举措的失败。因此，建立一个卓有成效的储备基金保管机构是一个巨大的挑战，同时也是一个绝佳的机遇。

在冰岛，社会模式不再以这种方式运作。有关结构重组和自由转移的激烈争论已被排除在劳德·佩里的问题之外。相反，当权者更为重视的是结合各个方面不同因素来加大政府的监管和执行力度。[1]

---

[1] 2003 年，针对人们对自由配额制所提出的批评，冰岛政府做出了回应。以管理该产业的纳税人利益为代价，制定了向该产业收费的计划。实际上，该产业当前已经支付了一半的交易费用，这些费用都是由各种监管与研究活动引起的。

参考文献

Abramovitz, Moses. 1952. "Economics of Growth." In *A Survey of Contemporary Economics*, ed. B. Haley, 2：132-78. Homewood，Ill.：Richard D. Irwin for the American Economic Association.

Acemoglu, Daron, Simon Johnson, and James A. Robinson. 2000. *The Colonial Origins of Comparative Development：An Empirical Investigation.* Working Paper 00-22. Cambridge，Mass.：MIT Department of Economics.[1]

Acemoglu, Daron, Simon Johnson, and James A. Robinson. 2001. *An African Success Story：Botswana.* Cambridge，Mass.：MIT Department of Economics.[2]

Acemoglu, Daron, Simon Johnson, and James Robinson. 2002. *The Rise of Europe：Atlantic Trade，Institutional Change，and Economic Growth.* NBER Working Paper W9378. Cambridge，Mass.：National Bureau of Economic Research.

Acemoglu, Daron, and James Robinson. 2000. "Political Losers as a Barrier to Economic Development." Unpublished paper.

---

[1] 此文发表于 *American Economics Review*（2001），阿西莫格鲁也因为此文获得 2005 年美国经济学会颁发的具有"小诺贝尔奖"之誉的"克拉克奖"。可见此文之影响力。——译者注

[2] 此文发表于 *Journal of Political Economy*（2005）。——译者注

Aðils, Jón Jónsson. 1971 [1919]. *Einokunarverslun Dana á Íslandi 1602-1787* [Danish Monopoly Trade in Iceland 1602-1787]. Reykjavík: Heimskringla. (In Icelandic.)

Advisory Commission to Study the Consumer Price Index. 1996. *Toward a More Accurate Measure of the Cost of Living: Final Report to the Senate Finance Committee.* Washington, D. C.: U. S. Government Printing Office.

Ahmad, Ehtisham, Jean Drèze, John Hills, and Amartya Sen, eds. 1991. *Social Security in Developing Countries.* Oxford: Clarendon.

Alesina, Alberto. 1988. "Macroeconomics and Politics." In *NBER Macroeconomic Annual*, ed. S. Fisher, 13-52. Cambridge: MIT press.

Alesina, Alberto. 1995. "Elections, Party Structure, and the Economy." In *Modern Political Economy: Old Topics, New Directions*, ed. J. S. Banks and E. A. Hanushek, 145-70. Cambridge: Cambridge University Press.

Allen, Douglas W. 1991. "What Are Transaction Cost?" *Research in Law and Economics* 14: 1-18.

Almond, Gabriel A. 1988. "The Return to the State." *American Political Science Review* 82: 853-74. Reprinted in Almond, *A Discipline Divided: Schools and Sects in Political Science*, 189-218. Newbury Park, Calif.: Sage, 1990.

Alt, James E., and Kenneth A. Shepsle, eds. 1990. *Perspectives on Positive Political Economy.* Cambridge: Cambridge University Press.

Aoki, Masahiko. 2001. *Toward a Comparative Institutional Analysis.* Cambridge: MIT Press.

Arnott, Richard, and Joseph E. Stiglitz. 1991. "Moral Hazard and Nonmarket Institutions: Dysfunctional Crowding Out or Peer Monitoring?" *American Economic Review* 81: 179-90.

Arrow, Kenneth J. 1956. "Statistics and Economic Policy." *Econometrica* 25: 523-31.

Ásgeirsson, Ólafur. 1988. *Iðnbylting hugarfarsins, 1900-1940: Átök un atvinnu Þróun á Íslandi* [The Industrial Revolution of the Mind, 1900-1940: Struggle over Economic Development in Iceland]. Reykjavík: Menningarsjóður. (In Icelandic.)

Auðlindanefnd, Álitsgerð. 2000. Report to Parliament by the Committee on Natural Resources. Reykjavík: Parliament.

Axelrod, Robert. 1984. *The Evolution of Cooperation.* New York: Basic Books.

Azzi, Corry, and Ronald D. Ehrenberg. 1975. "Household Allocation of Time and Church Attendance." *Journal of Political Economy* 83: 27-56.

Bairoch, P. 1989. "European Trade Policy, 1815-1914." In *The Cambridge Economic History of Europe*, ed. P. Mathias and S. Pollard, 8: 1-160. Cambridge: Cambridge University Press.

Banerjee, Abhijit. 2002. *The Uses of Economic Theory: Against a Purely Positive Interpretation of Theoretical Results*. Working Paper 02-24. Cambridge: MIT Department of Economics.

Banks, Jeffrey S., and Eric A. Hanushek, eds. 1995. *Modern Political Economy: Old Topics, New Directions*. Cambridge: Cambridge University Press.

Bardhan, Pranab. 1983. "Labor Tying in Poor Agrarian Economy: A Theoretical and Empirical Analysis." *Quarterly Journal of Economics* 98: 501-14.

Bardhan, Pranab. 1989. "A Note on Interlinked Rural Economic Arrangements." In *The Economic Theory of Agrarian Institutions*, ed. Pranab Bardhan, 237-42. New York: Oxford University Press.

Barro, Robert J. 1997. *Determinants of Economic Growth: A Cross-Country Empirical Study*. Cambridge: MIT Press.

Barro, Robert J. 1998. *Notes on Growth Accounting*. NBER Working Paper 6654. Cambridge, Mass.: National Bureau of Economic Research.

Barzel, Yoram. 1997. *Economic Analysis of Property Rights*. 2d ed. Cambridge: Cambridge University Press.

Bates, Robert H. 1981. *Markets and States in Tropical Africa*. Berkeley: University of California Press.

Bates, Robert H. 1990. "Macropolitical Economy in the Field of Development." In *Perspectives on Positive Political Economy*, ed. J. Alt and K. Shepsle, 31-54. Cambridge: Cambridge University Press.

Bates, Robert H., Rui J. P. de Figueiredo Jr., and Barry R. Weingast. 1998. "The Politics of Interpretation: Rationality, Culture, and Transition." *Politics and Society* 26: 603-42.

Bates, Robert H., A. Greif, M. Levi, J. -L. Rosenthal, and B. R. Weingast. 1998. *Analytic Narratives*. Princeton: Princeton University Press.

Bates, Robert H., and Anne Krueger, eds. 1993. *Political and Economic Interactions in Economic Policy Reform: Evidence from Eight Countries*. Oxford: Blackwell.

Bawn, Kathleen. 1996. *Constructing "US": Coalition Politics as the Foundation of Ideology, Identity, and Empathy*. Los Angeles: Department of Political Science, UCLA.

Becker, Gary S. 1983. "A Theory of Competition among Pressure Groups for Political Influence." *Quarterly Journal of Economics* 98: 371-400.

Bendor, Jonathan, and Piotr Swistak. 2001. "The Evolution of Norms." *American Journal of Sociology* 106: 1493-545.

Benham, Alexandra, Lee Benham, and M. Merithew. 1995. *Institutional Reforms in Central and Eastern Europe: Altering Paths with Incentives and Information*. New York:

International Center For Economic Growth.

Ben-Ner, Avner, and Louis Putterman, eds. 1998. *Economics, Values, and Organization*. Cambridge: Cambridge University Press.

Bergson, A. 1938. "A Reformulation of Certain Aspects of Welfare Economics." *Quarterly Journal of Economics* 52: 310-34.

Berkowitz, Daniel, Katharina Pistor, and Jean-François Richard. 2002. *Economic Development, Legality, and the Transplant Effect*. Working Paper 39. Cambridge: Center for International Development, Harvard University.

Berstein, Lisa. 1992. "Opting Out of the Legal System: Extralegal Contractual Relations in the Diamond Industry." *Journal of Legal Studies* 21: 115-57.

Bhagwati, Jagdish. 1978. *Anatomy and Consequences of Exchange Control Regimes*. Cambridge, Mass.: Ballinger.

Bhagwati, Jagdish, Richard Brecher, and T. N. Srinivasan. 1984. "DUP Activities and Economic Theory." In *Neoclassical Political Economy*, ed. David Colander, 17-32. Cambridge, Mass.: Ballinger.

Biberaj, Elez. 1991. "Albania's Bumpy Road to Markets." *Transition* 2 (2): 9-10.

Binmore, Ken. 1994. *Game Theory and the Social Contract: Playing Fair*. Vol. 1. Cambridge: MIT Press.

Binswanger, Hans P., and John McIntire. 1987. "Behavioral and Material Determinants of Production Relations in Land-Abundant Tropical Agriculture." *Economic Development and Cultural Change* 36: 73-99.

Binswanger, Hans P., John McIntire, and Chris Udry. 1989. "Production Relations in Semi-Arid Africa." In *The Economic Theory of Agrarian Institutions*, ed. Pranab Bardhan, 122-44. New York: Oxford University Press.

Binswanger, Hans P., and Mark R. Rosenzweig. 1986. "Behavioral and Material Determinants of Production Relations in Agriculture." *Journal of Development Studies* 22: 503-39.

Binswanger, Hans P., and Vernon W. Ruttan, eds. 1978. *Induced Innovation: Technology, Institutions, and Development*. Baltimore: Johns Hopkins University Press.

Bjarnason, Torfi. 1913. "Enn um heyásetning" [Further Thoughts on Balancing Livestock and Hay]. *Búnaðarrit* 27: 182-213. (In Icelandic.)

Björnasson, Lýður. 1979. *Saga sveitarstjrónar áÍslandi* II [History of Local Government in Iceland]. Reykjavík: Almenna bókafélagið. (In Icelandic.)

Bloom, David E., and Jeffrey Sachs. 1998. "Geography, Demography, and Economic Growth in Africa." *Brookings Papers on Economic Activity* 2: 207-95.

Bordo, Michael D., and Anna Schwartz. 2003. *IS-LM and Monetarism*. NBER Working

Paper W9713. Cambridge，Mass.：National Bureau of Economic Research.

Broad，William J.，and Andrew C. Revkin. 2003. "Has the Sea Given Up Its Bounty?" *New York Times*，July 29，sec. F，p. 1.

Brock，William A.，and Steven Durlauf. 2000. *Growth Economics and Reality*. Working Paper. Madison：Department of Economics，University of Wisconsin.

Bromley，Daniel W.，and Jean Paul Chavas. 1989. "On Risk，Transactions，and Economic Development in Semiarid Tropic." *Economic Development and Cultural Change* 37：719-36.

Buchanan，James M. 1975. "A Contractarian Paradigm for Applying Economic Theory." *American Economic Review* 65：225-30.

Buchanan，James M. 1987. "The Constitution of Economic Policy." *American Economic Review* 77：243-50.

Buchanan，James M.，Robert D. Tollison，and Gordon Tullock，eds. 1980. *Toward a Theory of the Rent-Seeking Society*. College Station：Texas A & M University Press.

Bueno de Mesquita，Bruce. 2000. *Principles of International Politics：People's Power，Preferences，and Perceptions*. Washington，D. C.：CQ Press.

Bueno de Mesquita，Bruce，James D. Morrow，Randolph M. Sivertson，and Alastair Smith. 2000. "Political Institutions，Political Survival，and Policy Success." In *Governing For Prosperity*，ed. Bruce Bueno de Mesquita and Hilton L. Root，59-84. New Haven：Yale University Press.

Bueno de Mesquita，Bruce，and Hilton L. Root，eds. 2000. *Governing for Prosperity*. New Haven：Yale University Press.

Bueno de Mesquita，Bruce，Alastair Smith，Randoph Siverson，and James Morrow. 2003. *The Logic of Political Survival*. Cambridge：MIT Press.

Burke，Peter. 1986. "Strengths and Weaknesses of the History of Mentalities." *History of European Ideas* 7：439-51.

Byock，Jesse L. 1988. *Medieval Iceland：Society，Sagas，and Power*. Los Angeles：University of California Press.

Careaga，Maite，and Barry R. Weingast. 2000. *Institutions，Incentives and Good Governance：A Positive Approach to Fiscal Federalism in Developing Countries with an Application to Mexico*. Working Paper. Stanford，Calif.：Hoover Institution，Standford University.

Chai，S. K. 1998. "Endogenous Ideology Formation and Economic Policy in Former Colonies." *Economics Development and Cultural Change* 46：263-90.

Checkland，S. G. 1989. "British Public Policy，1776-1939." In *The Cambridge Economic History of Europe*，ed. P. Mathias and S. Pollard，8：607-40. Cambridge：Cambridge

University Press.

Cheung, Steven N. S. 1969. "Transaction Costs, Risk Aversion, and the Choice of Contractual Arrangement." *Journal of Law and Economics* 12: 23-42.

Cheung, Steven N. S. 1970. "The Structure of a Contract and the Theory of a Non-Exclusive Resource." *Journal of Law and Economics* 13: 23-42.

Cheung, Steven N. S. 1975. "Roofs or Stars: The Stated Intents and Actual Effects of Rent Ordinance." *Economic Inquiry* 13: 1-21.

Cheung, Steven N. S. 1976. "Rent Control and Housing Reconstruction: The Postwar Experience of Prewar Premises in Hong Kong." *Journal of Law and Economics* 17: 27-53.

Chung, Heetaik. 1990. "Did Policy Makers Really Believe in the Phillips Curve? An Econometric test." Ph. D. diss., University of Minnesota.

Clague, Christopher, Philip Keefer, Stephen Knack, and Mancur Olson. 1997. "Institutions and Economic Performance: Property Rights and Contract Enforcement." In *Institutions and Economic Development*, ed. Christopher Clague, 67-90. Baltimore: Johns Hopkins University Press.

Clark, Andy. 1998. *Being There: Putting Brain, Body, and the World Together Again*. Cambridge: MIT Press.

Coase, Ronald H. 1937. "The Nature of the Firm." *Economica* 4: 386-405.

Coase, Ronald H. 1960. "The Problem of Social Cost." *Journal of Law and Economics* 3: 1-44.

Coase, Ronald H. 1992 [1991]. "The Institutional Structure of Production: Nobel Memorial Prize Lecture." *American Economic Review* 82 (4): 713-19.

Converse, Philip E. 1964. "The Nature of Belief Systems in Mass Publics." In *Ideology and Discontent*, ed. D. Apter, 206-61. New York: Free Press.

Cooter, Robert D. 1996. "Decentralized Law for a Complex Economy: The Structural Approach to Adjudicating the New Law Merchant." *University of Pennsylvania Law Review* 144: 1643-96.

Cosmides, L., and J. Tooby. 1994. "Better Than Rational: Evolutionary Psychology and the Invisible Hand." *American Economic Review* 84: 327-32.

Cutting, Charles L. 1955. *Fish Saving: A History of Fish Processing from Ancient to Modern Times*. London: Leonard Hill.

Davis, R. W. 1989. "Economic and Social Policy in the USSR, 1917-1941." In *The Cambridge Economic History of Europe*, ed. P. Mathias and S. Pollard, 8: 984-1047. Cambridge: Cambridge University Press.

De Alessi, Louis. 1983. "Property Rights, Transaction Costs, and X-Efficiency: An Essay

in Economic Theory." *American Economic Review* 73: 64-81.

De Janvry, Alain, Marcel Fafchamps, and Elisabeth Sadoulet. 1991. "Peasant Household Behavior with Missing Markets: Some Paradoxes Explained." *Economic Journal* 101: 1400-1417.

DeLong, Bradford J. 2000. *The Shape of Twentieth Century Economic History*. NBER Working Paper 7569. Cambridge, Mass.: National Bureau of Economic Research.

Demsetz, Harold H. 1967. "Toward a Theory of Property Rights." *American Economic Review* 57: 347-59.

Demsetz, Harold H. 1980. *Economic, Legal, and Political Dimension of Competition*. Amsterdam: North-Holland.

DeNardo, James. 1995. *The Amateur Strategist: Intuitive Deterrence Theories and the Politics of the Nuclear Arms Race*. Cambridge: Cambridge University Press.

Denzau, Arthur, and Douglass C. North. 1994. "Shared Mental Models: Ideologies and Institutions." *Kyklos* 47: 3-31.

De Soto, Hernardo. 1989. *The Other Path. The Invisible Revolution in the Third World*. New York: Harper and Row.

Dewatripont, Mathias, and Gérard Roland. 1995. "The Design of Reform Packages under Uncertainty." *American Economic Review* 85: 1207-23.

Diamond, Larry J., and M. F. Plattner, eds. 1996. *The Global Resurgence of Democracy*. 2d ed. Baltimore: Johns Hopkins University press.

Dixit, Avinash K. 1996. *The Marking of Economics Policy: A Transaction-cost Politics*. Cambridge: MIT Press.

Domar, Evsey. 1946. "Capital Expansion, Rate of Growth, and Employment." *Econometrica* 14: 137-47.

Drobak, John N., and John V. C. Nye, eds. 1997. *The Frontiers of the New Institutional Economics*. San Diego: Academic Press.

Eagle, Josh, and Barton h. Thompson jr. 2003. "Answering Lord Perry's Question: Dissecting Regulatory Overfishing." *Ocean and Coastal Management* 46: 649-79.

Easterly, William. 1999. "the Ghost of Financing Gap: Testing the Growth Model used in the International Financial Institutions." *Journal of Development Economics* 60: 423-38.

Easterly, William, Michael kremer, Lant Pritchett, and Larry Summers. 1993. "Good Policy or Good Luck? Country Growth Performance and Temporary Shocks." *Journal of Monetary Economics* 32: 459-83.

Easterly, William and Ross Levine. 1997. "Africa's Growth Tragedy: Policies and Ethnic Divisions." *Quarterly Journal of Economics* 112: 1203-50.

Eckholm, Erik. 2001. "China's Inner Circle Reveals Big Unrest." *New York Times*. June 3, sec. 1. P. 14.

Eggertsson, Thráinn. 1990. *Economic Behavior and Institutions*. New York : Cambridge University Press.

Eggertsson, Thráinn. 1992. "Analyzing Institutional Successes and Failures: a Millennium of Common Mountain Pastures in Iceland." *International Review of Law and Economics* 12: 423-37.

Eggertsson, Thráinn. 1996. "No Experiments. Monumental Disasters: Why It Took a Thousand Years to Develop a Specialized Fishing Industry in Iceland." *Journal of Economic Behavior and Organization* 30: 1-23.

Eggertsson, Thráinn. 1997a. "The Old Theory of Economic Policy and the New Institutionalism." *World Development* 18: 1187-1204.

Eggertsson, Thráinn. 1997b. "When the State Changes Its Mind: Discontinuity in State Control of Economic Activity." *In privatization at the turn of the century*, ed. Herbert giersch. 76-104. berlin: springer-verlag.

Eggertsson, Thráinn. 1998a. "Limits to Institution Reforms." *Scandinavian Journal of Economics* 100: 335-57.

Eggertsson, Thráinn. 1998b. "Sources of Risk,. Institutions for Survival, and a Game against Nature in Premodern Iceland." *Explorations in Economics History* 35: 1-30.

Eggertsson, Thráinn. 1999. "State Reform and the Theory of Institutional Policy." *Revista de Economica Politica* 19: 49-63.

Eggertsson, Thráinn. 2001 "Social Norms with Special Reference to Economic Development." In *Social Norms*. ed. Michael Hechter and Kail-Dieter Opp. 76-104. New York: Sage.

Eggertsson, Thráinn. 2003. *The Subtle Art of Major Institution Reform: Introducing Property Rights in the Iceland Fisheries*. Working Paper. Reykjavik: University of Iceland, Faculty of Business and Economics.

Ehrenberg, Ronald G. 1977. "Household Allocation of Time and Religiosity: Replication and Extension." *Journal of Political Economy* 85: 415-23.

Ellickson, Robert C. 1991. *Order without Law: How Neighbors Settle Disputes*. Cambridge: Harvard University Press.

Ellickson, Robert C. 1994. "The Aim of Order Without Law." *Journal of Institutional and theoretical economics* 150: 97-100.

Elster, Jon. 1989. *The Cement of Society: A Study of Social Order*. Cambridge: Cambridge University Press.

Fafchamps, Marcel. 1992. "Solidarity Networks in Pre-Industrial Societies: Rational Peasants with a Moral Economy." *Economic Development and Cultural Change* 41: 147-74.

Fafchamps, Marcel. 1993. "The Rural Community, Mutual Assistance, and Structural Adjustment." Mimeo. Stanford University.

Fernandez, Raquel, and Dani Rorik. 1991 "Resistance to Reform." *American Economic Review* 91: 1146-55.

Fishlow, Albert. 1989. "Alexander. Gerschenkron." In *The New Palgrave: Economic Development*. ed. John Eatwell, Murray Nilgate, and Peter Newman, 145-47. New York: Norton.

Fogel, Robert W. 2000. *Simon Kusnetz: April 30, 1901-July 9*, 1985. NBER Working Paper 7787. Cambridge, Mass.: National Bureau of Economic Research.

Folta, Timothy B., and Walter J. Ferrier. 1996. "International Expansion through Sequential Investment: The Effects of National Culture on Buyouts and Dissolutions Biotechnology Relationships." Unpublished paper. Lexington: University of Kentucky.

Ford, A. C. 1989. "International Financial Policy and the Gold Standard, 1870-1914." In *The Cambridge Economic History of Europe*. ed. P. Mathias and S. Pollard, 8: 197-249. Cambridge: Cambridge University Press.

Frankel, Jeffrey, and David Romer. 1999. "Does Trade Cause Growth?" *American Economic Review* 89: 379-99.

Fratianni, Michele, and John C. Pattison. 1976. "The Economics of the OECD." In *Institutions. Policies, and Economic Performance*, ed. K. Brunner and A. Meltzer, 75-140. Amsterdam: North-Holland.

Friðriksson. Sturla. 1986. "Factors Affecting Productivity and Stability of Northern Ecosystems." In *Grzaing Research at Northern Latitudes*. ed. Ó. Guðmundsson. New York: Plenum.

Friedman, David. 1979. "Private Enforcement and Creation of Law: A Historical Case." *Journal of Legal Studies* 8: 399-415.

Furubotn, Eirik. G., and Rudolf Richter. 1997. *Institution and Economic Theory: The Contribution of the New Institutional Economics*. Ann Arbor: University of Michigan Press.

Gallup. John L., Andrew D. Mellinger. and Jeffrey D. Sachs. 1998. *Geography and Economic Development*. NBER Working Paper 6849. Cambridge. Mass.: National Bureau of Economic Research.

Gelsinger, Bruce E. 1981. *Icelandic Enterprise, Commerce, and Economy in he Middle Ages*. Columbia: University of South Carolina Press.

Gerschenkron, Alexander. 1962. *Economic Backwardness in Historical Perspective*. Cambridge: Harvard University Press.

Goldstein, Judith, and Robert O. Keohane. 1993. *Ideas and Foreign Policy: Beliefs, Institutions, and Political Change*. Ithaca: Cornell University Press.

Gordon, H. S. 1954. "The Economic Theory of a Common Property Resource: The Fishery." *Journal of Political Economy* 62: 124-42.

Granick, D. 1990. *Chinese State Enterprises: A Regional Property Rights Analysis*. Chicago: University of Chicago Press.

Greif Avner. 1994. "Cultural Beliefs and the Organization of Society: A Historical and Theoretical Reflection of Collectivist and Individualist Societies." *Journal of Political Economy* 102: 912-50.

Greif, Avner. 1995. *Institutional Structure and Economic Development: Economic History and the New Institutionalism*. Working Paper. Stanford, Calif.: Department of Economics, Stanford University.

Greif, Avner. Forthcoming. *Institutional Theory and History: Comparative and Historical Analysis*. New York: Cambridge University Press.

Gunnarsson, Gísli. 1980. *A Study of Causal Relations in Climate and History*. Lund: Ekonomisk-Historiska Institutionen.

Gunnarsson, Gísli. 1983. *Monopoly Trade and Economic Stagnation: Studies in the Foreign Trade of Iceland. 1602-1787*. Lund: Ekonomisk-Historiska Föreningen.

Gunnarsson, Gísli. 1987. *Upp er boðið Ísaland: Einokunarverslun og íslenskt Samfélag, 1602-1787* [Iceland on the Block: Monopoly Trade and Icelandic Society, 1602-1787]. Reykjavík: Örn og Örlygur. (In Icelandic.)

Gunnlaugsson, Gísli Ágúst. 1982. "The Granting of Privileges to Industry in Eighteenth Century Iceland." *Scandinavian Journal of Economic History* 7: 195-204.

Gunnlaugsson Gísli Ágúst. 1988. *Family and Household in Iceland 1801-1930: Studies in the Relationship between Demographic and Socio-Economics Development, Social Legislation, and Family and Household Structures*. Stockholm: Almqvist and Wiksell.

Gustafsson, Herald. 1981. "Fiskveiðiáætlunin 1762: Athuganir á ákvarðatökunni" [The Fisheries Regulation of 1762: A Study of the Decision Making]. Saga 19: 107-21. (In Icelandic.)

Gustafsson, Harald. 1985. *Mellan Kung och allmoge—ämbedsmän, beslutsprocess och inflytande på 1700-talets Island* [Between the Crown and the Public: Civil Servants, the Decision Process, and Influence in Eighteenth Century Iceland]. Stockholm: Almquvist and Wiksell. (in Swedish.)

Gylfason. Thorvaldur. 2001. "Natural Resources, Education, and Economic Development." *European Economic Review* 45: 847-60.

Gylfason, Thorvaldur. Tryggvi Thor Herbertsson, and Gylfi Zoega. 1999. "A Mixed

Blessing: Natural Resources and Economic Growth." *Macroeconomic Dynamics* 3: 204-25.

Gylfason Thorvaldur. and Martin L. Weitzman. 2002. "Icelandic Fisheries Management: Fees Verses Quotas." Paper presented at the Small Island Economies Conference, Center for International Development, Harvard University.

Haber, Stephen, Armando Razo, and Noel Maurer. 2003. *The Politics of Property Rights: Political Instability, Credible Commitments, and Economic Growth in Mexico, 1876-1929*. New York: Cambridge University Press.

Hálfdanarson, Guðmundur. 1991. "Old Provinces, Moder Nations: Political Responses to State Independence in Late Nineteenth-and Early Twentieth-Century Iceland and Brittany." Ph. D. diss., Cornell University.

Hall, P. A. 1986. *Governing the Economy: the Politics of State Intervention in Britain and France*. Cambridge: Policy.

Halldórsson, Ólafur, ed., 1970. *Jónsbók*. Odense: Odense University Press. (In Icelandic)

Hansen, Bent. 1963. *Lectures in Economic Theory*. Part 3, *The Theory of Economic Policy*. Cairo: Institute of Planning.

Hansen, Bent. 1976. "The Economics of the OECD: A Comment." In *Institutions, Policies, and Economic Performance*, ed. K. Brunner and A. H. Meltzer, 141-53. Amsterdam: New-Holland.

Harberger, Arnold C. 1993. "Secrets of Success: A Handful of Heroes." *American Economic Review* 83: 343-50.

Hardin, Russell. 1997. "The Economics of Religious Belief." *Journal of Institution and Theoretical Economics* 153: 259-78.

Harrod, Roy F. 1939. "An Essay in Dynamic Theory." *Economic Journal* 49: 14-33.

Hastrup, Kirsten. 1990. *Nature and Policy in Iceland, 1400-1800: An Anthropological Analysis of History and Mentality*. Oxford: Clarendon.

Hay. Jonathan R., Andrei Shleifer, and Robert W. Vishny. 1996. "Toward a Theory of Legal Reform." *European Economics Review* 40: 559-67.

Hayek, Friedrich A. von. 1945. "The Use of Knowledge in Society." *American Economic Review* 35: 519-30.

Hayek, Friedrich A. Von. 1960. *The Constitution of Liberty* Chicago: University of Chicago Press.

Hechter, Michael, and S. Kanazawa. 1997. "Sociological Rational Choice Theory." *Annual Review of Sociology* 23: 191-214.

Hechter, Michael, and Karl-Dieter Opp, eds. 2001. Social Norms. New york: Sage.

Heckman, J. J. 1992. "Haavelmo and the Birth of Modern Econometrics: A Review of History of Econometric Ideas by Mary Morgan." *Journal of Economic Literature* 30: 876-86.

Henning, Christian, and Xiaobo Lu. 2000. "The Political Foundations of Chinese Style Gradualism." *Journal of Institutional and Theoretical Economics* 156: 35-59.

Herbst, Jeffrey. 2000. *States and Power in Africa: Comparative Lessons in Authority and Control.* Princeton: Princeton University Press.

Hettich, W., and S. L. Weiner. 1993. "Economic Efficiency, Policy Institutions, and Policy Analysis." *Kyklos* 46: 3-25.

Higgs. R. 1982. "Legally Induced Technical Regress in the Washington State Salmon Fishery." *Research in Law and Economics* 7: 55-86. Reprinted in L. Alston, T. Eggertsson, and D. C. North, eds., *Empirical Studies in Institutional Change*, 247-79. Cambridge: Cambridge University Press, 1996.

Hinich, Melvin, and Michael Munger. 1992. "A Spatial Theory of Ideology." *Journal of Theoretical Politics* 4: 5-30.

Hirschman, Albert O. 1981. "The Rise and Decline of Development Economics." In Hirschman, *Essays in Trespassing: Economics to Politics and Beyond.* Cambridge: Cambridge University Press.

Hirschman, Albert O. 1982. *Shifting Involvements: Private Interest and Public Action.* Princeton: Princeton University Press.

Hoff, Karla. 2000. *Beyond Rosenstein-Rodan: The Modern Theory of Underdevelopment Traps.* Working Paper. Washington, D. C.: World Bank.

Hofstede, Geert. 1980. *Culture's Consequences: International Differences in Work-Related Values.* Beverly Hills, Calif.: Sage.

Hofstede, Geert. 1991. *Cultures and Organization: Software of the Mind.* London: Mcgraw-Hill.

Hofstede, Geert. 1998. "Attitudes, Values, and Organization Culture: Disentangling the Concepts." *Organizational Studies* 19: 477-92.

Hollander, Paul. 1999. *Political Will and Personal Belief: The Decline and Fall of Soviet Communism.* New Haven: Yale University Press.

Hull. Brooks B., and Frederick Bold. 1994. "Hell, Religious, and Cultural Change." *Journal of Institutional and Theoretical Economics* 150: 447-64.

Hulten, Charles. 2000. *Total Factor Productivity: A Short Biography.* NBER Working Paper 7471. Cambridge. Mass.: National Bureau of Economic Research.

Huntigton, Samuel P. 1987. "The Goals of Development." In *Understanding Political Development*, ed. Myron Weiner and Samuel P. Huntington, 3-32. Boston: Little, Brown.

Iannaccone, Laurence R. 1998. "Introduction to The Economics of Religion." *Journal of Economics Literature* 36: 1465-95.

International Organization. 1998. Vol. 52, no. 4. Special Issue on Research in International Political Economy.

Jóhannesson, Jón. 1974. *A History of the Icelandic Commonwealth*. Trans. Haraldur Bessason. Winnipeg : Manitoba Press.

Jóhannesson. Þorkell. 1948. *Alþingi og atvinnumalin: Landbúnaður og útvegsmál: Höfuðþcettir* [Parliament and the Economy: Agriculture and Fisheries: Main Issues]. Reykjavík: Alþingissö gunefnd. (In Icelandic.)

Jóhannesson. Þorkell. 1950. *Saga Íslendinga*. Ⅶ, *1770-1830* [History of the Icelanders. Ⅶ. 1770-1830]. Reykjavík: Menntamálaráðuneytiðog Þjóðvinafélag. (In Icelandic.)

Johansen, Leif. 1974. "Establishing Preference Functions for Macroeconomic Decision Models: Some Observations On Ragnar Frisch's Contributions." *European Economic Review* 5: 41-66. Reprinted in *Collected Eorks of Leif Johansen*. ed. F. Försund. 2: 541-66. Amsterdam: North-Holland, 1987.

Johansen, Leif. 1977. *Lectures on Macroeconomics Planning*. Vol. 1, *General Aspects*, Amsterdan: North-Holland.

Johansen, Leif. 1979. "The Report of the Committee on Policy Optimization—UK." *Journal of Economic Dynamics and Control* 1. Reprinted in *Collected Works of Leif Johansen*, ed. F. Försund, 2: 567-76. Amsterdam: North-Holland, 1987.

Johnson, Simon, John McMillan, and Christopher Woodruff. 1999. *Property Rights, Finance, and Entrepreneurship*. CESifo Working Paper 212. Munich: CESifo

Jónsson, Ásgeir. 1994. "Siglt gegn vindi" [Sailing against the Wind]. *Fjármálatiðindi* 2: 236-64. (In Icelandic.)

Jónsson, Guðmundur. 1991. "The State and the Icelandic Economy, 1870-1930." Ph. D. diss., London School of Economics.

Journal of Economic Perspectives. 1994. Vol. 8, no. 1. Special Saction on New growth theory.

Journal of Institutional and Theoretical Economics. 1998. Vol. 154, No. 4. Special section with nine essays on "Views and Comments on the 'New Institutionalism' in Sociology, Political Science, and Anthropology."

Jovannovic, Boyan. 2000. *Growth Theory*. NBER Working Paper 7468. Cambridge, Mass.: National Bureau of Economic Research.

Kaldor, Nichlas. 1956. "Alternative Theories of Distribution." *Review of Economic Studies* 23: 83-100.

Karlsson, Gunnar, Kristján Sveinsson, and Mörður Árnason, eds. 1992. *Grágás: La-*

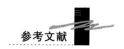

gasafn íslenska þjóðveldisins [Grágás: The Laws of the Icelandic Commonwealth]. Reykjavík: *Mál og menning*. (In Icelandic.)

Katz, Avery. 1996. "Taking Private Ordering Seriously." *University of Pennsylvania Law Review* 144: 1745-64.

Katzenstein, Peter J., Robert O. Keohane, and Stephen D. Krasner. 1998. "International Organization and the Study of World Politics." *International Organization* 52: 645-85.

Keynes, J. Maynard. 1936. *The General Theory of Employment Interest, and Money*. London: Macmillian.

Killick, T., ed. 1995. *The Flexible Economy: Causes and Consequences of the Adaptability of National Economies*. London: Routledge.

Kindlebergr, Charles P. 1958. *Economic Development*. New York: McGraw-Hill.

Klaes, Matthias. 2000. "The Birth of the Concept of Transaction Costs: Issues and Controversies." Industrial and Corporate Change 9: 567-93.

Knack, Stephen, and Philip Keefer. 1995. "Institutions and Economic Performance: Cross-Country Tests Using Alternative Institutional Measures." *Economics and politics* 7: 207-27.

Knudsen, Christian. 1995. "Theories of the Firm, Strategic Management, and Leadership." In *Resource-Based and Evolutionary Theories of the Firm: Towards a Synthesis*, ed. Cynthia A. Montgomery, 179-218. Boston: Kluwer.

Kornai, János. 1992. *The Socialist System: The Political Economy of Communism*. Princeton: Princeton University Press.

Kranton, Rachal E. 1996. "Reciprocal Exchange: A Self-Sustaining System." *American Economic Review* 86: 830-51.

Kreps. David. 1990. "Corporate Culture and Economic Theory." In *Perspectives on Positive Political Economy*, ed. J. Alt and K. Shepsle, 90-143. Cambridge: Cambridge University Rress.

Kristjánsson, Aðalgeir. 1977. "Álitsgerð Skúla Magnússonar 1784 um brottflutning Íslendinga vegna Móðuharðindanna" [Report by Skúli Magnússon from 1784 Concerning expatriation of Icelanders Following the Famine of the Mist.] *Saga* 15: 29-40. (In Icelandic.)

Kristjánsson, Aðalgeir, and Gísli Ágúst Gunnlaugsson. 1990. "Félags-oghagÞróun á Íslandi á fyrri hluta 19du aldar" [Social and Economic Development in Iceland during the First Half of the Nineteenth Century.] *Saga* 28: 7-62. (In Icelandic.)

Kristjánsson, Lúðvík. 1980-86. *íslenskir sjávarhættir*. [The Icelandic Fisheries]. Vols. 1-5. Reykjavík: Menningarsjóður. (In Icelandic.)

Krueger, Anne O. 1978. *Foreign Trade Regimes and Economic Development: Liberal-*

ization Attempts and Consequences. Cambridge, Mass.: Ballinger.

Krueger, Anne O. 1990. "The Political Economy of Controls: American Sugar." *In Public Policy and Development: Essays in Honour of Ian Little*, ed. M. Scott and D. Lal. Oxford: Oxford University Press.

Krueger, Anne O. 1993. *Political Economy of Policy Reform in Developing Countries*. Cambridge: MIT Press.

Krugman, Paul. 1995. *Development, Geography, and Economic Theory*. Cambridge: MIT Press.

Kuran, Timur. 1995. *Private Truths, Public Lies: The Social Consequences of Preference Falsification*. Cambridge: Harvard University Press.

Kuran, Timur. 1998. "Ethnic Norms and Their Transformation through Reputational Cascades." *Journal of Legal Studies* 27: 623-60.

Landa, Janet T. 1994. *Trust, Ethnicity, and Identity: Beyond the New Institutional Economics of Ethnic Trading Networks, Contract Law, and Gift-Exchange*. Ann Arbor: University of Michigan Press.

Landes, David S. 1999. *The Wealth and Poverty of Nations: Why Some Are So Rich and Some Are So Poor*. New York: Norton.

Larson, Deborah W. 1985. *Origins of Containment: A Psychological Explanation*. Princeton: Princeton University Press.

Lárusson, Björn. 1967. *The Old Icelandic Land Registers*. Lund: Glerup.

Lárusson, Ólafur. 1958. *Lög og Saga* [Law and History]. Reykjavík: Hlaðbúð. (In Icelandic.)

Letwin, W. 1989. "American Economic Policy, 1865-1939." In *The Cambridge Economic History of Europe*, ed. P. Mathias and S. Pollard, 8: 641-90. Cambridge: Cambridge University Press.

Levi, Margaret. 1988. *Of Rule and Revenue*. Berkeley: University of California Press.

Lewis, W. Arthur. 1954. "Economic Development with Unlimited Supplies of Labor." *Manchester School* 22: 139-91.

Lewis, W. Arthur. 1955. *The Theory of Economic Growth*. London: Allen and Unwin.

Libecap, Gary D. 1989. *Contracting for Property Rights*. Cambridge: Cambridge University Press.

Lin, Justin Yifu, and Jeffrey B. Nugent. 1995. "Institutions and Economic Development." In *Handbook of Development Economics*, ed. J. Behrman and T. N. Srinivasan. 3A: 2303-70. Amsterdam: Elsevier Science.

Lindbeck, Assar. 1994. "Overshooting, Reform, and Retreat of the Welfare State." *De Economist* 104: 1-19.

Lindbeck, Assar. 1995a. "Hazardous Welfare-State Dynamics." *American Economic Review* 85: 9-15.

Lindbeck, Assar. 1995b. "Welfare State Disincentives with Endogenous Habits and Norms." *Scandinavian Journal of Economics* 97: 477-94.

Lindbeck, Assar. 1997. "Incentives and Social Norms in Household Behavior." *American Economic Review* 87: 370-77.

Lindbeck, Assar, Sten Nyberg, and Jörgen W. Weibull. 2003. *Social Norms and Welfare State Dynamics*. CESifo Working Paper 931. Munich: CESifo.

Loasby, Brian J. 1989. *The Mind and Method of the Economist*. Aldershot: Elgar.

Lucas, Robert E., Jr. 1976. "Econometric Policy Evaluation: A Critique." *Journal of Monetary Economics*, supp. ser. 1 (2): 19-46.

Lucas, Robert E., Jr. 1986. "Adaptive Behavior and Economic Theory." *Journal of Business* 59: 401-26

Lucas, Robert E., Jr. 1988. "On the Mechanics of Economic Development." *Journal of Monetary Economics* 22: 3-42.

Lucas, Robert E., Jr. 1990. "Supply-Side Economics: An Analytical Review." *Oxford Economic Papers* 42: 293-316.

Macmillan, Harold. 1938. *The Middle Way: A Study in the Problem of Economic and Social Progress in a Free and Democratic Society*. London: Macmillan.

Maddison, Agnus. 1982. *Phases of Capitalistic Development*. Oxford: Oxford University Press.

Magnússon, Magnús S. 1985. *Iceland in Transition: Labor and Socio-Economic Change before 1940*. Lund: Ekonnomisk-Historiska Föreningen.

Mathias, P., and S. Pollard, eds. 1989. *The Cambridge Economic History of Europe*. Vol. 8, *The Industrial Economies: The Development of Economic and Social Policies*. Cambridge: Cambridge University Press.

McCloskey, Donald N. 1985. *The Applied Theory of Price*. 2d ed. New York: Macmillan.

McCloskey, Donald N., and J. R. Zecher. 1976. "How the Gold Standard Worked, 1880-1913." In *The Monetary Approach to the Balance of Payments*, ed. J. A. Frenkel and H. G. Johnson, 357-85. London: Allen and Unwin.

McGuire, Martin C., and Mancur Olson Jr. 1996. "The Economics of Autocracy and Majority Rule: The Invisible Hand and the Use of Force." *Journal of Economic Literature* 34: 72-96.

McKinnon, Ronald. 1991. *The Order of Economic Liberalization*. Baltimore: Johns Hopkins University Press.

McMillan, John, and Barry Naughton, eds. 1996. *Reforming Asian Socialism: The Growth of Market Institutions*. Ann Arbor: University of Michigan Press.

McMillan, John, and Christopher Woodruff. 2000. *Private Order under Dysfunctional Public Order*. Working Paper 189. Stanford, Galif,: Stanford Law School, John M. Olin Program in Law and Economics.

Messick, Richard E. 1999. "Judicial Reform and Economic Development: A Survey of the Issues." *World Bank Research Observer* 14: 117-36.

Milgrom, Paul R., Douglass C. North, and Barry R. Weingast. 1990. "The Role of Institutions in the Revival of Trade: The Law Merchant, Private Judges, and the Champage Fairs." *Economics and Politics* 2: 1-21.

Miller, Gary J. 1997. "The Impact of Economics on Contemporary Political Science." *Journal of Economic Literature* 35: 1173-1204.

Miller, William Ian. 1990. *Bloodtaking and Peacemaking: Feud, Law, and Society in Saga Iceland*. Chicago: University of Chicago Press.

Mitchell, A. R. 1977. "The European Fisheries in Early-Modern History." In *Cambridge Economic History of Europe*, ed. E. E. Rich and C. H. Wison, 5: 133-84. Cambridge: Cambridge University Press.

Moggridge, D. E. 1989. "The Gold Standard and National Financial Policies, 1913-1939." In *The Cambridge Economic History of Europe*, ed. P. Mathias and S. Pollard, 8: 250-314. Cambridge: Cambridge University Press.

Mokyr, Joel. 1990. *The Lever of Riches: Technological Creativity and Economic Progress*. New York: Oxford University Press.

Montinola, Gabriella, YingYi Qian, and Barry R. Weingast. 1995. "Federalism Chinese Style: The Political Basis for Economic Success in China." *World Politics* 48: 50-81.

Mowwery, David C., and Richard R. Nelson, eds. 1999. *Sources of Industrial Leadership: Studies of Seven Industries*. Cambridge: Cambridge Unversity Press.

Murrell, Peter. 1995. "The Transition According to Cambridge, Mass." *Journal of Economic Literature* 33: 164-78.

Nakamura, Emi, and Jón Steinsson. 2003. *Econometric Learning*. Working Paper, Harvard University.

Ndulu, Benno, and Nicolas van De Walle. 1996. "Africa's Economic Renewal: From Consensus to Strategy." In *Agenda for Africa's Economic Renewal*, ed. Benno Ndulu and Nicolas van de Walle, 3-32. Washington. D. C.: Overseas Development Council.

Nelson, Phillip. 1970. "Information and Consumer Behavior." *Journal of Political Economy* 78: 311-29.

Nelson, Richard R. 1996. *The Sources of Economic Growth*. Cambridge: Harvard Unve-

rsity Press.

Nelson, Richard R. 1998. "The Agenda for Growth Theory: A Different Point of View." *Cambridge Journal of Economics* 22: 497-520.

Nelson, Richard R., and Bhaven N. Sampat. 2000. "Making Sense of Institutions as a Factor Shaping Economic Performance." *Journal of Economic Behavior and Organization* 44: 31-54.

Nelson, Richard R., and Sidney A. Winter. 1982. *An Evolutionary Theory of Economic Change*. Cambridge: Harvard University Press.

Newbery, David M. G. 1989. "Agraraian Institutions for Insurance and Stabilization." In *The Economic Theory of Agrarian Institutions*. ed. Pranab Bardhan. 267-96. New York: Oxford University Press.

Noll. Roger G., and B. M. Owen. 1983. "Conclusions: Economics, Politics, and Deregulation." In *The Political Economy of Deregulation : Interest Groups in the Regulatory Process*, ed. Noll and Owen. Washington, D. C.: American Enterprise Institute.

Nordhaus, William D. 1973, "Some Skeptical Thoughts on the Theory of Induced Innovation." *Quarterly Journal of Economics* 87: 208-19.

North, Douglass C. 1979. "A Framework for Analyzing the State in Economic History." *Explorations in Economic History* 16: 249-59.

North, Douglass C. 1981. *Structure and Change in Economic History*. New York: Norton.

North, Douglass C. 1990. *Institutions , Institutional Change , and Economic Performance*. Cambridge: Cambridge University Press.

North, Douglass C. 1993. "Institutions and Credible Commitment." *Journal of Institutional and Theoretical Economics* 149: 11-23.

North, Douglass C., William Summerhill, and Barry R. Weingast. 2000. " Order, Disorder, and Economic Change: Latin America versus North America." In *Governing for Prosperity*, ed. Bruce Bueno de Mesquita and Hilton L. Root, 17-58. New Haven: Yale University Press.

North, Douglass C. and Robert P. Thomas. 1973. *The Rise of the Western World : A New Economic History*. Cambridge: Cambridge University Press.

North, Douglass C., and Barry R. Weingast. 1989, "Constitutions and Commitment: The Institutions Governing Pubic Choice in Seventeenth-Century England." *Journal of Economic History* 44: 803-32. Reprinted in L. J. Alson, T. Eggertsson, and D. C. North eds. , *Empirical Studies in Institutional Change* 134-65. Cambridge: Cambridge University Press, 1996.

Nove, Alec. 1986. *The Soviet Economic System*. Boston: Allen and Unwin.

Nove, Alec. 1992. *An Economic History of the* USSR. 3d ed. London: Penguin.

Ogilvie, Astrid E. J. 1981. "Climate and Society in Iceland form the Medieval Period to the Late Eighteenth Century." Ph. D. Diss., University of East Anglia, School of Environmental Science.

Olson, Mancur. 1965. *The Logic of Collective Action.* Cambridge: Harvard University Press.

Olson, Mancur. 1982. *The Rise and Decline of Nations: Economic Growth, Stagflation, and Social Rigidities.* New Haven: Yale University Press.

Olson, Mancur. 1993. "Dictatorship, Democracy, and Development." *American Political Science Review* 87: 567-76.

Olson, Mancur. 1996. "Big Bills Left on the Sidewalk: Why Some Nations Are Poor and Others Are Rich. Distinguished Lecture on Economics in Government." *Journal of Economic Perspectives* 10: 3-24.

Olson, Mancur. 2000. *Power and Prosperity: Outgrowing Communist and Capitalist Dictatorships.* New York: Basic Books.

Ostrom, Elinor. 1990. *Governing the Commons: The Evolution of Institutions for Collective Action.* Cambridge: Cambridge University Press.

Ostrom, Elinor. 1997. "Private and Common Property Rights." *Encyclopedia of Law and Economics.* http: //encyclo. findlaw. com/lit/2000. art. htm.

Ostrom. Vincent. 1987. *The Theory of a Compound Republic.* Lincoln: University of Nebraska Press.

Ostrom. Vincent. 1993. *Great Experiments and the Welfare State: Paradigmatic Challenges.* Working Paper. Bloomington: Indiana University workshop in Political Theory and Policy Analysis.

Ostrom, Vincent. 1997. *The Meaning of Democracy and the Vulnerability of Democracies: A Response to Tocqueville's Challenge.* Ann Arbor: University of Michigan Press.

Pack, Howard. 1994. "Endogenous Growth Theory: Intellectual Appeal and Empirical Shortcomings." *Journal of Economic Perspectives* 8: 55-75.

Parente, Steven L., and Edward C. Prescott. 2000. *Barriers to Riches.* Cambridge: MIT Press.

Parikh, Sunita, and Barry R. Weingast. 1997. "A Comparative Theory of Federalism: India." *Virginia Law Review* 83: 1593-1615.

Posner, Eric A. 1996a. "Law, Economics, and Inefficient Norms." *University of Pennsylvania Law Review* 144: 1697-1744.

Posner, Eric A. 1996b. "The Regulation of Groups: The Influence of Legal and Nonlegal Sanctions on Collective Action." *University of Chicago Law Review* 63: 133-97.

Posner, Eric A. 2002. *Law and Social Norms*. Cambridge: Harvard University Press.

Posner, Richard A. 1986. *Economic Analysis of Law*: Boston: Little Brown.

Posner, Richard. A 1998. "Creating a Legal Framework for Economic Development." *World Bank Research Observe* 13: 1-11.

Putnam. Robert D., with Robert Leonardi and Raffaella Y. Nanetti. 1993. *Making Democracy Work*: *Civic Traditions in Modern Italy*. Princeton: Princeton University Press.

Putterman, Louis, ed. 1988. *The Economic Nature of the Firm*: *A Reader*. Cambridge: Cambridge University Press.

Qian, Yingyi. 2000a. "The Institutional Foundations of China's Market Transition." In *Proceedings of the World Bank's Annual Conference on Development Economics*. 1999. ed. B. Pleskovic and J. Stiglitz, 289-310. Washington, D. C.: World Bank.

Qian, Yingyi. 2000b, "The Process of China's Market Transition (1978-98): The Evolutionary, Historical, and Comparative Perspective." *Journal of Institutional and Theoretical Economics* 156: 151-71.

Qian, Yingyi. 2002. *How Reform Worked in China*. Working Paper. Berkeley: University of California, Department of Economics.

Qian, Yingyi, and Chenggang Xu. 1993. "Why China's Economic Reforms Differ: The M-Form Hierarchy and Entry/Expansion of the Non-state Sector." *Economics of Transition* 1: 135-70.

Rafnsson. Sveinbjorn. 1983. "Um matarhatti Íslendinga a 18. old" [The Icelandic Diet in the Eighteenth Century]. *Saga* 21: 73-87.

Rawls. John. 1971. *A Theory of Justice*. Cambridge: Harvard University Press.

Rebelo. Sergio. 1998. *The Role of Knowledge and Capital in Economic Growth*. Working Paper Evanston: Northwestern University.

Roverts. J. M. 1997. *A Short History of the World*. *Oxford*: Oxford University Press.

Rodrik. Dani. 1996. "Understanding Economy Policy Reform." *Journal of Economic Literature* 34: 9-41.

Rodrik, Dani. 1998. *Where Did All the Growth Go? External Shocks, Social Conflict, and Growth Collapses*. Working Paper. Cambridge: Harvard University.

Rodrik, Dani, Arvind Suvramanian, and Francesco Trebbi. 2002. *Institutions Rule: The Primacy of Institutions over Geography and Integration in Economic Development*. NBER Working Paper 9305. Cambridge, Mass: National Bureau of Economic Research.

Roland, Gerard. 2000. *Transition and Economics*: *Politics. Markets and Firms*. Cambridge: MIT Press.

Romer, Paul M. 1986. "Increasing Returns and Long-Run Growth." *Journal of Political Economy* 94: 1002-37.

Romer，Paul M. 1994. "The Origins of Endogenous Growth." *Journal of Economic Perspectives* 8：3-22.

Rosa，Jean-Jacques. 1993. "Nationalization，Privatization，and the Allocation of Financial Property Rights." *Public Choice* 75：317-37.

Rosa，Jean-Jacques. 1997. "Public Choice Aspects of Privatization Polices：Driving Forces and Obstacles." In *Privatization at the Turn of the Century*，ed. Hervert Giersch. Berlin：Springer.

Rosenberg，Nathan，and L. E. Birdzell. 1986. *How The West Grew Rich：The Economic Transformation of the Western World*. New York：Basic Books.

Rosenstein-Rodan，Paul. 1943. "Problems of Industrialization of Eastern and South Eastern Europe." *Economic Journal* 53：202-11.

Ruttan. Vernon W. 1991. "What Happened to Political Development?" *Economic Development and Cultural Change* 39：265-92.

Ruttan，Vernon W. 1998. "The New Growth Theory and Development Economics：A Survey." *Journal of Developmental Studies* 35：1-26.

Sachs，Jeffrey D. 2001. *Tropical Underdevelopment*. NBER Working Paper 8119. Cambridge，Mass.：National Bureau of Economic Research.

Sachs，Jeffrey D.，and Andrew M. Warner. 1995. *Natural Resource Abundance and Economic Growth*. NBER Working Paper 5398. Cambridge，Mass.：National Bureau of Economic Research.

Sachs，Jeffrey D.，and Wing Thye Woo. 1997. *Understanding China's Economic Performance*. Working Paper 5935. Cambridge，Mass.：National Bureau of Economic Research.

Sala-i-Martin，Xavier. 1997. "I Just Ran Two Million Regressions." *American Economic Review* 87：178-83.

Sala-i-Martin，Xavier. 2002. *The Disturbing "Rise" of Global Income Inequality*. NBER Working Paper 8904. Cambridge，Mass. ：National Bureau of Economic Research.

Samuelson. Paul A. 1947. *Foundations of Economic Analysis*. Cambridge：Harvard University Press.

Sargent. Thomas J. 1993. *Bounded Rationality Macroeconomics*. Oxford：Oxford University Press.

Schremmer. D. E. 1989. "Taxation and Public Finance：Britain，France and Germany." In *The Cambridge Economic History of Europe*，ed. P. Mathias and S. Pollard，8：315-494. Cambridge：Cambridge University Press.

Scott，Anthony. 1995. "The Fishery：The Objectives of Sole Ownership." *Journal of Political Economy* 63：116-24.

Sider，Gerald M. 1980. "The Ties That Bind：Culture and Agriculture，Property，and

Propriety in the Newfoundland Fishing Village." *Social History* 5: 1-39.

Siegmund, Uwe. 1996. *Are There Nationalization-Privatization Cycles? A Theoretical-Survey and First Empirical Evidence*. Working Paper 757. Kiel: Institutional of World Economics.

Simon, Herbert A. 1953. "Causal Ordering and Identifiability." In *Studies in Econometric Mechods*, *by Cowels Commission Research Staff Members*, ed. William C. Hood and Tjalling C. Koopmans, 49-74. New York: Wiley.

Simon, Herbert A. 1957. *Models of Man*. New York: Wiley.

Simon, Herbert A. 1959. "Theories of Decision Making in Economics and Behavioral Science." *American Economic Review* 49: 253-58.

Sims, Christopher A. 1988. "Projecting Policy Effects with Statistical Models." *Revista de Analisis Economico* 3: 3-20.

Singleton, J. 1995. "Labour, the Conservatives, and Nationalization." In *The Political Economy of Nationalization in Britain*, *1920-1950*, ed. R. Millward and J. Singleton, 13-33. Cambridge: Cambridge University Press.

Skidelsky, Robert. 1994. *John Maynard Keynes*. Vol. 2, *The Economist as Savior 1920-1937*. New York: Penguin.

Solow, Robert M. 1956. "A Contribution to the Theory of Economic Growth." *Quarterly Journal of Economics* 70: 65-94.

Solow, Robert M. 1957. "Technical Change and the Aggregate Production Function." *Review of Economic Statistics* 39: 214-31.

Solow, Robert M. 1994. "Perspectives on Growth Theory." *Journal of Economic Perspectives* 8: 45-54.

Solow, Robert M.. 2001. "What Have We Learned from a Decade of Research on Growth? Applying Growth Theory across Countries." *World Bank Economic Review* 15: 283-88.

Statistical Abstracts of Iceland. 1984. Reykjavik: Statistical Bureau of Iceland.

Steffensen, Ján, 1958. "Stature as Criterion of the Nutritional Level of Viking Age Icelanders." In *Árbók Hins íslenska fornleifafélags*, fylgirit [Yearbook of the Icelandic Archeological Society, Supplement], ed. Kristján Eldjárn. Reykjavik: Hið íslenska fornleifafélag.

Stephenson, Matthew C. 2000. *A Trojan Horse behind Chinese Walls? Problems and Prospects of U. S. -Sponsored "Rule of Law" Reform Projects in the People's Republic of China*. Working Paper 47. Cambridge: Center for International Development. Harvard University.

Stigler, George J. 1971. "The Economic Theory of Regulation." *Bell Journal of Economics and Management Science* 2: 3-21.

Stigler, George J. 1986. "The Theory of Economic Regulation." In *The Essence of Stigler*.

ed. Kurt Leube and Thomas Moore. 243-64. Stanford. Calif.: Hoover Institution Press.

Stiglitz. Joseph E. 1994. *Whither Socialism?* Cambridge: MIT Press.

Stiglitz, Joseph E. 1999. "Whither Reform? Ten Years of the Transition." Paper presented at the Annual World Bank Conference on Development Economics.

Stiglitz, Joseph E., and Shahid Yusuf, eds. 2001. *Rethinking the East Asian Miracle*. Oxford: Oxford University Press.

Sturzenegger, Federico, and Mariano Tommasi, eds. 1998. *The Political Economy of Reform*. Cambridge: MIT Press.

Summers, Robert, and Alan Heston. 1988. "A New Set of International Comparisons of Real Product and Price Levels Estimates for 130 Countries, 1950-1985." *Review of Income and Wealth* 34: 1-25.

Summers, Robert, and Alan Heston. 1991. "The Penn World Table (Mark 5): An Expanded Set of International Comparisons, 1950-1988." *Quarterly Journal of Economics* 106: 327-68.

Svensson, Jakob. 1998. "Investment, Property Rights, and Political Stability: Theory and Evidence." *European Economic Review* 42: 1317-41.

Svensson, L. E. O. 1996. "The Scientific Contributions of Robert E. Lucas, Jr." *Scandinavian Journal of Economics* 98: 1-10.

Swan, Trevor. 1956. "Economic Growth and Capital Accumulation." *Economic Record* 32: 334-61.

Tarrow, Sidney. 1996. "Making Social Science Work across Space and Time: A Critical Reflection on Robert Putnam's Making Democracy Work." *American Political Science Review* 90: 389-97.

Thoroddsen, Þorvaldur. 1919, 1921. *Lýsing Íslands: Landbúnaður á Íslandi* I-II [Portrait of Iceland: Agriculture I-II]. Copenhagen: Hið íslenska bókmenntafélag. (In Icelandic.)

Thoroddsen, Torvaldur. 1924. "Saga fiskveiðanna við Íslands" [The History of the Icelandic Fisheries]. In Hið íslenska fræðafélag í Kaupmannahöfn, eds., *Safn fræða félagsins um Ísland og Íslendinga*, III: *Þorvaldur Thoroddsen: Fjórar ritgjörðir*. Copenhagen: Hið íslenska froðafélag. (In Icelandic.)

Þorsteinnsson, Björn. 1976. *Tíu Þorskastríð, 1415-1976* [Ten Cod Wars, 1415-1976]. Reykjavik: Sögifélagið (In Icelandic.)

Þorsteinnsson, BjÍrn. 1980. *Íslensk mið aldasaga* [The Middle Ages in Iceland]. 2d ed. Reykjavík: Sögufélagið. (In Icelandic.)

Þorsteinnsson, Björn, and Bergsteinn Jónsson. 1991. *Ísland saga til okkar daga* [Hisrory of Iceland to the Present]. Reykjavik: Sögufélagið. (In Icelandic.)

Tiebout, Charles. 1956. "A Pure Theory of Local Expenditures." *Journal of Political E-*

conomy 64: 416-24.

Tinbergen. Jan. 1952. *On the Theory of Economic Policy*: Amsterdam: North-Holland.

Tinbergen, Jan. 1956. *Economic Policy: Principles and Design.* Amsterdam: North-Holland.

Tinbergen, Jan. 1959. "The Theory of the Optimum Regime." In Tinbergen, *Selected Papers*, ed. L. H. Klassen, L. M. Koyck, and H. J. Witteveen, 264-304. Amsterdam: North-Holland.

Tollison, Robert D. 1982. "Rent Seeking: A Survey." *Kyklos* 35: 575-602.

Tooby, J., and L. Cosmides. 1992. "The Psychological Foundations of Culture." In *The Adaptive Mind: Evolutionary Psychology and The Generation of Culture.* ed. J. Barkow, L. Cosmides, and J. Toody, 19-136. New York: Oxford University Press.

Tornell, Aaron. 1998. *Reform from Within.* NBER Working Paper 6497. Cambridge, Mass.: National Bureau of Economic Research.

Townsend, Robert M. 1992. "Understanding the Structure of Village and Regional Economies." In *Contract Economics.* ed. Lars Werin and Hans Wijkander, 114-38. Oxford: Blackwell.

Townsend, Robert M. 1993. *The Medieval Village Economy: A Study of the Pareto Mapping in General Equilibrium Models.* Princeton: Princeton University Press.

United Kingdom. Parliament. 1918. *First Interim Report of the Committee on Currency and Foreign Exchange after the War.* Cmnd 9182. London: HMSO.

United Nations Development Programme. 1999. *Human Development Report.* New York: Oxford University Press.

University of Pennsylvania Law Review. 1996. Vol. 144, No. 4. Special issue on law, economics, and norms.

Vanberg, Viktor J. 1998. "Rule Following." In *The Handbook of Economic Methodology*, ed. John B. Davis, Wade D. Hands, Uskali Mäki, 432-35. Cheltenham: Elgar.

Vasey, Daniel E. 1991. "Population, Agriculture, Famine: Iceland, 1784-1785." *Human Ecology* 19: 323-50.

Vasey, Daniel E. 1996. "Population Regulation, Ecology, and Political Economy in Preindustrial Iceland." *American Ethnologist* 23: 366-92.

Vietor, R. H. K. 1990. "Regulation and Competition in America, 1920s-1980s." In *Governments, Industries, and Markets: Aspects of Government-Industry Relations in the UK, Japan, West Germany, and the USA since 1945*, ed. M. Chick, 10-35. Aldershot: Elgar.

Vietor, R. H. K. 1994. "Contrived Competition: Economic Regulation and Deregulation, 1920s-1980s." *Business History* 36: 1-32.

Wacziarg, Romain. 2002. "Review of Easterly's The *Elusive Quest for Growth.*" *Journal of Economic Literature* 40: 907-18.

Weingast, Barry R. 1993. "Constitutions as Governance Structure: The Political Foundations of Secure Market." *Journal of Institutional and Theoretical Economics* 149: 286-311.

Weingast, Barry R. 1994. *The Political Impediment to Economic Reform: Political Risk and Enduring Gridlock.* Working Paper. Stanford, Calif.: Hoover Institution, Stanford University.

Weingast, Barry R. 1995. "The Economic Role of Political Institutions—Market Preserving Federalism and Economic Development." *Journal of Law. Economics, and Organization* 11: 1-31.

Weingast, Barry R. 1997. "The Political Foundations of Democracy and the Rule of Law." *American Political Science Review* 91: 245-63.

Williamson, Oliver E. 1975. *Markets and Hierarchies.* New York: Free Press.

Williamson, Oliver E. 1985. *The Economic Institutions of Capitalism: Firms,* Markets. Relational Contracting. New York: Free Press.

Winiecki, Jan. 1986. "Are Soviet-Type Economies Entering an Era of Long-Term Decline?" *Soviet Studies* 38 (3): 325-48.

Winiecki, Jan. 1990. "Why Economic Reforms Fail in the Soviet System? A Property Rights-Based Approach." *Economic Inquiry* 28: 195-221. Reprinted in *Empirical Studies in Institutional Change*, ed. Lee Alston, Thráinn, Eggertsson, and Douglass C. North, 63-91. New York: Cambridge University Press, 1996.

Wittman, Donald A. 1996. *The Myth of Democratic Failure: Why Political Institutions Are Efficient.* Chicago: University of Chicago Press.

Woo-Cumings, Meredith. 2001. "Miracle as a Prologue: The State and Reform of the Corporate Sector in Korea." In *Rethinking the East Asia Miracle*, ed. Joseph E. Stiglitz and Shahid Yusuf, 343-78. Washington, D. C.: World Bank; New York: Oxford University Press.

Yandle, Tracy. 2003. "The Challenge of Building Successful Stakeholder Organizations: New Zealand's Experience in Developing a Fisheries Co-Management Regime." *Marine Policy* 27: 179-92.

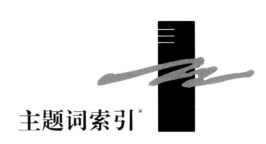

主题词索引[*]

Africa，非洲

    Botswana growth miracle，博茨瓦纳增长奇迹，171 - 173；

    economic decline，causes of，经济衰退，原因，170 - 172

Albania，socialist，growth problems of，阿尔巴尼亚，社会主义者，增长
    问题，186

antinorm policy，cooperation-defection differential，反规范政策，合作—背
    离差量，75，88 - 90

Bayes's rule，and updating of beliefs，贝叶斯法则，信念更新，95

Botswana，modern growth，sources of，博茨瓦纳，现代增长，根源，171 -
    173

---

    * 阿拉伯数字为原书页码。张伟、马晓东、顾晓波、刘兴坤、马牧野、胡安荣等校对了书
稿。——译者注

China，中国

　　dual-track approach，双轨制，165－166；

　　future developments，未来发展，166－167；

　　legal reforms，法制改革，177，182；

　　modern economic growth，现代经济增长，163－167

contracts，契约

　　definition，定义，27；

　　linked employment contracts，就业关联契约，51，111－112；

　　private order and growth，私人秩序与增长，186－189

convergence hypothesis，收敛假说，131

decentralization/centralization，long waves in modern history，分权化/集权化，现代历史的长波，42－46

decision theory，mathematical，决策理论，数理的，128，130

determinacy（Bhagwati's）paradox，确定性（巴格瓦蒂）悖论；See endogenous policy，参见内生性政策

development economics，发展经济学，6

divide-and-rule equilibrium，分而治之均衡，68－73

economic growth，经济增长

　　and democracy/autocracy，民主/专制，59－73；

　　extensive，广泛的，10；

　　historical roots，seventeenth-century England，历史根源，17世纪的英格兰，68－69；

　　intensive，集中的，10；

　　modern experience of，现代经验，10－11，42－46；

　　punctuated，中断，47，53－58；

　　rise of the West，role of Atlantic trade，西方的崛起，大西洋贸易的作用，69－70

economic policy，经济政策

　　theory of，理论，4，128－137；

　　basic assumptions，基本假设，129；

convergence，收敛，131；

  instruments，rules of thumb，工具，拇指（经验）法则，131 - 132；

  policy models，defined，政策模型，定义的，129 - 130，136；

  role of economists，经济学家的角色，130

Ecuador，legal transplant，厄瓜多尔，法律移植，179，228

endogenous policy，内生性政策，5，142 - 145；

  and coalition politics，联合政体，144 - 145；

  degree of freedom，自由度，145 - 148；

  and optimality，最优化，138；

  and rent seeking，寻租，144；

  and social norms，社会规范，145；

  and theory of economic policy，经济政策理论，142

ethnicity，种族

  diversity and growth，差异性与增长，56 - 57；

  ethnic animosity，theory of，种族敌意，理论，91 - 93，95

failed social models，durability of，失效的社会模式，持续性，41 - 43

game theory，博弈论

  evolutionary games and norms，演化博弈与规范，90 - 91；

  repeated games and norms，重复博弈与规范，79 - 80

Grágás，law code of Icelandic Commonwealth，格拉哥斯，冰岛公共财富的法律准则，51，211

growth-friendly institutional environments，增长友好型的制度环境

  diverse foundations of，基础多样化，183 - 190；

  general，普遍性，182；

  private order，limits of，私人秩序，局限，186 - 189；

  stability and endogenous dynamics，稳定与内生动态，184 - 185；

  and a strong or weak state，强或者弱的状态，185 - 186

growth regression，international cross-country，增长回归，跨国，20，170

growth theory，增长理论

  balanced growth，均衡增长，14；

dual-economy model，二元经济模型，13 - 14；

endogenous（new）growth theory，（新）内生增长理论，18 - 20；

financing gap model，投资缺口模型，15 - 16；

general，普遍性，11 - 12；

growth accounting，增长核算，16 - 17；

growth laggards，增长滞后，19 - 22；

Harrod-Domar model，哈罗德-多马模型，12 - 13；

immediate causes，直接原因，22；

neoclassical growth theory，新古典增长理论，14 - 16

Iceland，冰岛

barriers to reform，改革的障碍，153 - 154；

counterfactual hypothesis，impact of free trade，反事实假说，自由贸易的影响，116 - 118；

early modern period，antimodernization model，前现代时期，反现代化模式，93 - 94；

equilibrium trap，均衡陷阱，114 - 118，123 - 124；

forces undoing equilibrium trap，造成均衡陷阱的原因，155；

industrial organization，premodern period，产业组织，前现代化时期，102 - 3，110 - 114；

informal hunger insurance，historical，非正式饥荒保险，历史上的，52 - 53，111 - 114；

institutional response to risks，historical，制度对风险的反应，历史上的，48，51 - 53；

landownership，historical，土地所有权，历史上的，53，83 - 88，89 - 90；

monopoly trade，with Denmark（1602 - 1787），垄断贸易，和丹麦（1602 - 1787），108 - 110，116 - 118；

ocean fisheries，modern，institutional reform，海洋渔业，现代，制度改革，193 - 202；

political authority（930 - 1904），政权（930—1904），104 - 110，218；

population pressures，人口压力，120 - 121；

reform path，historical，改革路径，历史上的，118-122

imperfect institutions，不完美的制度

    and colonial root，殖民根源，156；

    definition，定义，47，141-142；

    endogenously imperfect，内生的不完美，141-142，145-152；

    exogenously imperfect，外生的不完美，141-142；

    horizon effect，横向效应，60-62；

    inefficient norms，无效规范，80-83；

    and neoclassical welfare economics，新古典福利经济学，141；

    in ocean fisheries，海洋渔业中，192；

    and opposition ideologies，对立的意识形态，94-96；

    second-best institutions，次优制度，153；

    selectorate model，代表团模型，62-66

income inequality，收入不平等，9-11，56-58

individual transferable quotas（ITQs），and ocean fisheries，个人可转让配额，海洋渔业，194-202

industrial age，工业时代

    central planning，中央计划，44；

    future trends，未来趋势，45-46；

    uncertainty and varying responses，不确定性与多种反应，44-46

institution policy，制度政策

    counterpolicy，反政策，137；

    definition，定义，27，191-192；

    demand for，需求，31；

    incomplete models and uncertain feedback，不完备模型与不确定回馈，197-198；

    lessons from macroeconomics，宏观经济学的教训，135-137；

    modeling view of reform，改革的模型化观点，192；

    normative，规范的，127-128；

    resource cost，资源成本，180-181；

    See aslo legal transplant，参见法律移植

Italy，regional governance，意大利，地方管辖，175

Jónsbók，law code of Iceland from 1281，琼斯布克，1281 年以来冰岛的法律，52

Korean，South，growth strategy of，韩国，增长战略，183－184

law and development movement，failure of，法律与发展运动，失败，177

legal systems，modern，法律体系，现代

    legality，minimal levels for growth，立法，最低限度增长，182－190；

    minimize cost of，最小化成本，189－190；

    open-ended-standards strategy，开放标准战略，190；

    origins of，起源，177；

    rules-first strategy，规则优先战略，189－190；

legal transplant (transfers)，法律移植（移植者），174－190；

    decentralized resistance，four motives，分权化抵制，四种动机，174－176,180；

    legality，production of，立法，生产，180－181；

    resistance to，traditional communities，抵制，传统社群，181；

    selective introduction，选择性引进，181－182；

    transplant effect，移植效应，178－182；

    transplant effect，measurement of，移植效应，测量，178－179；

    transplant effect，sources of，移植效应，起源，179－182；

    transplants，receptive/unreceptive，移植，可接受的/不可接受的，178－179；

    U. S. -China initiative，美中法律移植行动，177

limited government，origins of，有限政府，起源，70－73

limits to reform，改革的局限

    decentralized resistance，分权化抵制，175－176；

    enthusiastic reformers，effectiveness of，富有激情的改革者，效应，154－155；

    four political barriers，四种政治障碍，153－154；

    and ocean fisheries，海洋渔业，195－197；

    See also endogenous policy, social equilibrium，参见内生性政策，社会均衡

macroeconomics，宏观经济学，127 - 128；

    and bounded rationality，有限理性，133 - 135；

    British Keynesianism，英国的凯恩斯主义，147；

    Keynesian，凯恩斯主义者，128，133；

    Phillips curve，菲利普斯曲线，134；

    political，政治的，135；

    and rational expectations，理性预期，133

Market-preserving federalism，保护市场的联邦主义，161 - 162；

mentalities approach，心理模型，93

methodology，方法论，24

    bounded rationality，有限理性，25；

    information problem，信息问题，24；

    knowledge problem，知识问题，24；

    methodological individualism，个人主义方法论，24；

    rational choice，理性选择，24，25；

    social models approach，社会模式方法，24，25；

    specialized theories，专门化（特殊化）理论，23；

    theories，spheres of competence，理论，能力范围，23

Mexico，growth during revolutionary times，墨西哥，革命时期的增长，189

monetarism，货币主义，147

national income（product），国民收入（产出）

    distribution of，分配，9 - 10；

    as indicator of welfare，福利指标，9 - 10；

    measurement problems，计量问题，17

neoclassical economics，general approach of，新古典经济学，一般化方法，1

new institutional economics，overview，新制度经济学，概要，1 - 3

New Zealand，ocean fisheries institutions，新西兰，海洋渔业制度，202

ocean fisherise，海洋渔业

    institutions reform，制度改革，192 - 202；

    problems regulating，问题管制，195；

regulatory overfishing，管制过度捕捞，199 - 200，202

open access，开放准入

    in fisheries，渔业，193；

    and political behavior，政治行为，60 - 62，66 - 67

optimal economic system（or regime），最优经济体制（体系），130 - 131；

    elusive search for，难以获得的搜寻，139 - 141

organizations，definition，组织，定义，27

policy cycles/reversals，政策周期/反转

    and bundled innovations，受阻的创新，37；

    causes，原因，36 - 40；

    democratic/economic transitions，民主化/经济转型，36；

    and gold standards，金本位制，39；

    Hirschman's private-public cycles，赫希曼私人—公共循环，40；

    nationalization/privatization cycles，国有化/私有化循环，36；

    and new social models，新社会模式，38 - 40；

    preference falsification，偏好扭曲，38；

    shifting clusters of social models，社会模式偏离束，39 - 40

policy models，政策模型

    and bounded rationality，有限理性，133 - 135；

    cognitive and psychological approach to，认知心理学方法，148；

    complete models，consequences for economic growth，完备模型，经济增长结果，197 - 198；

    definition，定义，26；

    five characteristics，五种特征，146；

    incomplete models and uncertain feedback，不完备模型与不确定回馈，197 - 198；

    as intermediate targets of policy，政策中介目标，136；

    and knowledge falsification，知识扭曲，147 - 148；

    private（individual）models，私人（个人）模型，148 - 151；

    and rational expectations for policy，对政策的理性预期，132；

    war of models，at OECD，在 OECD 的模型争议，146 - 148；

war of models, over fisheries management，模型争议，渔业管理，200－201

private-order institutions，私人秩序制度，188－189

property rights，产权

definition，定义，27；

minimal for growth，最小增长，182－190；

private-order mechanisms，私人秩序机制，187－189

Protestant ethic，新教伦理，161

reform failure and imperfect knowledge，改革失败与不完备知识

ideological drift，意识形态的背弃，32；

microlevel incompatibility，微观层面的不相容性，30－31；

macrolevel incompatibility，宏观层面的不相容性，31

reform paths，改革路径

Botswana，博茨瓦纳，5，170－173；

China，中国，5，163－167；

least-cost path，最低成本路径，139－140；

USSA，苏联，5，167－170；

Zambia，赞比亚，16

relative backwardness thesis，相对落后理论，160

religion, economic of，信仰，经济

afterlife consumption，来世消费，77；

overview，概要，76－77；

religious norms and social control，信仰规范与社会控制，78－79

rent seeking，寻租

dynamics of，动力，66－67；

pressure groups，压力集团，63

resource curse，资源的诅咒，158－160，173

risks，风险

diversification，分散化，50－53，211；

general risks，definition，普遍风险，定义，50；

institutional response in traditional societies，传统社会的制度反应，49－53；

specific risks，definition，特定风险，定义，50

selectorate theory，*See* imperfect institutions，代表团理论，参见不完美的制度

shocks, exogenous，外部冲击，47，53 - 58

social equilibrium，社会均衡

 adjustment by individuals，个人调整，176；

 equilibrium (poverty) traps，均衡（贫困）陷阱，4，26，47，48 - 49，52 - 53，114 - 118，123 - 124，135 - 136；

 equilibrium traps, escape from，均衡陷阱，摆脱，156 - 163

social institutions，社会制度

 definition，定义，26；

 long-term dynamics of，长期动态，140，148 - 151

social models，社会模式

 definition，定义，26；

 and Eastern Europe's transition to market，东欧的市场转型 140 - 141；

 and escape from equilibrium traps，摆脱均衡陷阱，160 - 162；

 Iceland, historical, landowners' vision，冰岛，地主的监督，100，123 - 124；

 and institutions in ocean fisheries，海洋渔业制度，193 - 195，231；

 modeling view of policy，模型化的政策观点，192；

 and opposition ideologies，对立的意识形态，94 - 95

social norms，社会规范

 antinorm policies，反规范政策，88 - 90；

 cooperation-defection differential，合作—背离差量，87 - 89；

 definition，定义，77；

 dynamic theory of，动态理论，90 - 95，214；

 functional (efficiency) explanation，功能性（效应）解释，78 - 80；

 hazardous dynamics，危害动机，149 - 151；

 inefficient，无效率，80 - 88；

 as a legal system，作为法律体系，82；

 and mainstream economics，主流经济学，74 - 78；

 norm entrepreneurs，规范的企业家，200 - 201

 social security, in traditional countries，社会保障，传统国家，49 - 51

 social technologies，社会技术

as barriers to growth，增长的障碍，11，24 - 26，32 - 33；

definition，定义，3 - 4，26；

individual transferable quotes，as example of，个人可转让配额，例子，194 - 202；

and reforms，改革，139 - 141；

transplants，移植，6

Soviet economic decline，苏联经济衰退，2，167 - 170；

gradualism，渐进主义，167 - 168；

hazardous internal dynamics，危害的内在动机，168；

incentives to sabotage reforms，蓄意破坏改革的动机，169 - 170

Stalinist state，斯大林体制国家，34 - 35；

and Weingast's divide-and-rule equilibrium，温加斯特分而治之均衡，35

sustainable fisheries model，可持续的渔业模式，198

tipping points，and ethic strife，触点，伦理诉求，92 - 93

transaction costs，交易成本

anticipated vs. realized，预期的 vs. 实现的，27 - 39；

and comparative institutional analysis，比较制度分析，29；

definition，定义，27

Turkey，legal transplant，土耳其，法律移植，179

walfare state，European，internal dynamics，福利国家，欧洲，内部动态，150

Yugoslavia，former，ethnic conflict，前南斯拉夫，种族冲突，91 - 93，95